U0601336

乾隆諸暨縣志 4

紹興大典 史部

中華書局

藝文

紀事者必提其要纂言者必鉤其元竊以爲邑之有志近於紀事志之有藝文近於纂言山川擷其秀人物掇其英蓋言之不足而嗟歎之詠歌之鉤其元亦愈以提其要也兹所録者人不必皆暨產而要期有關於諸暨之地與人與事壟區輿壤經品目而遂傳軼事遺聞藉鋪揚而不没自唐宋元明以迄

本朝詩出大家文推作者或專言之或連類及之謹薈萃之如左炳炳麟麟於戲懿哉志藝文

詩　藝文一

早發諸暨　唐　駱賓王

征夫懷遠路夙駕上危巒薄煙橫絕巘輕凍澁迴湍野霧連空暗山風入曙寒帝城臨灞涘禹穴枕江干橋性行應化蓬心去不安獨有窮途淚長歌行路難

浣紗篇贈陸上人　唐　宋之問

越女顏如花越王閒浣紗國微不自寵獻作吳王娃山

藪半潛匿苧蘿更蒙遮一行霸句踐再笑傾夫差艷色奪人目斆嚬亦相誇一朝還舊都靚粧尋若耶鳥驚入松網魚畏沉荷花始覺冶容妄方悟羣心邪欽子秉幽意世人共稱嗟願言托君懷倘類蓬生麻家住雷門曲高歌淩飛霞淋漓翠羽帳旖旎綵雲車春風艷楚舞秋月纏胡笳自昔專嬌愛襲玩惟矜奢達本知空寂棄彼猶泥沙永割偏執性自長薰修芽攜妾不障道來止妾西家

浣紗女　唐　王昌齡

錢塘江畔是誰家江上女兒全勝花吳王在時不得出今日公然来浣紗

送祝八之江東賦得浣紗石　唐　李白

西施越溪女明艷光雲海未入吳王宫殿時浣紗古石今猶在桃李新開映古查菖蒲猶短出平沙昔時紅粉照流水今日青苔覆落花君去西秦適東越碧山青江幾超忽若到天涯思故人浣紗石上窺明月

浣紗石上女　李白

玉面耶溪女青蛾紅粉粧一雙金齒屐兩足白如霜

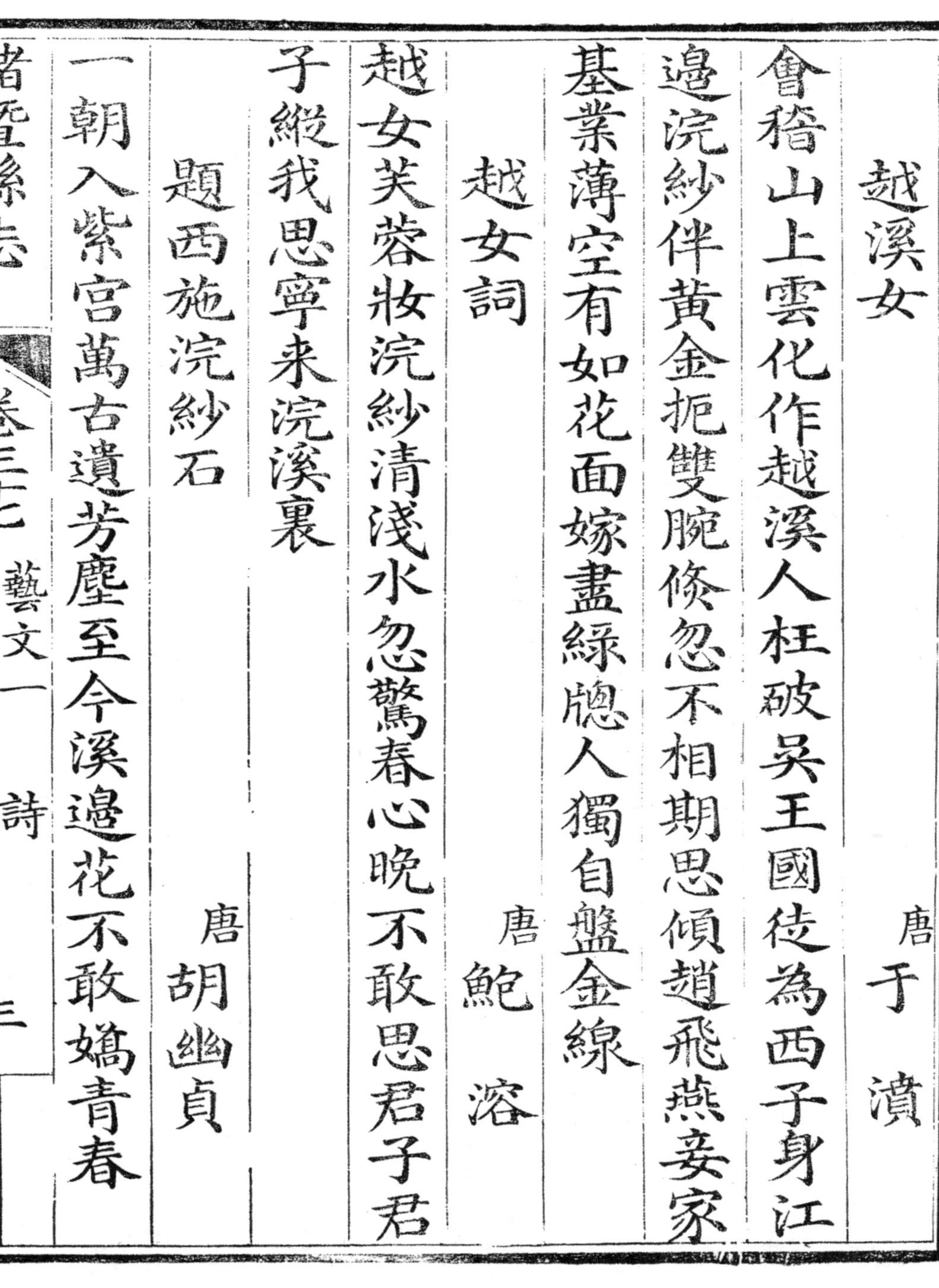

越溪女　　唐　于濆

會稽山上雲化作越溪人枉破吳王國徒為西子身江邊浣紗伴黃金扼雙腕倏忽不相期思傾趙飛燕妾家基業薄空有如花面嫁盡綠牕人獨自盤金線

越女詞　　唐　鮑溶

越女芙蓉妝浣紗清淺水忽驚春心晚不敢思君子君子縱我思寧來浣溪裏

題西施浣紗石　　唐　胡幽貞

一朝入紫宮萬古遺芳塵至今溪邊花不敢嬌青春

越溪懷古　唐　施肩吾

憶昔西施人未求浣紗曾向此溪頭一朝得侍君王側不見玉顏空水流

送姨弟裴均尉諸曁　唐　盧綸

相悲得成長同是外家恩舊業廢三畝弱年承一門城開山日早吏散渚禽喧東閣謬容止予心君異言

經范蠡舊居　唐　張蠙

一變姓名離百越越城猶在范家無他人不見扁舟意却笑輕生汎五湖

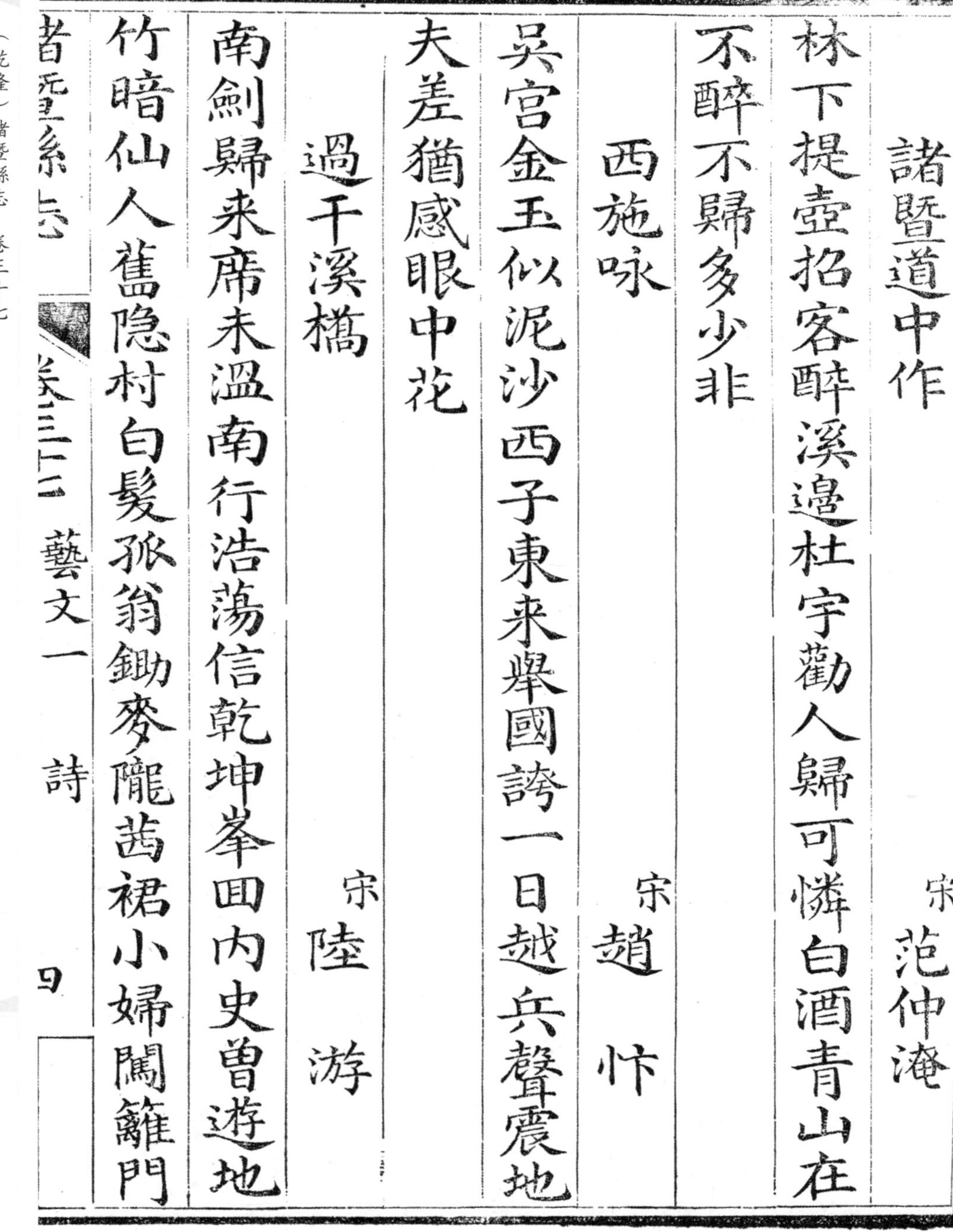

諸暨道中作　　宋　范仲淹

林下提壺招客醉溪邊杜宇勸人歸可憐白酒青山在不醉不歸多少非

西施咏　　宋　趙忭

吳宮金玉似泥沙西子東來舉國誇一日越兵聲震地夫差猶感眼中花

過干溪橋　　宋　陸游

南劍歸来席未溫南行浩蕩信乾坤峯回內史曾遊地竹暗仙人舊隱村白髮孤翁鋤麥隴茜裙小婦闖籬門

行行莫動鄉關念身似浮萍豈有根

賀馮宅新第 四十八都　　宋　吴蘭 邑人

作室傍林筠林深鎖綠陰四時春不斷三伏暑無侵雨暗鼓龍化風微覺鳳吟谿山誰是友淇澳許相尋

諸暨休日偶書　　元　黄溍

一室蕭然似冷官吏無車馬駐江干天清不斷絲絲雨春淺猶生陣陣寒公事癡兒何日了雲山圖畫要人看輕風正淌新黄柳誰與相從試凭欄

奉府帖賜高年帛宿孝義山中爲吴君長卿賦

黃溍

奉檄去州邑承筐布明恩詎敢期稅駕惟知懼乘軒時春雨新已嘉木陰正繁農人有畊作羽蟲亦飛翻感彼物情適念此王事敦悠悠廹長路靡靡窮郊原無與遺老逢幸聆長者言持以獻芹曝無慙貢邱園低徊白日晚寂寞蒼山根吾行匪游衍此懷誰與論

遊五洩山四首　元　柳貫

山界杭婺越三州境本隷婺割入越暨馬祖弟子靈默棲禪之地改為應乾禪院今榜三學院叢林法社銷落盡矣五湫神龍所居歲旱迎湫水乞靈多應者

神斧誰初鑿澗磻拓開地險出天慳湫潭隐與龍非畜
木石陰森鬼所寰刼火塵空遺井凼枯禪骨冷墮榛菅
如何大法臨標季不放摩尼照此山
中巖不與亂峯群翠氣横飄截癉氛龍象凄凉如欲泣
馬駒蹴踏竟無聞濃嵐散落崖間雨洩水流来石上雲
人說早年呼蜥蜴投符起蟄有靈文
青天欲墮玉芙蓉日出烟開彩翠重婺女名山今入越
沕潭弟子别為宗於何勝境偏多阻如此衰年始一逢
照影龍湫余種種欲從老衲借枝筇

横徇繞通一徑修萬山湧翠似騰虬五湫地壓三州勝
八十僧從七客遊赤日行空垂倒影青天坼鏬拔飛流
大烹慚負詩人腹賴有梅花肯障羞

立夫見和五洩四詩復自次韻　柳貫

下巖湫水有龍蟠雲雨虛空尺地慳九市塵埃渾拔俗
五天仙聖本同寰毛群毻狖樓篁竹土㹻夔魖伏草菅
不是深禪能伏猛泉頭爭得虎跑山
象王不與鹿麋羣四合林巒限楚氛天女散花三際滿
龍神執樂半空聞巖霏咫尺生青靄井氣尋常化白雲

盧老孫枝皆鈍漢契經説佛固彌文

龍仙招我集芙蓉霧點烟霏隅數重東土祖師曾授記

南條山水亦朝宗自從控鯉波間去直到看羊海上逢

探穴如將尋李白孫生桃竹瘦宜節

梅花的的證圓修挾以蒼松萬玉虬天姥沃州圖上見

盧山瀑布夢中遊雲開鐵壁浮空出水落銀河伏地流

亦欲清齋来應供恐煩龍伯致盤羞

送暨陽胡生北遊　柳貫

雪行已辦黑貂裘迎路梅花笑點頭待詔門深金作馬

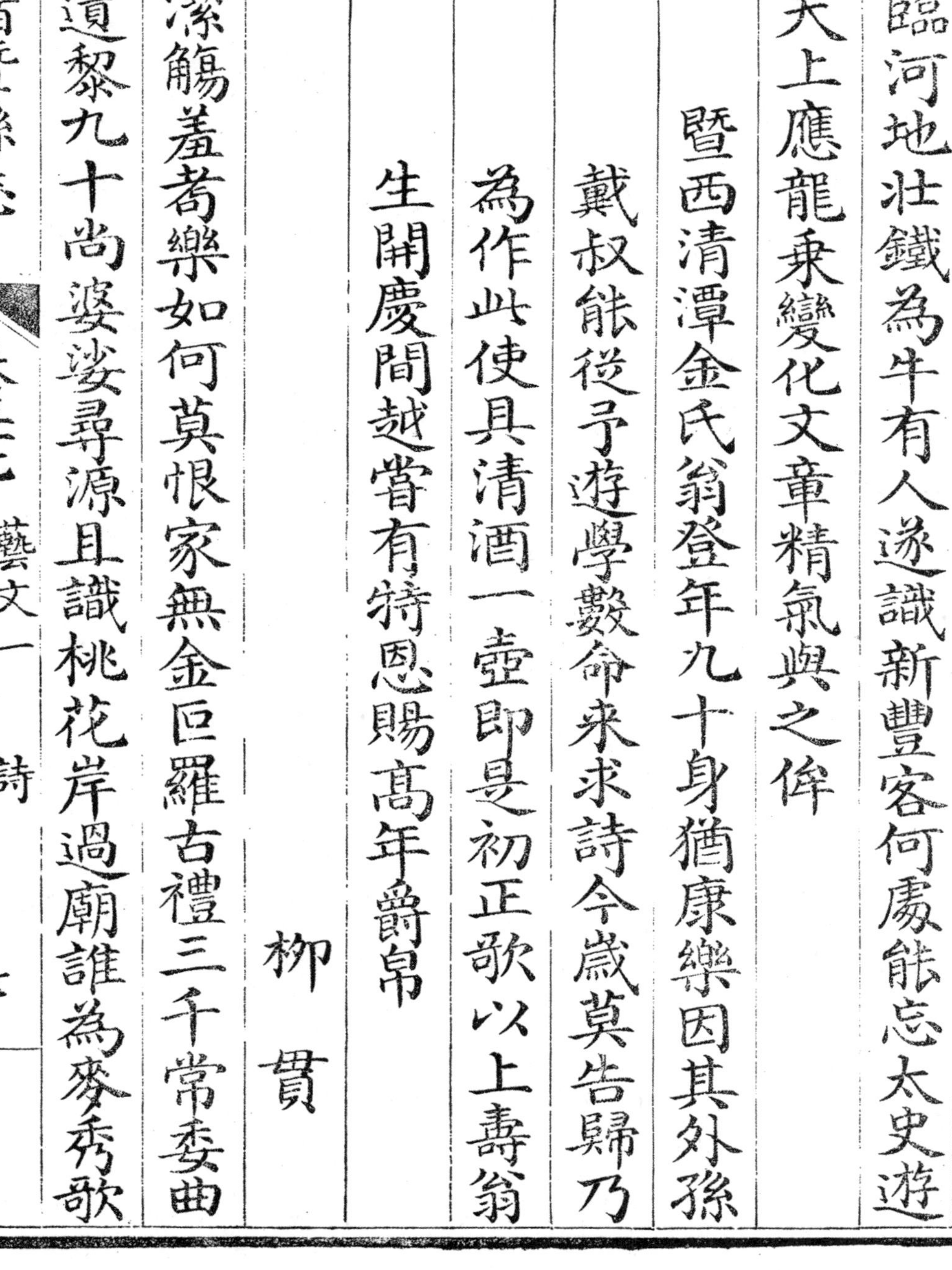

臨河地壯鐵爲牛有人遂識新豐客何處能忘太史遊

天上應龍乘變化文章精氣與之侔

暨西清潭金氏翁登年九十身猶康樂因其外孫

戴叔能從予遊學數命來求詩今歲莫告歸乃

爲作此使具清酒一壺即是初正歌以上壽翁

生開慶間越當有特恩賜高年爵帛

柳貫

潔觴羞耇樂如何莫恨家無金叵羅古禮三千常委曲

遺黎九十尚婆娑尋源且識桃花岸過廟誰爲麥秀歌

潭影如雲山似玉未妨留眼閱人多

溪上浮雲日變遷松身鶴骨鍊形堅名登越暨升州籍耳接錢唐錫慶年有待期頤臻上壽言從耄老得真筌全家百甕行春酒會極光中福似川

次韻柳博士五洩山紀遊　元　吴萊

首路東岡幾屈蟠青天東峡望來慳林多鹿豕山為國瀑有蛟龍海共寰客子杖藜依樹石神仙樓閣幻茅菅吾知此處宜招隱詎減淮南大小山

日晚行呼野鶴羣山溪五級洗巖氛虹霓射壁從空現

霹靂搜潭到地聞桑苧茶鐺遺凍雪偓佺藥杵落晴雲飄然早已同仙術老我曾探嶽瀆文

一點剛風削玉蓉仙山肺腑閟重重眼穿上界成官府舌捲西江得祖宗鷲嶺鷄峯渾未到龍湫雁蕩豈多逢年来卧病吾環堵負却詩家九節筇

古越名山最阻修遥空縛下紫金虬孫生隐在聞長嘯屈子騷成賦遠遊魚鳥從容還自得龍蛇混雜不同流自今便欲鐫嵓石俗駕能来尚掩羞

宋景濂鄭仲舒同游龍湫五洩予病不能往為賦

此　　吳萊

知爾能携一短笻寺前突屼定何峯九天管籥来飛鶴
三島樓臺守蟄龍問欲嘯歌先目往病嫌登陟轉身慵
西源山石東源水豈但渠家有赤松

范蠡宅　　吳萊

淡淡寒雲鶴影邊荒山故宅忽千年大夫已賜子吳劍
西子還隨去越船白石撑空留罔象青松落井化蜿蜒
徒憐此地無章甫只解區區學計然

憶寄方子清時子清久留吳中　　吳萊

一別嗟何處相思撫舊蹊月明施瀨北雲起蠡巖西跂
涉舟車動過從笈簏攜隣光因借燭道味肯炊藜好學
螢分照論交雁擇棲邱園心薜荔海國氣鯨鯢卷帙籤
翻蠹謳吟硯發鷰經筌叅老易樂府錄鐃鞾治法推周
稼淳風仰漢綈談元知野馬考字守家鷄土域標鞮象
天圖辨煇鐫遺文多廢墜妙契極端倪獨樹盤桓久平
蕪眺望低霜林紅玳瑁霧雨碧玻瓈屏跡依猨兎銷愁
對鷺鷖塵書投梵夾羹餉挐童觽槲葉時遮峒藤梢或
胃谿龍居睍雪瀑虎路躡霞梯出入恒聯袂追隨幾杖

藜竹山香嶺嶠花島繡湖隱尚義開黌始延儒振席齊
生徒修棗脯祭品授葅蘻錦石看還數蒼松倚却題吾
伊朝屢集渾灝夜同稽自謂菖為歐人疑穀似梯中悁
真抑鬱外物總筌蹄歲序空流邁濤波益慘悽故袍寒
擘蘜雄劒滑膏鵝綠映牽帆水紅黏曳㽁泥娃宮斂鈿
拾甫里筆牀齋鶴市歌喉引鱸鄉鱠手撓吳趍誇粉黛
越産購珠犀富業連橙園菑霖潰稻畦占歸仍浩渺結
客重酸嘶彼此身如寄參商夢欲迷蓬飛甘掃軌桂落
得通閨俠眼妝丹電仙襟化素霓貿期金埒騁賤許玉

階躋病矣長憂痼閒哉敢恨睽撈除須爾鑷磨刮更予笵本欲晞王貢茲猶慕阮嵇猖狂疏奏牘輭弱謝畊犂習靜求神悟超羣畏俗擠清琴栞有鯉鉅弩蹠非邐教駕傳銜鑾觀隅識橑析耡芝黨受謫抱璞玥聞啼性命緣窮鬼功名屬孽奚悠悠鸞與鳳泯泯鹿將麑白谷今安駟青霄古執珪毋寧枉隱逸辛苦等黔黎

方景賢田閒吳中水澇甚戲效方子清儂言

吳莱

客来自吳土示我吳儂言吳儂歲苦水謂是太湖翻太

湖四萬頃三江下流洩疏瀹久無人淤汙與海絕東風一鼓盪暴雪如頹城屋扉蚌蛤上畦畎魚龍爭嘉種不得入種亦悉爛死民事何所成食天俱在水富豪僅藏蓄府官更急糧貧窶徒饑餒妻子易徙鄉散行向淮壖隨處拾稆粟雖然遠鄉土恐可完骨肉東吳本富盛數歲偶凋殘世非歆繭絲官曷任虎冠國家自充實財賦有淵藪給復當我及安寧到雞狗何人講平準何人議河渠荒政固有典水利復何書龍蛇方未歐鴻雁尚在澤縱令可還定何計免溝壑何時水幸退我得刈稻禾

水退泥盡出草蟜更撈蝦我思告朝廷來歲不可待毋庸水爭地便放江達海容今聽我言我欲解儂憂所爭但一水民氣庶今瘳自從唐李來吳越無兵械至于宋南徙淮蜀岆都會大田連阡陌居第擬侯王錦衣照車騎玉食溢酒漿居然甲東南遂以侈濟侈掊克自此多凋瘵亦以起天寧不汝恤有此水潦淫要令沃土瘠民得生善心豈惟生善心且用戒掊克恚詩觀民風願踵太史職

同方子清觀管子内業　　吳萊

之人東隣居為發架上篋于嗟管夷吾遺我以内業古書本少見古道終不跲遺文久灰燼瑣語特枝葉為儒毋更端務學多涉獵遠馳盍求心近眩將失睫紛綸諸子間變亂聖王法百家各為主一理寧足攝彼哉所施教何得不我協士鄉自宜然伯政吾甚韙當其解而因豈謂射中脇利源魚鹽開兵武劍戟接私疑聃莊言或混孔孟牒鬼神通幽奥詩禮借光曄操存性情常食飲精氣浹於焉彀天人不獨滕齒頰楊朱説力命列子亦已雜管氏役權謀聖門詎容躐茫茫大江流可望不可

揖朝来有徵雲郤倚青岌嶪

吳淵穎非苟許可者其與方子清相贈答已情見乎辭又淵穎集有餘杭史生哀辭云諸暨方鈞子清每言餘杭史生之賢蓋雖他人猶因子清以取信而子清之為人愈可知矣惜舊志無傳今欲訪其苗裔問之竟不可得其家乘所載祗質敏好學從陳伯夫遊貫澈經書隱居不仕數語已耳古来有實學而歷時既久其名日就湮沒可勝嘆哉幸存淵穎諸什猶令人想而見之

諸暨張敬仲家有太一真人蓮葉舟及海上人槎二畫軸胡允文題予亦效作二首寄之

吳萊

華山青蓮搖上清白玉巨藕浸碧泓太一真人来降精

黄鬢紺蕤浮滄瀛手披素書悄無聲坐喝明月逆雲行
蓬萊駕羽飆風輕宛渠乘螺島雪縈芰荷裳衣挾仙瓊
魚鱉膢御神嫗迎大游小游按層城君綦臣綦鎮威獰
九宫五福恭縱橫祠官修俎霊輿呈閟殿罶鑠光嶽爭
梚檜遁芒天路平蛟龍捧趺溘上征夘金校讐鬱萬嶸
藜杖吹焌奪目睛扶桑暘谷晚曜赬黿基臺石室暮飛霙
東公西母擁迴旌望中滅没留若驚海祇稽首西南傾
曷不從之學長生

瑯琊臺上望海門西厭湏洞尋河源神濤八月吐復吞

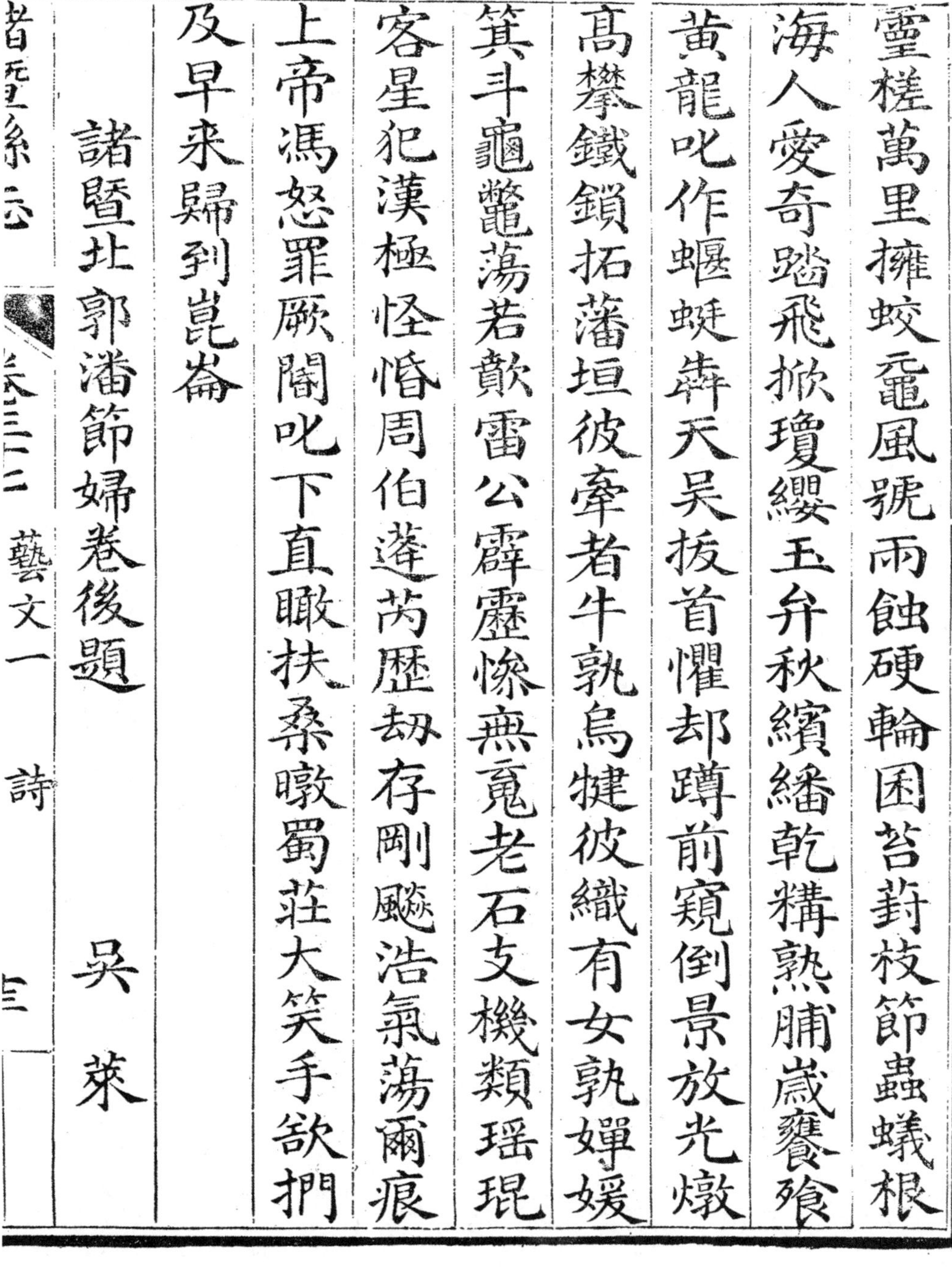

壟槎萬里擁蛟鼉風號雨蝕硬輪囷苔葑枝節蟲蟻根
海人愛奇蹈飛掀瓊纓玉弁秋繽繙乾糒熟脯歲饔飧
黃龍叱作蝘蜓犇天吳拔首懼却蹲前窺倒景放光燉
髙攀鐵鎖拓藩垣彼牽者牛孰烏犍彼織有女孰嬋媛
箕斗龜鼈蕩若歕雷公霹靂憏燕寃老石支機類瑶琨
客星犯漢極怪惛周伯蓬芮歷刼存剛飇浩氣蕩爾痕
上帝馮怒罪厥閽叱下直瞰扶桑暾蜀莊大笑手欲捫
及早來歸到崑崙

諸暨北郭潘節婦卷後題　吳萊

天地昔立極聖人本有防辟之制洪水瀦蓄以為常不然遯汜溢隨處恣披猖終將大節撓寖我彝倫傷南州彼何人北郭得新孀盛年喪所天臨鏡毀舊粧春秋奉饋祀暇乃治蠶桑豈惟育稚幼抑且禮尊嫜尊嫜日已老稚幼儼成行託孫生當盡從一死則藏秉時或棄背促嫁更衣裳疇悲膏沐容畢命松栢岡世人如輕塵風至即飄揚我身類完玉火烈愈燿光自来菅蒯姿曾不異姬姜母寧窈窕化孝敬著一鄉一鄉尚謂狹千載頎不長吾其撫野草可但感嚴霜趣操膝間瑟彈作雙鳳

凰鳳凰不再下寒月照屋梁

楊佛子行　　　　元　陳敢

楊佛子越之諸暨人生宋淳熙光宗朝幼知事母母病危佛子刲股肉進母母食病立愈母歿廬墓側恒有馴鳥集墓樹隨佛子往返佛子素患瘻瘻大如盎道逢異人以掌訣移之背郡縣上孝感狀将表其閭佛子辭遂止年九十歲安陽韓性既爲佛子作傳同里陳敢復作楊佛子行

諸暨縣北楓橋溪楓橋溪水上接顔烏栖其下一百二十里合萬和水萬和孝子廬父墓墓上芝生萬楊生佛子與萬和孝子齊六歲懷母果二十爲母嘗百藥藥弗

醫叶啖母以肉將身刲母病食肉起其神若刀圭母死返九土嘗作嬰兒啼倚廬宿苫塊棄隅妾與妻嗟哉佛子孝行絶人人不識感鬼神類下生瘤大如尊何人戲手瘤上捫明朝恠事駭妻子類下削贅無瘤痕背上一掌印爭來看奇痕墳頭木共白兎馴吏遣迎送烏成群傍人竹弓不敢彈豈比八九雛生秦縣官上申閭旌户復其身佛子去告免稱主臣主臣嗟哉佛子誰娩稱令之人有刃股乳詭孝子以為名規免徭征以希其旌嗟哉佛子誰娩稱無瘤痕一作無瘤根

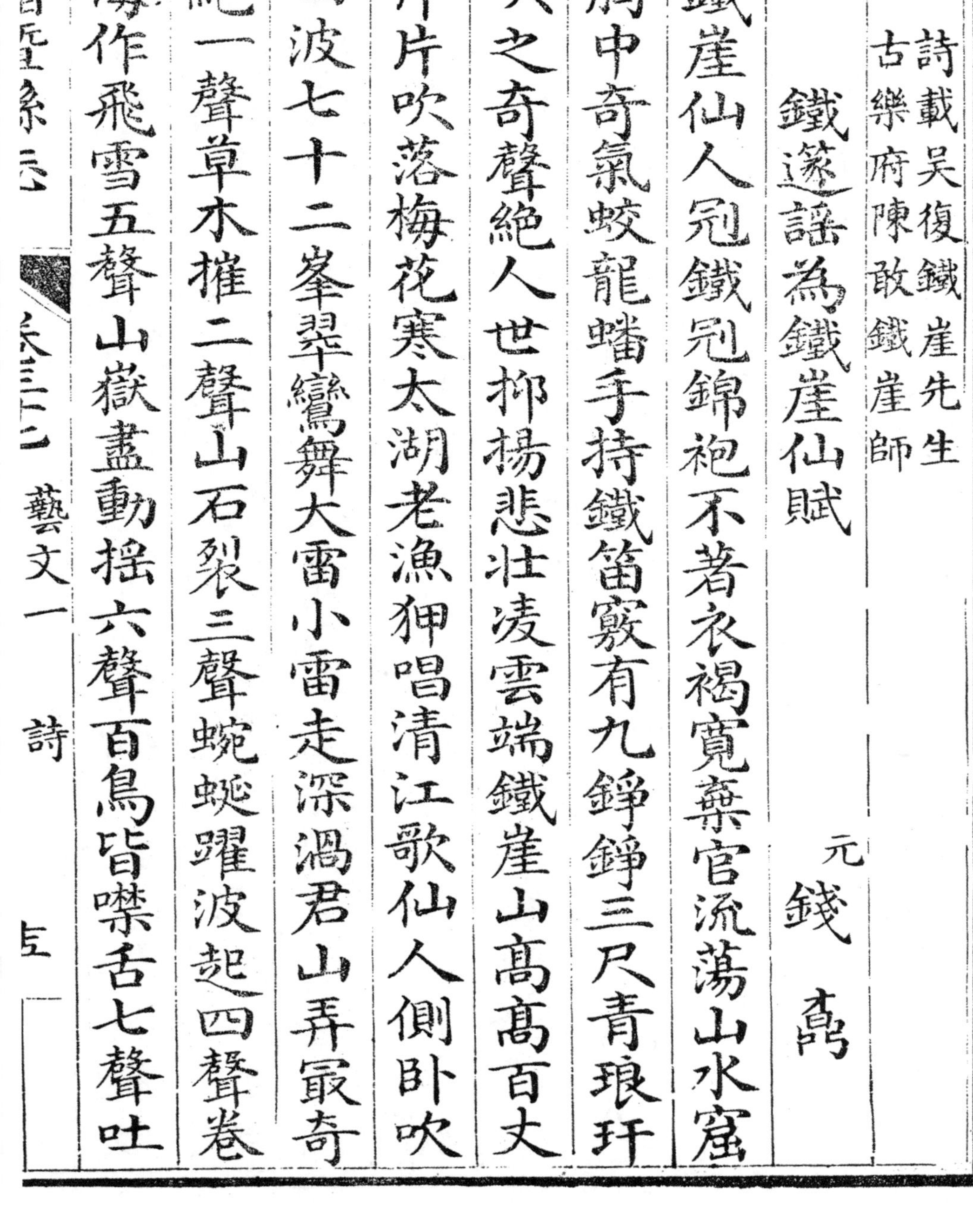

詩載吳復鐵崖先生古樂府陳敢鐵崖師

鐵篴謡爲鐵崖仙賦　元　錢鼒

鐵崖仙人冠鐵冠，錦袍不著衣褐寬襃官流蕩山水窟胸中奇氣蛟龍蟠手持鐵笛竅有九錚錚三尺青琅玕吹之奇聲絶人世抑揚悲壯淩雲端鐵崖山高高百丈片片吹落梅花寒太湖老漁狎唱清江歌仙人側卧吹四波七十二峯翠鸞舞大雷小雷走深渦君山弄冣奇絶一聲草木摧二聲山石裂三聲蜿蜒躍波起四聲卷海作飛雪五聲山嶽盡動摇六聲百鳥皆噤舌七聲吐

氣成虹霓扶桑枝上金烏啼八聲射光凝斗牛丹桂枝
遏玉虩吼九聲十斂迸銀河鬼神股慄天嵯峩河鼓輟
瓊耜天孫停玉梭九重震叠開蕩蕩帝閽驚定忘撝訶
鈎天大人側耳聽口勑仙吏旁搜羅分甘吹笛樂吾樂
芒屨懶上金鑾坡仙人仙人鐵石腸引喉噴鐵金琅璫
中通外竅直以剛鏌鋣善鳴愁鳳凰底須截竹崑崙岡
願將鐵崖壽鐵笛後天不老凋三光

和楊廉夫縣尹游山詩韻　元　朱德潤

青山倚天髙崖谷入晦冥虎豹踞九關無繇閉巖扃企

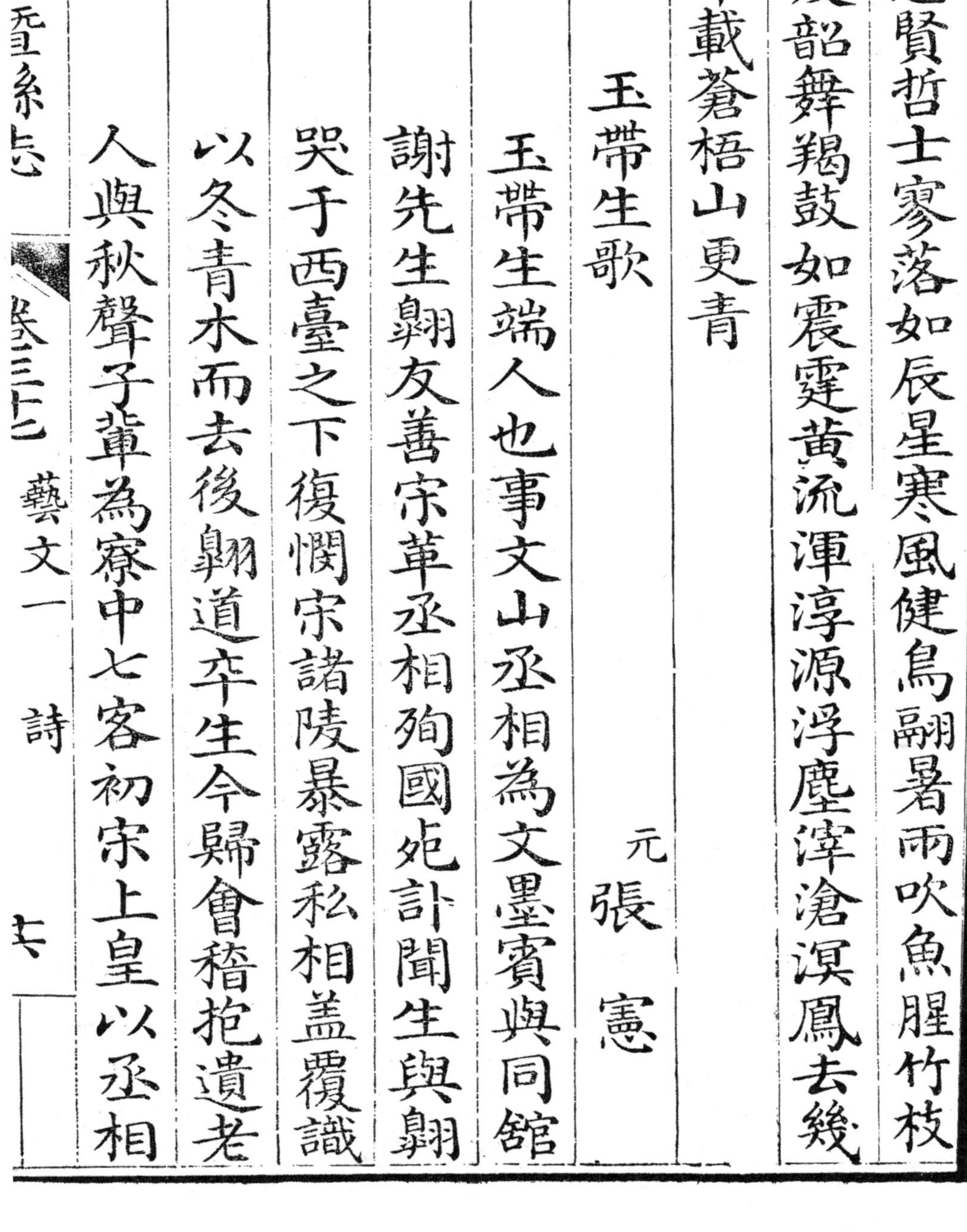

想賢哲士寥落如辰星寒風健鳥翩暑雨吹魚腥竹枝
變韶舞羯鼓如震霆黄流渾淳源浮塵滓滄溟鳳去幾
千載蒼梧山更青

玉帶生歌　　元　張憲

玉帶生端人也事文山丞相爲文墨賓與同館
謝先生翺友善宋革丞相殉國死訃聞生與翺
哭于西臺之下復憫宋諸陵暴露私相葢覆識
以冬青木而去後翺道卒生今歸會稽抱遺老
人與秋聲子輩爲寮中七客初宋上皇以丞相

恩賜生紫衣玉帶至今不改其舊服生為人端厚強記默識不妄開口丞相素重之呼名不以名但曰玉帶生故作玉帶生歌

鸞刀夜割黑龍尾碾作端溪蒼玉砥花鑌鐵面一尺方紫霧紅光上書几銀絲雙纏玉腰圍翡翠青斑繡紫衣金星鴝眼不敢現案上墨花皆倒飛景炎丞相魁龍榜撫玩不殊珠在掌背銘刻骨四十四文山硯銘丹書小篆四十四字云紫之衣兮綿綿玉之帶兮磷磷中之藏兮淵淵外之澤兮日宣烏乎磨爾心之堅兮壽吾之文傳兮廬陵文天祥造血籙至今猶可想謝公古文今所師西臺一慟神血

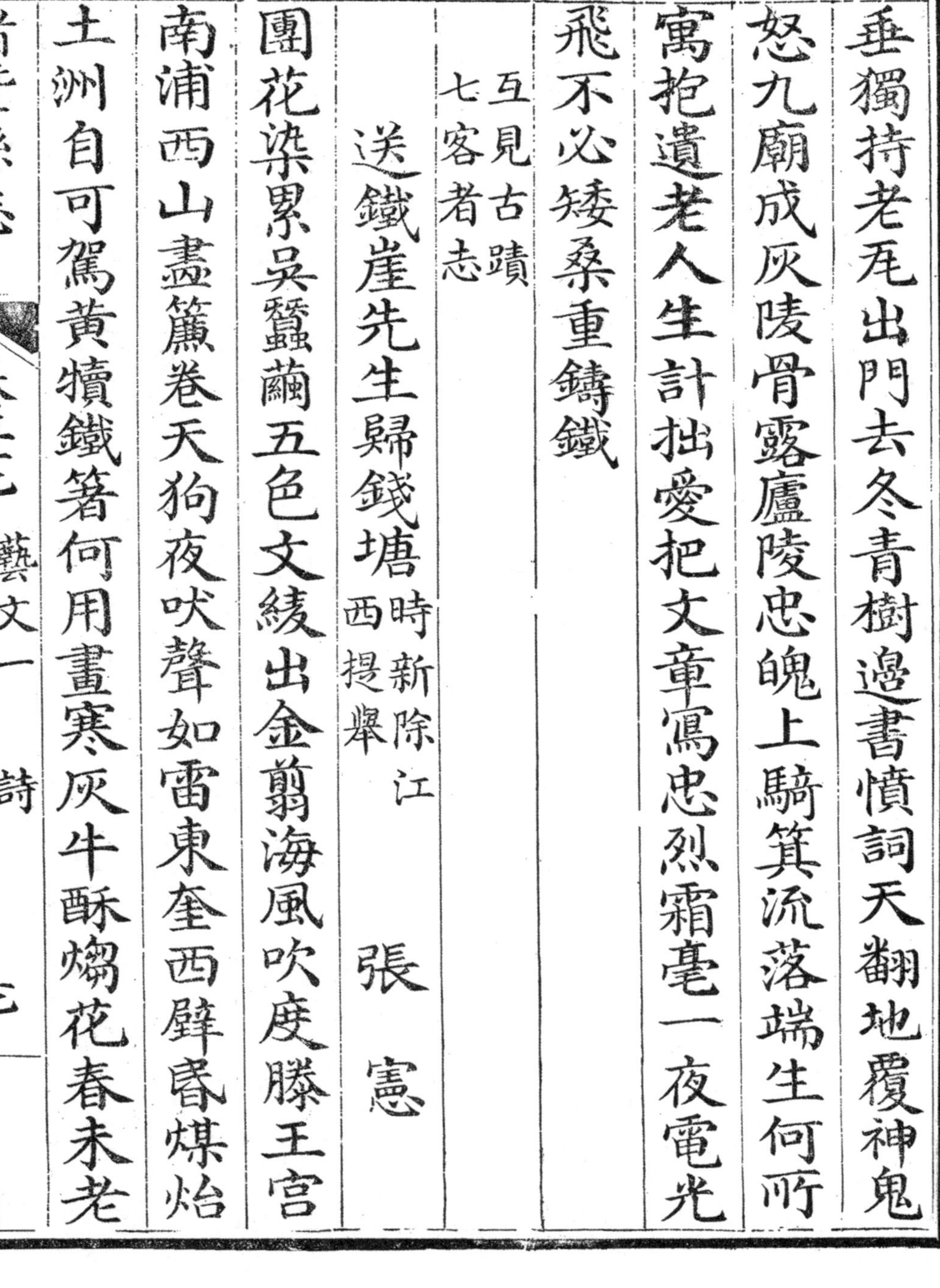

垂獨持老尾出門去冬青樹邉書憤詞天翻地覆神鬼
怒九廟成灰陵骨露廬陵忠魄上騎箕流落端生何所
寓抱遺老人生計拙愛把文章寫忠烈霜毫一夜電光
飛不必矮桑重鑄鐵

互見古蹟七客者志

送鐵崖先生歸錢塘時新除江西提舉　張憲

團花染累吳蠶繭五色文綫出金翦海風吹度滕王宮
南浦西山盡簾卷天狗夜吠聲如雷東奎西壁昏煤炲
土洲自可駕黃犢鐵箸何用畫寒灰牛酥爛花春未老

湖上同誰翦芳草真味酒瀉紫蒲萄金錯刀鎸紅瑪瑙
六橋楊柳香霧深吳娃一笑千黃金莫邪不作老龍舞
鐵管自成丹鳳吟軟輿送别湖源道江花照人日杲杲
長風吹送書畫船先生眼空方醉眠

次鐵笛道人韻　張憲

翠黛鎖眉山穠愁無處安玉環雙鳳叶珠髻九龍盤花
落夢初斷鸎唬春未闌檀槽兒女語昵昵向誰彈

鐵笛道人遺篳篥七絶　張憲

朔客有以篳篥遺道人者道人以送予且將以

詩仍率五溪馮溥錦泉馮文和以成什予深媿無李龜年之藝而虛得張承吉之名也既次第來韻復賦此荅羙意且邀李桐屋僧守仁同賦

贊皇太尉有新題不減吳江與會稽最憶秋山霜月夜卷蘆一曲醉如泥

朔客蒼頭一尺髭酒酣氣熱卷蘆吹花娘不展徘徊拜虛負王孫五字詩

長安城裏紫葡萄關塞遺聲透月高一十八星清寂冷無人喚起薛陽陶

南徐江上月黄昏誰嚼寒鑪對酒尊滿耳缺風全不競
空煩公主嫁烏孫
漢家鹵簿最多儀来駕雙旆武騎隨不似酒邊呼李衮
静攜九漏月中吹
一曲邊聲繞月樓滿天兵氣似并州塞鴻不管關山怨
閑却吹螺小比邱
國手傳聞張野狐清歌最善月中蘆風前静洗箜篌耳
别畫明皇按舞圖

天池石壁爲鐵雅賦　　元　張　雨

嘗讀枕中記華山閟中吳神泉發其顛青壁繚其隅春
風四山來羣綠互紛扶羽觴曲折行浮花與之俱採之
搴薜荔洗玉弄芙蕖聱叟頗好名石窪作魚湖鴻乙志
草堂桃烟遂成圖而此滁煩磯閱世如樗蒲發興雲林
子盥手與我摹居然縮地法挈入壺公壺

奔月卮歌答鐵雅所作　張雨

鼉社明珠奔入月脫殼政似風蟬潔漁網出之不敢視
滁盡含沙光不滅文昌四星吞在腹一一金晶大如菽
蜃物還來作飲器日夜雄雌繞林一作虹互茅屋一扇桃核

寛有餘半葉蕉心卷未舒飲非其人躍入水怪雨盲風生坐隅置之天上白玉盤斗柄挹酒長闌干李白跳下鯨魚背持勸我飲相交歡幽宮馮夷為予泣酌盡海水百怪出還我平生老蚌胎許君醉卧鮫人室

玉笙謡為鐵門笙伶周奇賦　張雨

我有紫霞想愛聞一作君白玉笙懸匏比竹無靈氣昆邱採此十二莖鳳咮啣明珠鳳翼排素翎金華周郎妙宮徵子晉仙人初教成月下吹參差群雛亦和鳴緱氏山頭白雲起七月七日來相迎長謝時人一揮手飄下滿

空鸞鶴聲

午日簡楊廉夫　張　雨

客有擁琴至吾寧折簡招足音垂谷口雨氣截山腰酒倩紅泉瀉花為絳節朝不嫌泥濘極一舸段家橋

答楊廉夫　張　雨

黃篾樓中惟飲酒樓下長溝鳧雁多溪頭橋斷浮青草湖面風来生白波饞奴竟煮脱𦁩筍老魚戲唼如錢荷詔書寬大到海角河北飢民一作氓争倒戈

鐵笛道人新居曰書畫船亭作詩以寄

張雨

蘇州去訪楊雄宅近水樓居似月波東府官曾知者少西山爽氣望中多臺招天上仙人鳳池養山陰道士鵞誰和涼風吹鐵笛莫愁艇子柳枝歌

雲林席間懷鐵笛簡草堂　張雨

花朝無花也可憐桃李矜持不作妍爛聽雨聲眠白晝夢乘艇子上青天閒居尚庶浮雲志老病難趨卜夜筵絳帳先生惟寂寞後堂自理琵琶絃

寄楊廉夫　元倪瓚

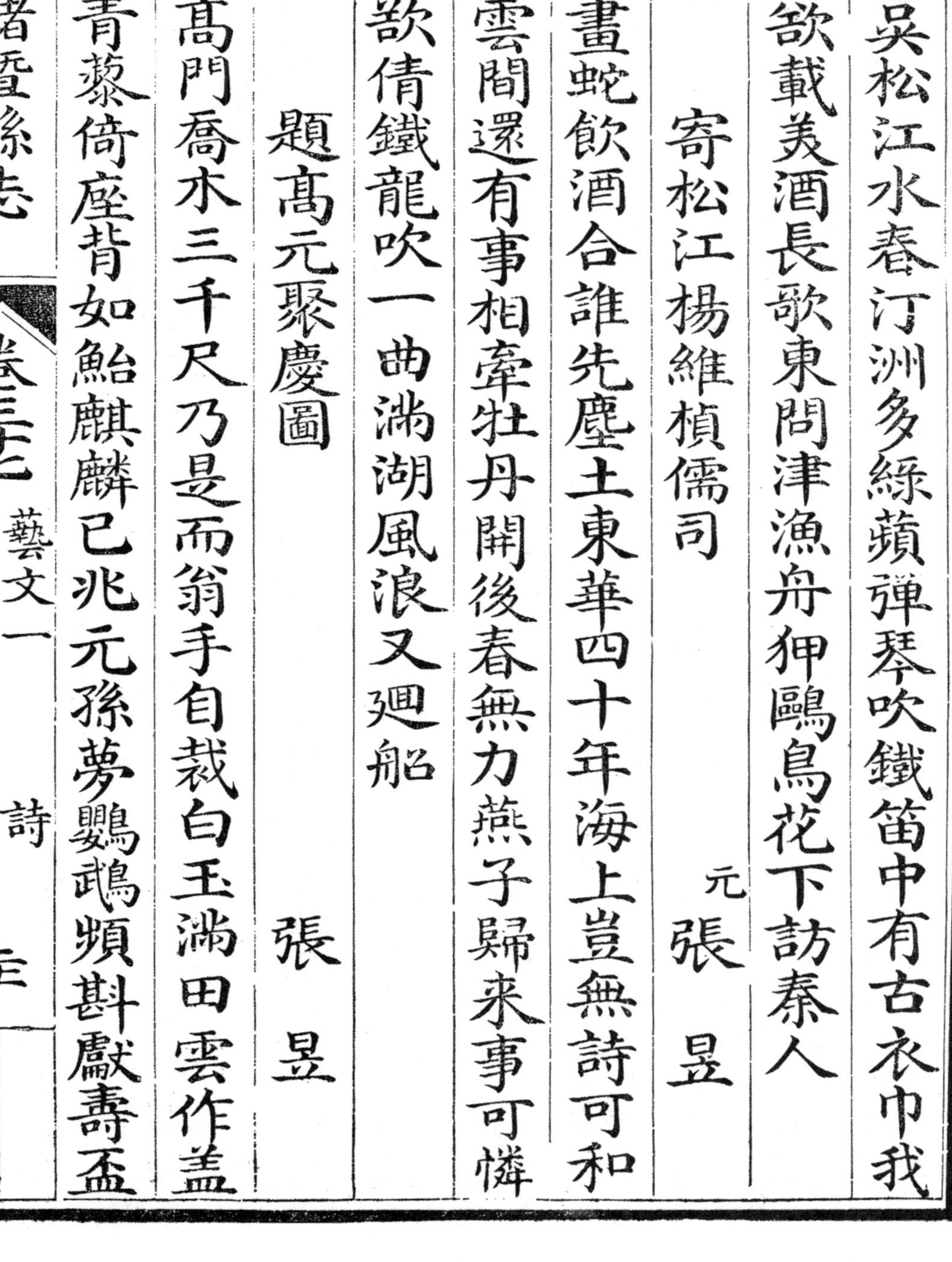

吴松江水春汀洲多緑蘋彈琴吹鐵笛中有古衣巾我欲載美酒長歌東問津漁舟狎鷗鳥花下訪秦人

寄松江楊維楨儒司　　元　張昱

畫蛇飲酒合誰先塵土東華四十年海上豈無詩可和雲間還有事相牽牡丹開後春無力燕子歸來事可憐欲倩鐵龍吹一曲滿湖風浪又迴船

題高元聚慶圖　　張昱

高門喬木三千尺乃是而翁手自裁白玉滿田雲作蓋青藜倚座背如鮐麒麟已兆元孫夢鸚鵡頻斟獻壽盃

五世衣冠傳百世會看孝義出賢材

筠西閣長歌行

元　陳大倫　邑人

憶昨山陰溪上路子猷種竹溪上住子猷去矣溪山空後来夌者誰與同延陵之裔有此公乃能千載追其風好山繞屋如城郭滿山種竹猶不惡翠氣如煙寒漠漠此公八十餘遂作筠西閣簾櫳細烟霧几席翻香籜擬仙窟之清真掃塵勞之喧濁憑軒應接日不暇古来信有揚州鶴我嘗到其間但覺風飄蕭赤曦過柳無炎敲七賢六逸在何處便欲折簡頻相招抱琴載酒同遊遨

新裘被紫雲短髮吹輕雪孤南老子自與常星別二十
八宿光彩炯炯連兩闕春風滿天地長洲茂苑青雲熱
中白既徵黃綺並出蒲輪一兩璧壽九節公不行兮夷
猶悄空山而愁絕況乎芝草翻翻蘭芽秀茁紫花實兮
鳳不飢玉筍斑兮鴛鴦就列此公溢喜洞簫數闋音響如
縷重霄上徹我亦醉起舞為公和之歌激烈萬壑秋聲
動山月

林壑清暉　陳大倫

白鳳山中吳徵士仲陽甫於所居之西偏得覽

游勝絶之所凡若干弓遂築室凡若干楹以避風雨友人彦暉張君請以林壑清暉之名署之且為之記仍以八景為八題命賓客之能賦詩者賦詩以落之凡得若干首萃為一卷予不敏凡賦詩一十二首贅於卷尾前四首以贈徵士後八首如題之命庶俾来者得以觀覽焉

其一

葱蘢得樹林清淺帶溪壑石路盤縈廻松亭綴巖崿

其二

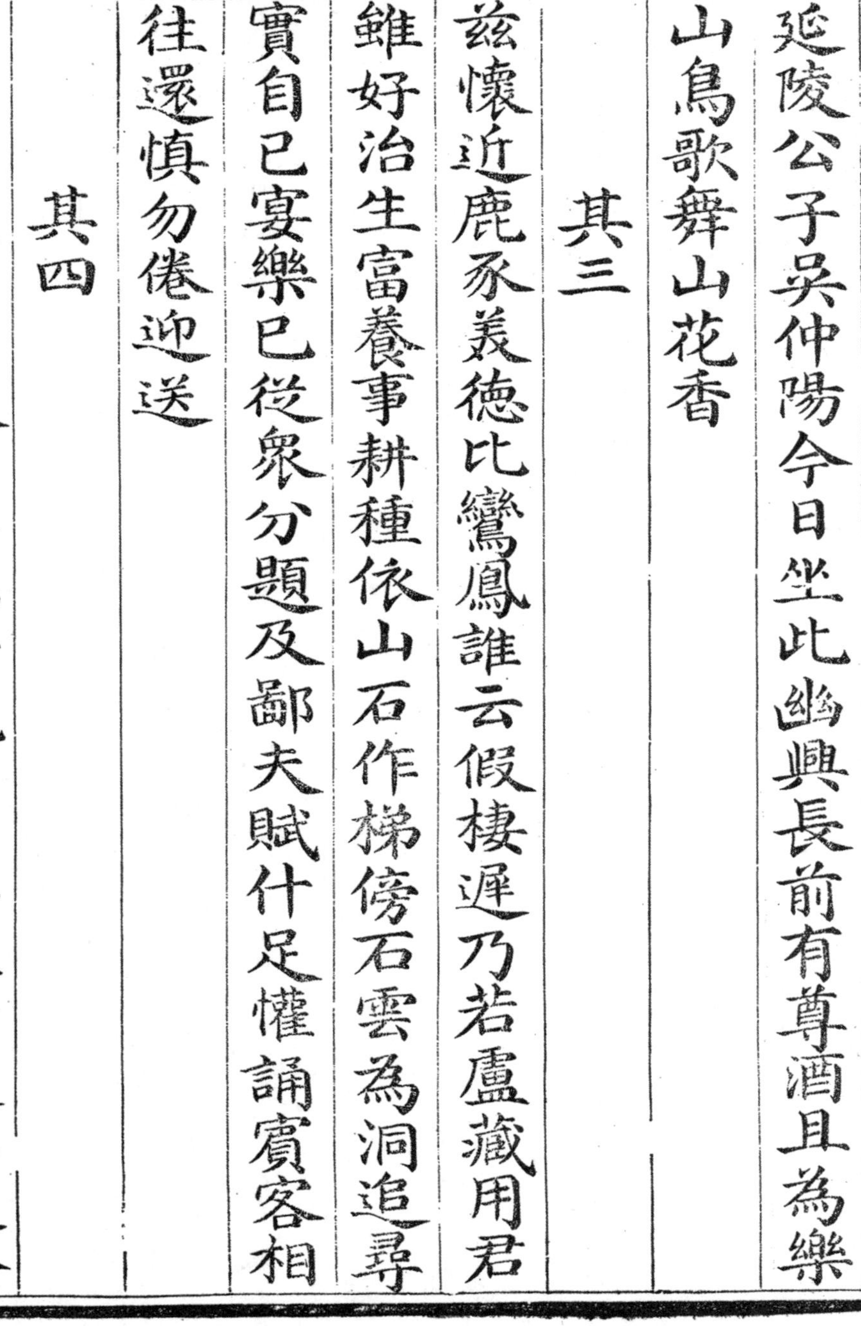

延陵公子吳仲陽今日坐此幽興長前有尊酒且為樂
山鳥歌舞山花香

其三

茲懷近鹿豕羨德比鸞鳳誰云假棲遲乃若廬藏用君
雖好治生富養事耕種依山石作梯傍石雲為洞追尋
實自己宴樂已從衆分題及鄙夫賦什足懽誦賓客相
往還慎勿倦迎送

其四

鹿門有龐公覇陵有梁鴻每觀高士傳誰得追其蹤今

君相彷彿伯仲仍相從綠蘿掛皓月丹壑生清風

蒼蘚壁

蒼蒼石兩壁錦苔皆五色上有女蘿枝白露如珠滴露珠滴滴還若何紫芝滿地春風多紫芝滿地春風多令人卻憶商山歌

白雲磴

人言白雲静且閒儂言白雲辛且苦天風吹来石磴寒又欲從龍作霖雨

慈竹窠

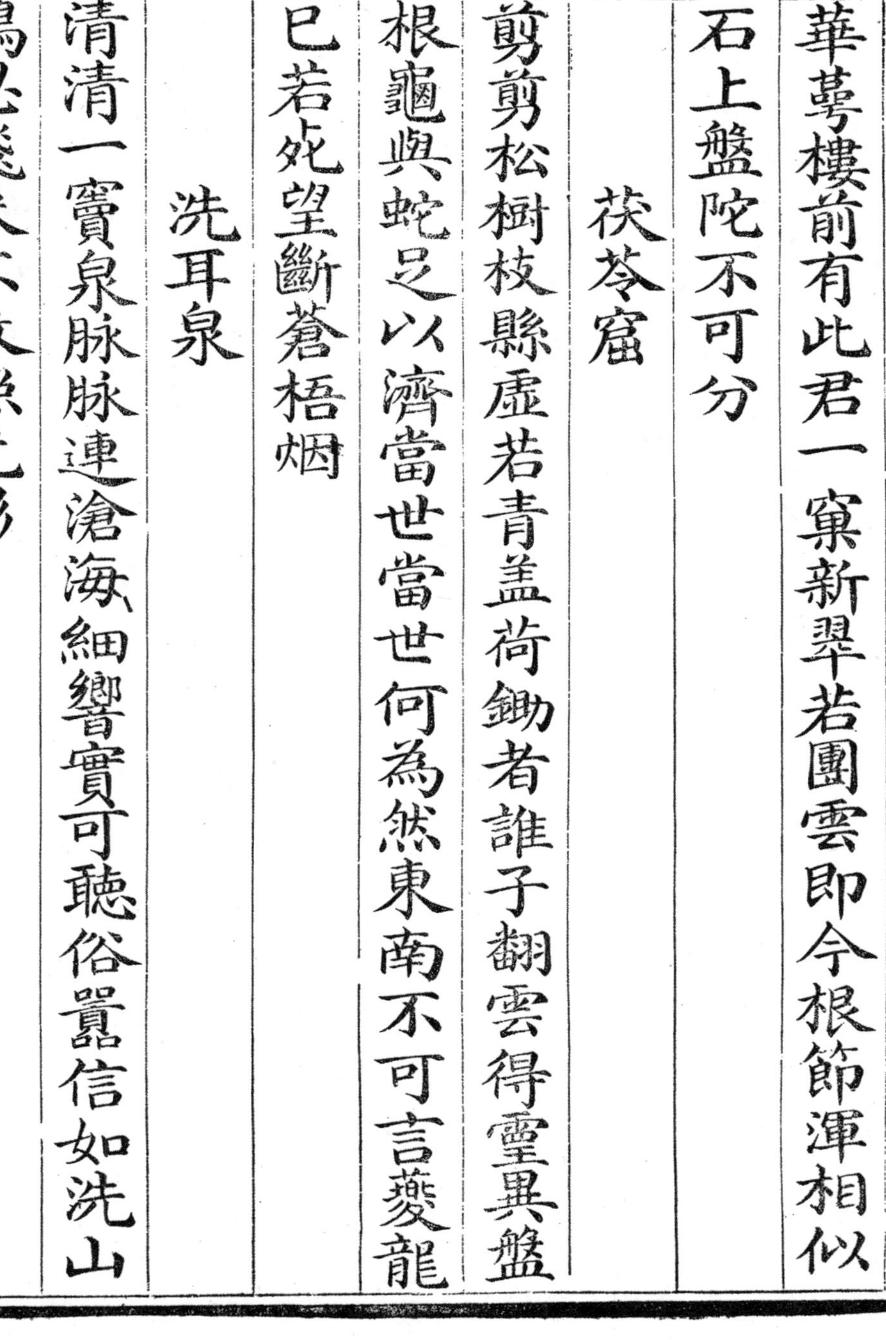

華蕚樓前有此君一窠新翠若團雲即今根節渾相似
石上盤陀不可分

茯苓窟

翦翦松樹枝縣虛若青葢荷鋤者誰子翻雲得靈異盤
根龜與蛇足以濟當世當世何為然東南不可言夔龍
已若死望斷蒼梧烟

洗耳泉

清清一竇泉脉脉連滄海細響實可聽俗囂信如洗山
鷄忽飛来不敢照光彩

釣雪磯

雪㵎隝雪㵎山中有溪水何潺湲屹然一磯石可坐復可盤有人為我持釣竿楊花撩亂生曉寒

伏龍潭

神物不自神甘守蝦蟹窟風雨洗天来始知自神物嗟哉神物有時蟠石潭千尺秋波寒

浴鷺沙

白鷺白如雪戲浴寒灘淺寒灘水自流白鷺青雲遠

林壑清暉　元　桂如晦　邑人

蒼蘚壁

石勢卓於壁，苔痕圓比錢。綠含溪上路，幽入洞中天。欹覔丹梯步，苦遭塵累牽。雲根散涼氣，毛骨竟蕭然。

白雲磴

片片無根物，悠悠林下歸。清風謾招引，白日自相依。不作催詩雨，常粘坐客衣。須臾態百出，縹緲復依稀。

慈竹窠

芟荑榴翳盡，慈竹翠婆娑。冉冉春陰覆，蕭蕭秋意多。主人攜簞入，客子問盟過。愛好消煩促，夕陽將奈何。

茯苓窟

牽絲朝露重千歲伏神藏蒼蘚碧雲合靈根白雪香爲
君許誰相抱朴猒羣芳倘寄楊員外惟煩杜草堂

洗耳泉

寒潭何瑩澈迎露玉壺秋顛倒空青出微茫濕翠浮習
池何足擬頴水合同流怵迫無休者塵蒙愧此游

釣雪磯

嘗尋釣臺勝不識箇磯頭白鳥忘機出黄魚同隊游高
低山亂擁東北水交流獨繭絲綸在吾儕此引鈎

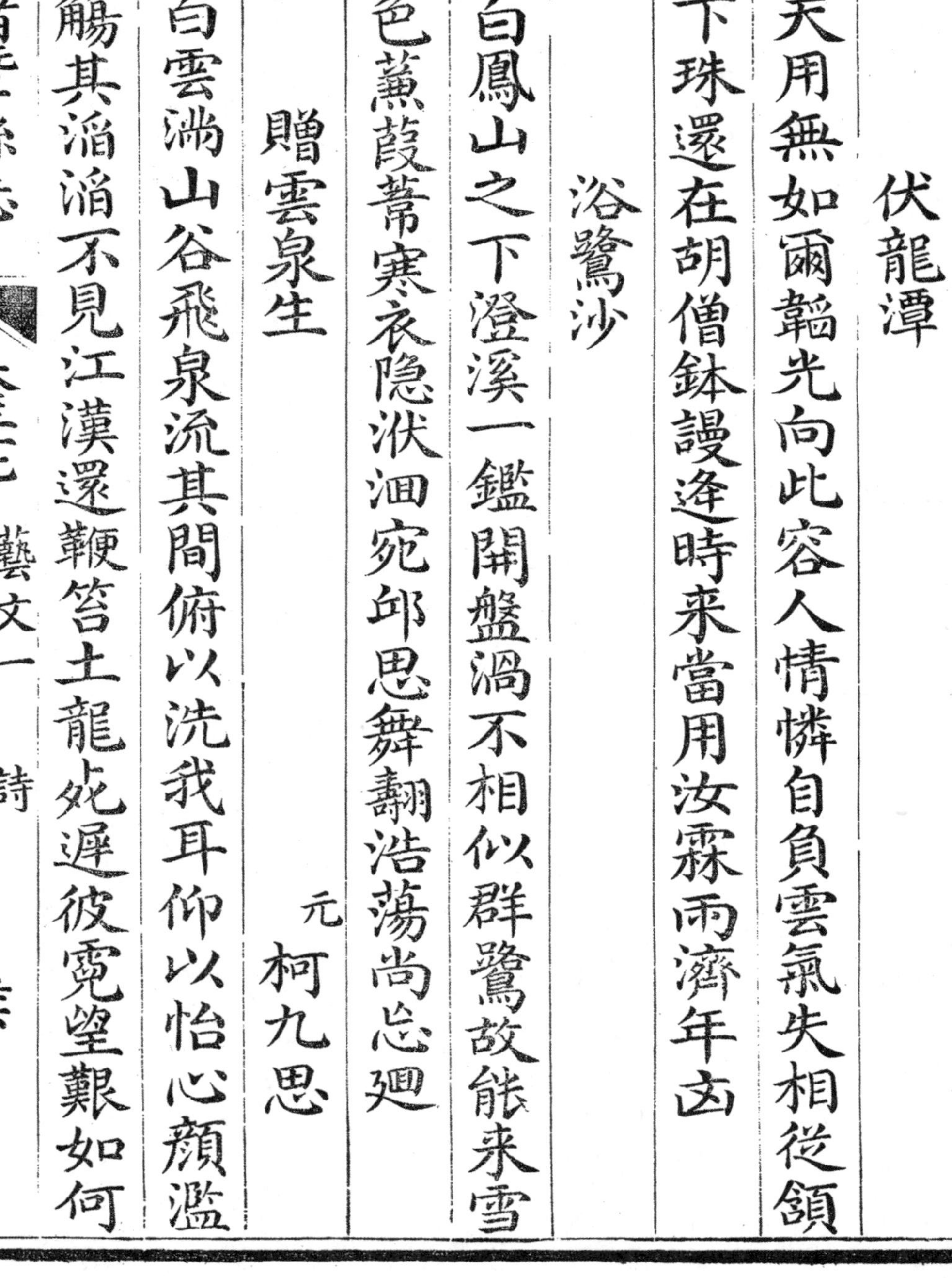

伏龍潭

天用無如爾韜光向此容人情憐自負雲氣失相從頷下珠還在胡僧鉢謾逢時来當用汝霖雨濟年凶

浴鷺沙

白鳳山之下澄溪一鑑開盤渦不相似群鷺故能来雪色薰葭葦寒衣隐洑洄宛邱思舞翻浩蕩尚忘迴

贈雲泉生　元　柯九思

白雲淵山谷飛泉流其間俯以洗我耳仰以怡心顔濫觴其滔滔不見江漢還鞭笞土龍蛇遲彼霓望艱如何

幽人貞依舊霜漚間

五洩 原注白野泰不華書壁 元 王艮 邑人

七十二峯氷碧白雲半掩招提清晝焚香燕坐綠雲深處鳥啼

其二

山骨層層剜畫溪流曲曲縈迴巖際玉龍噴雨天風吹落瑤臺

歸來 元 王冕 邑人

歸來人境異故里似他鄉坐閱紅塵遍愁多白髮長閑

山雲渺渺江漢水，茫茫世事何多感，憑高又夕陽。

村居　王晃

避世忘時勢，茅廬傍小溪。灌畦晴抱甕，接樹濕封泥。乳鹿依花臥，幽禽過竹啼。新詩隨處得，不用別求題。

漫興　王晃

處處言離亂，紛紛覓隱居。山林增氣象，城郭轉空虛。俠客思騎虎，溪翁只釣魚。諸生已星散，那得論詩書。

有感　王晃

絕國春風少，荒村夜雨多。可憐新草木，不識舊山河。世

事紛紛異人情轉轉訛老懷禁不得悵望一長歌

春日次王元章韻　元　迺賢

翠幰金車錦駱駝芙蓉繡縟載雙娥雨晴輦路塵沙少風起春城柳絮多秉燭且留清夜飲倚闌猶聽隔墻歌山翁此日心如水夢斷江南兩一簑

丁孝子　元　楊維楨　邑人

孝子名祥一諸暨農家子母喪明祥一謁醫不能療日夜抱母泣而舐之歷百日母瞽豁然開明有司旌其門為孝子之門

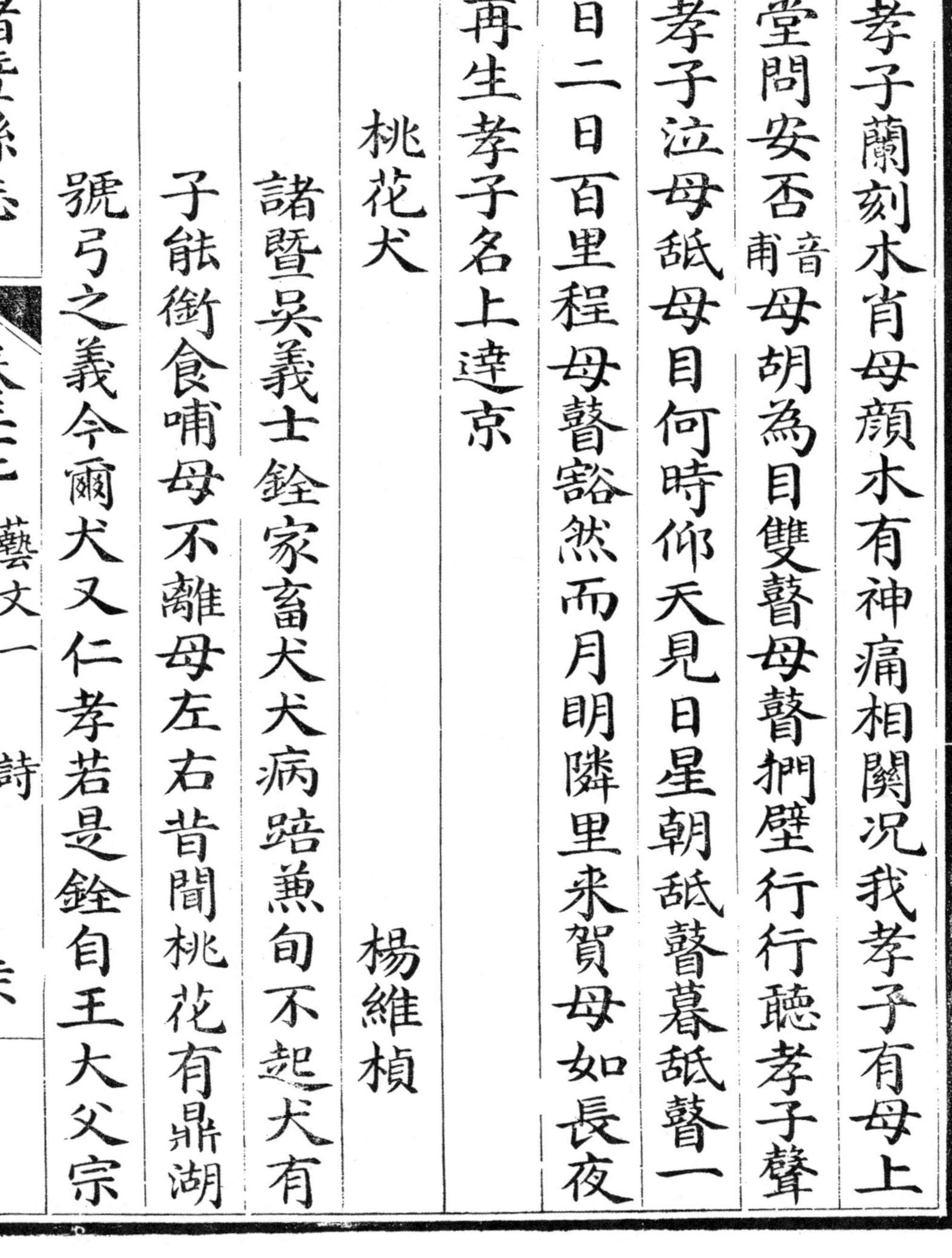

孝子蘭刻木肖母顏木有神痛相關況我孝子有母上堂問安否音甫母胡為目雙瞽母瞽捫壁行行聽孝子聲孝子泣母舐母目何時仰天見日星朝舐瞽暮舐瞽一日二日百里程母瞽豁然而月明隣里來賀母如長夜再生孝子名上達京

桃花犬　　楊維楨

諸暨吳義士銓家畜犬犬病踣蕉甸不起犬有子能銜食哺母不離母左右昔聞桃花有鼎湖號弓之義今爾犬又仁孝若是銓自王大父宗

元五世孝慈犬之仁孝其瑞應也爲賦桃花犬

歌繼古樂府

昔桃花孝義聞天家今桃花生子在吳家桃花子母病踣不起三子纍纍若悲啼有一子銜食哺母母食之始出馳一去復一来眂母左右不一離吳老人壽期頤五葉孫斑斕衣門前荆樹不分枝柱下並蒂生靈芝吳家孝慈及草木況爾桃花爲有知喔喔梟獍兒泥塗我宮室蕩裂我四維風俗日壞壞不支歌桃花作家慶吳家兒當執政桃花甡甡化梟獍

聯嶽堂詩

元　柯里

〔錢宰聯嶽堂序〕至正十年暨陽馮邦彦築室落成郡大夫靳侯過焉嘉邦彦兄弟之賢而相友爱名其堂曰聯嶽坐客咸為詩以美之

堂前紫荆樹秋風宛如故日暮雙脊令飛来復飛去田首五枝桂零落燕山陲永言琴瑟和莫作豆萁詩

又

元　王謙

子家鳳凰琴可博百車錢上有黄金嶽粲若秋星聯曷以况兄弟視此大小絃大絃不浪響小絃無間然毎彈連枝曲音度足人憐遂致堂上春和風日回還宜將紫

荆樹更種曲欄前

又　　　　　　元　陳韶　邑人

軋軋機上織言作長衾布粲粲厨中飯言充同食具曳履上高堂相看髮垂素持彼少年歡守此歲華暮容從遠方来遺我緑綺琴上有十三徽徽徽是黄金不作離鸞調懽成鴻雁音好将曲中意留結後人心

又　　　　　　元　申屠溶　邑人

馮生不彈鋏迺為田舍翁馮婦不下車早夜力女紅男耕女織罷下爨得古桐援桐授琴師琴成被南風鏗然

合清廟樂只歸黃鍾持將曻妻子少長和融融戴絃睦兄弟鴻雁鳴雝雝以之御賓友坐客春風中由家達宗廟在用靡不通大絃莫浪絙一絙小絃絶小絃勿僭響響僭宮徵越大絙小必乖下僭上必戾右調七朱絲絲絲聲宣節左拈十三徽徽徽星點列興至每一彈倚蘭與白雪敢齊堂廟器聊爾室家悅請韜琴上徽與星終不滅

又

元 陶狷 邑人

金汀水清泚竺里山逶迤於焉結華搆南營俯桐椅雨

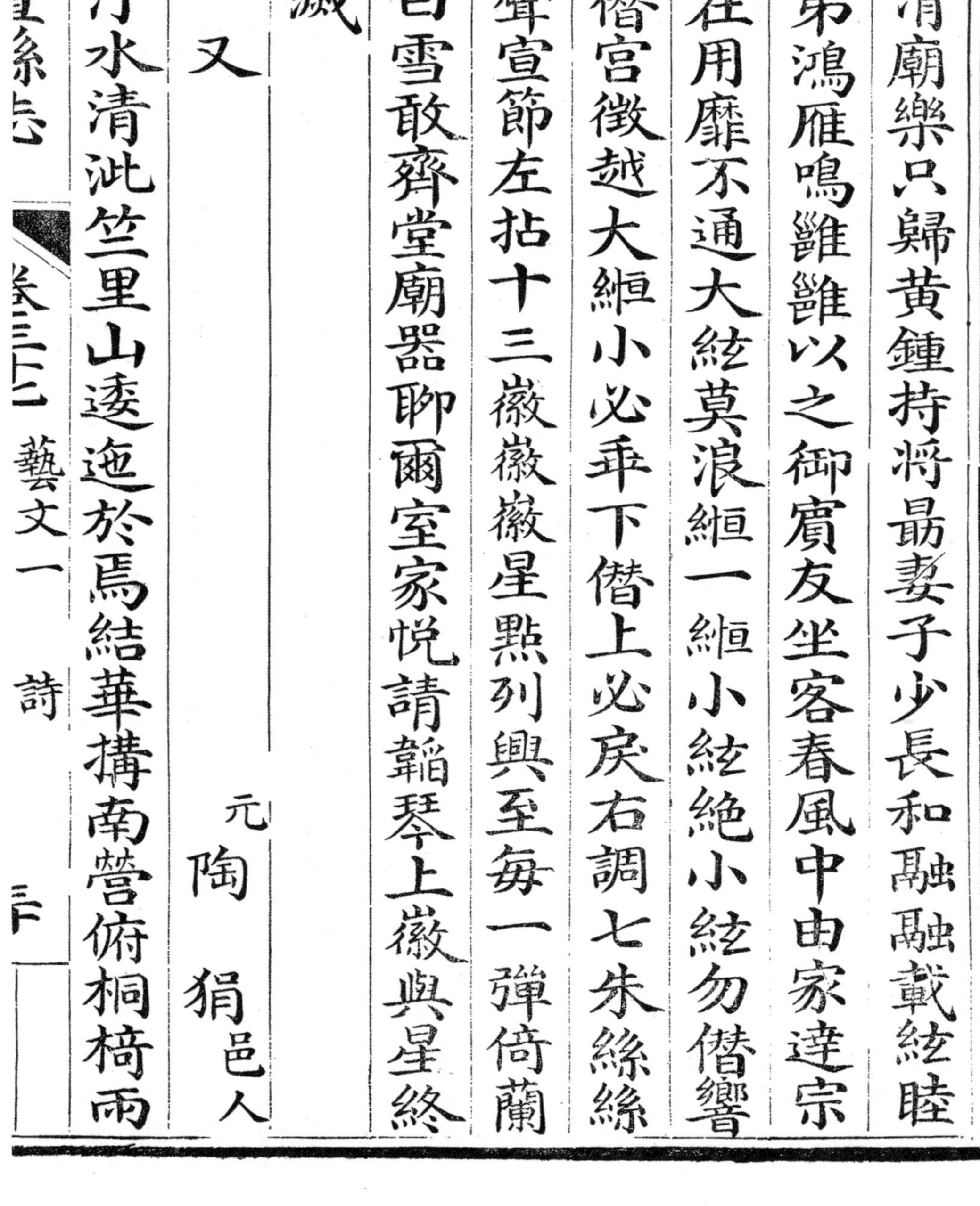

露日以蕃奕葉流芳滋冥鴻翔其外威鳳亦来思蹶以
朝陽斡熒熒綴金嶶嶶嶶動符彩照映三春暉悠然發
孫詠絃彼棠棣辭宮商自相宣恩怨無不怡所貴孝友
心雍雍良相持悟茲感化理家邦同一施我與著斯章
流播還澆漓願言保終惠永貽世所儀

補編

奉同袁子英簡呈楊廉夫先生一作懷鐵雅先生

元　郭翼

楊子十年官不調如此永州文力何一作湖山不負謫仙才洞庭鐵笛龍吹得天上瓊書鶴寄多一作后土瓊花鶴寄来車子看花将一兩雪兒行酒豔雙歌一作雪兒行酒拗連臺時時對客鼓一作理弦索繡領單衫月色羅一作月色羅衫小衩裁

錢唐雨中招申屠彥德

元　王艮

春雲拂地雨淅淅户外屨空生綠苔朝天門外樓依水

好棹小舟乘興来

悼止齋王先生　　元　王冕

三月燕山聽子規，追思令我淚垂垂。雖然事業能經世，可惜衣冠在此時。霜慘晴窗琴獨冷，月明秋水劍雙悲。山河萬里人情別，回首春風説向誰。元詩選張辰作王冕傳云：同里王艮甚愛重冕，為拜其母。艮後為江浙檢校，往謁，履敝不完，足指踐地。艮遺之草履一兩，諷使就吏祿。冕笑不言，置其履而去。

梅花屋　　王冕

荒苔叢篠路縈迴，繞澗新栽百樹梅。花落不隨流水去，鶴歸常帶白雲来，買山自得居山趣，處世渾無濟世材。昨夜月明天似洗（一作水），嘯歌行上讀書臺。（右詩載元詩選，其原註云：飯牛翁即煮石道者閑散大夫除也山農，近日號老邨，南園種菜時稱呼，元章字，冕名，王姓。今年老異於上年，鬢髮皆白，脚病行不得，不會奔趨，不能諂佞，不會詭詐，不能干祿仕，終日忍饑，過畫梅，作詩，讀書，寫字，遣興而已。自喝曰：既無知已，何庸多言，呵呵。）

題王元章畫梅　元　楊維禎

舊時月色有誰歌，拔劍王郎鬢已皤。惆悵東風舊詞筆，南枝香少北枝多。（此詩玉山雅集作鄭元祐）

諸暨道中訪方隱君不遇　明　王禕

竹屋新成繞澗阿年來避地隱烟蘿門前不是長安路
却笑行人也謾過

詩

藝文一之二

送屠彦德七首　　明　戴良

蓼虫知習苦塞雁知避寒人不處睽乖詎知為别難戎馬滿東北風塵闇河關咫尺尚莫期況乃兩州間送君危途上如何弗長嘆

長嘆且復止請言交好始君住浣水湄我家浦川涘囿已接聲光終然異彼此末路遘多辛来為遊宦子測測久念息款款新歡起

一從新歡起幾度造門基解巾日尚早褰袵陽已微寒
光曝顏曜炎德灑來颸豈辭夏晷永但恨冬馭馳皎皎
淪迹心非君當告誰
淪迹未云遂且共陶性靈新詩促座賦美酒當壚傾晚
我違生語敦我擊壤情頎已友維縶心迹猶未并家貧
仰薄祿庶以代躬耕
自君羈薄祿宛轉日月除僂指弭節初三涉歲華莫世
道有遷轍天運無淹度為歡未及終已復遵往路戒塗
越嚴風驅車犯寒露

寒露濕我裳嚴風吹我衣美人去不返後會寧可知我居方蹇剥君行已逶遲徒堅皓首約豈遂空谷期倉卒心已苦别久應更悲

歆忘别後悲獨有惠来莆委曲風波事殷勤巖壑言蹈海計已乖入蜀願亦愆惟思遵曩訓偃息在故山君其慎所適晦養終百年

贈虎鬚生 并序　　明　宋濂

虎鬚生者白鳳山中人也吳姓銓名字仲衡頰有鬚類虎鬚人争稱爲虎鬚生生自幼有大志

讀書不為章句大義通而已作詩出奇語驚人至壯氣愈高岸忽無所憚不事事與世多不合常慕古豪傑為人遇邑中大繇役陰以兵法部勒見高山大澤便指畫為扞禦之規鄉里小兒衆相揶揄之先達士則曰此固狂生可進有為者也然以禮自守為順子為悌弟悉無慚志尤喜近師友道在是不復計其年之崇卑便折節相尊事以故士類稍歸之時中原兵動東郡李侯辟為行軍司馬使者凡再返生送使者曰為

予謝李將軍方天下多故幕府得十倍才功猶半之我素疎加以闒劣即偕使者去無益萬分毫幸勿復來明當入深山矣無幾有言生於行丞相府丞相屬以行樞密院架閣之職且名與語生自度丞相决不能用其言乃不受更製竹皮冠服大布衣以自隱暇日窣窣然行松風中遇酒輒飲飲少亦醉醉便擊節自歌人莫識其所存何如也

虎鬚生鐵鑄形金鑄鼓雙目閃爍如怒鷹東飛欲盡三

韓地西飛要絶康居城刺刺論世事滿口吐甲兵于焉栫長圖于爲建交營地連犬牙霜月苦天控虎口黔雲冥若笑我言狂我醉勿復醒十萬生靈定虀粉夜半鬼燐燒空青南方大諸侯聞之心膽驚便遣使者持弓旌招之至麾下洩此氣崢嶸生出謝使者人言慎勿聽逃入積翠巢崚嶒身衣鹿皮明首冠竹籜撑窣窣起向松風行虎髯生狂似李麗似彭何不執取紅氂丈二槍搴旗斬將聲谹谹

謹按虎髯生據宋文憲續文粹作吳鈐據潛溪集又作吳鉞據胡本道混題高元聚慶圖詩則云阿

銓鐵鬚氣最充其爲吳銓無疑

送楊廉夫還吳淅　　明　宋濂

皓仙八十起商山喜動天顏咫尺間一代遼金歸宋史百年禮樂上春官歸心只憶鱸魚鱠野性寧隨鴛鷺班不受君王五色詔白衣宣至白衣還

石欐樓　　明　郭日孜　邑人

玉京仙人十二樓獨子被謫令人愁何似山間採芝者一邱一壑猶風流我亦逃名脱塵鞅分甘身世同虛舟忽驚王母致鶴書乘風却作清都遊麻衣直叩虎豹關

政恐不獲到瀛洲山閒書樓別既久夢遶石麓隨雲浮石麓丈人吾族父笑傲煙霞真自由月夜吹笛夢桓伊秋風把釣思裴虬所嘆非公無白髮誰能為我迴青眸鑑湖吟客方雄飛赤松之伴前留侯今日何日重傾蓋脫畧世故如蜉蝣求仙不必慕攀天相逢林下皆真休金環玉珮珊瑚鉤詩成煥煇樓上頭石欐之崖可磨否刻石直欲垂千秋

書鐵笛道人傳後　明　楊基

不見雲間楊鐵史寮中七客近如何老來詩句疎狂甚

亂後文章感慨多。長笛參差吹海鳳小瓊楊柳舞妖魔。入明且盡嬉游樂莫觧梁鴻五噫歌

山陰曉發寄暨陽舊友　明　張羽

水漲官河遠西風去棹輕四山猶暝色萬木盡秋聲村近聞雞犬天寒憶弟兄故園歸未得漂泊若爲情

書鐵崖先生傳後　明　吳寬

泰定年間名進士會稽山下老徵君金陵不看三秋月元圃長嘘五色雲對客呼兒將鐵笛從人笑我醉紅裙風流盡屬吳松水還繞劉伶四尺墳

幽居　明　鄭欽　邑人

溪上幽居好，雲上列畫屏。籬邊陶令醉，潭畔屈原醒。崖剖黄蜂蜜，地浮白鷺翎。四時長嘯處，月榭共花亭。

鄉思　明　鄭欽　邑人

春盡江南路，鄉書無雁傳。白雲千里隔，明月幾回圓。爲客愁如海，思家日似年。孤舟清夜夢，先到鳳池邊。

山南草堂　明　鄭欽　邑人

歸老山南覓舊棲，草堂只在白雲西。繰車響處烟生竈，野碓舂時水滿溪。果熟樹頭松鼠過，雨來花隝竹雞啼。

回思昔日朝天路十丈紅塵起御堤

宦轍馳驅幾歲華歸来白髮照烏紗尋詩着屐青山外

修禊流觴綠水涯月下無猿偷柿栗雨餘有客話桑麻

幽閒得享田園樂不用晨昏兩放衙

作郡湖湘又十年歸来風景尚依然一方親友多新塚

百里溪山只舊田風月亭臺堪笑傲壺觴籬落任盤旋

從今不被浮名絆林下逍遥侶散仙

仕路妨賢歲已深晚從天上脱朝簪氣馨騷客花前醉

心伴詩魔月下吟珮繫十年腰有玉官居五品帶無金

于今了却功名事一任秋霜兩鬢侵
溪山深處獨行吟倦據胡床坐綠陰春水岸邊人待渡
夕陽村外鳥投林雨餘嫩竹殘新粉風過孤松落敗針
一自掛冠歸故里不知榮辱與升沉
飛雁山南一草堂箇中佳致足徜徉豆收肥瘦籬邊莢
蓮摘盈虛水上房花露滴堦行換屐松陰轉地坐移床
四時收拾閒風月都付奚奴貯錦囊
清溪一曲遶村庄載酒閒吟野趣長秋穫田中收稻穗
夜吟牕下爇松舫日高麀鹿眠花徑雨過蝸牛上粉墻

歸老山間真吏隐西風舊業未全荒
自從金闕捧除書薄宦驅人十載餘罷郡不遷新祿秩
還鄉常醉舊田廬吟身老去醫無藥生計年來食有魚
幾度花前呼白鹿東風陌上駕輕車
壯歲承恩拜玉墀歸來山徑足棲遲人生醜事何從問
世態炎涼不可醫作郡我除苛刻政休官誰立去思碑
試看萬里青雲路還有兒孫折桂枝
十年為郡珮金章回首榮華夢一場歲遇春冬忘拜表
月臨朔望罷行香秋風籬落黄花酒晓日亭臺綠野堂

欹棹魚舟隨處樂白鷗波濶釣絲長

浣紗石　明　鄭欽邑人

浣紗石作浣江濵不見當時絶艷人獨有青青堤畔柳春来猶學翠眉顰

西施浣紗石　明　鄭天鵬邑人

朝浣紗暮浣紗朱顔落水流紅霞一從身委吴宫日春雨蒼苔繡遺石成功雪恥酬越王國破身憐竟誰得浣紗女浣紗女一去不復歸歸来此石羞見汝

御史吟送邑令朱兩厓被名　明　鄭天鵬邑人

朱夫子何行行天書遠名趨神京慈母之去民欲哭吾獨喜去為鳳鳴百里封疆何足惜為鳳鳴天下平

書大雄寺壁　鄭天鵬

荒凉山寺裡拂壁漫留題野鳥摩空遠寒雲壓樹低燕塵愁去馬越谷喜聞雞獨有君親念唧盃坐日西

聞古大雄寺在高山之巔玩此詩信然

遊玉京洞次劉望岑韻　鄭天鵬

僊子吹簫候鬅翁跨鶴来洞深藏紫霧篆古隱蒼苔麻飯留香遠桃花點水開塵寰渾隔絕長嘯倚蓬萊

讀李成蹊秋元五洩奇觀賦　明　駱問禮 邑人

側聞古昔之聞人多得名勝以發魁梧卓犖之精真豈惟恣賞眺靈傑互以神至有窮探薄千里何況爭奇畜怪若五洩者與吾生長若比鄰每憶半生甫一至孟浪渾如衢過駟讀君雅頌恍若遺君誠奇士盖已先我登堂食其胾有志不惟三十里何怪英聲籍籍有如龍泉出匣赤駒脫櫪扶摇健翮萬里空中起山靈不拒俗塵鄙若自東亦曾過泰華踰終南旋岷峨巴巫稔風月金焦蕩煙波次且勒馬縱遊不敢久滯留恐人問我似昔

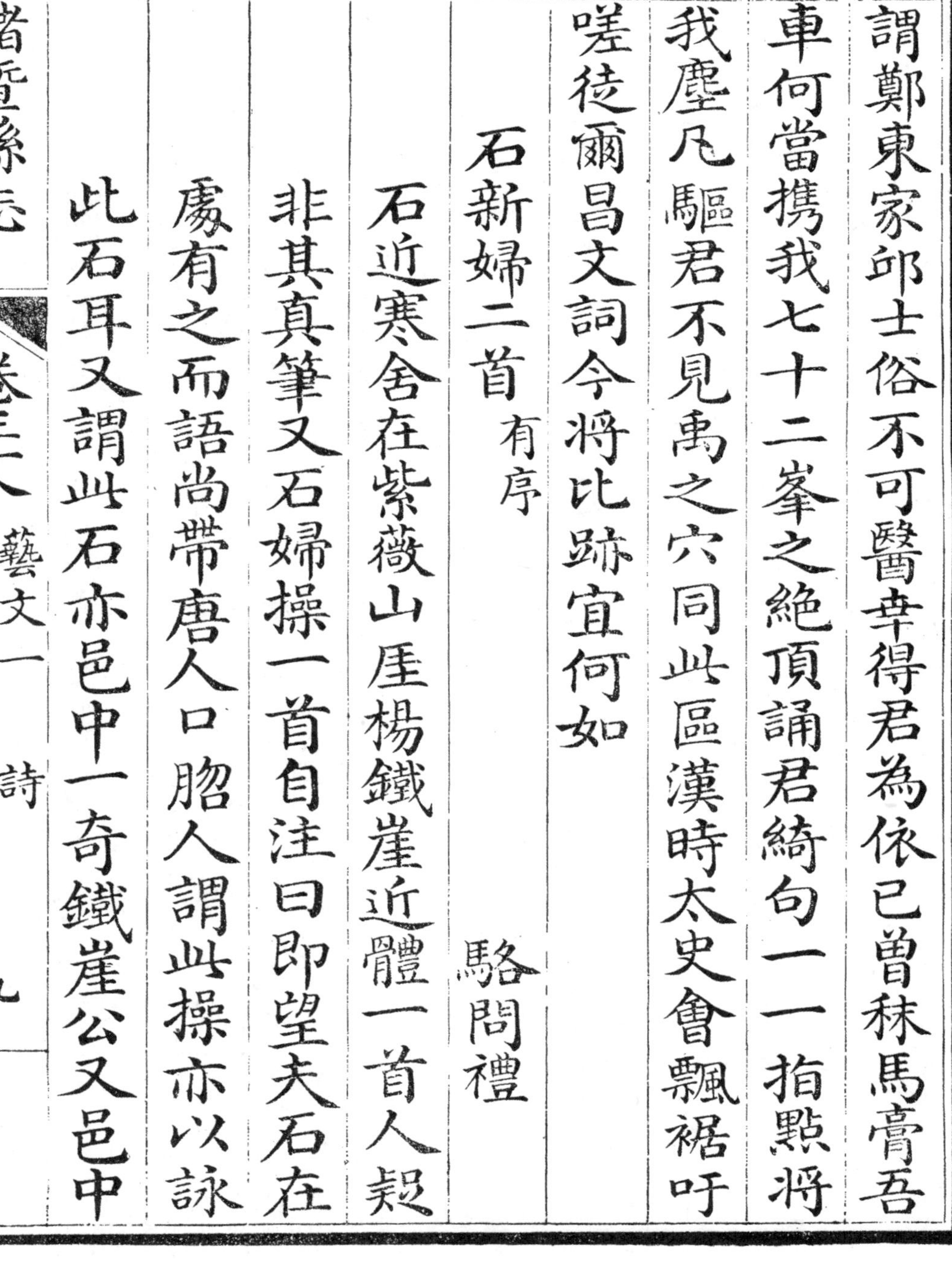
謂鄭東家邱士俗不可醫幸得君爲依已曾秣馬膏吾車何當携我七十二峯之絕頂誦君綺句一一指點將我塵凡驅君不見禹之穴同此區漢時太史會飄裾吁嗟徒爾昌文詞今將比跡宜何如

石新婦二首有序　　駱問禮

石近寒舍在紫薇山厓楊鐵崖近體一首人趣非其真筆又石婦操一首自注曰即望夫石在處有之而語尚帶唐人口脗人謂此操亦以詠此石耳又謂此石亦邑中一奇鐵崖公又邑中

聞人不當無一詞繼其響也因擬二首

石新婦夫何在兀立巖厓閲千載閲千載名猶新夫不回步不改補天曾謝女媧時肯為秦皇輕到海遠人歸喝聲采 右擬楊鐵崖石婦操

其二

石作形骸鐵作心溪邊凝望歲時深烟波洛浦輕塵斷雲雨巫山幻夢沉草色萋迷聯絕壑鶯聲嘹嚦度芳林行人縱返終無語碧海青天太古琴 右擬楊鐵崖石新婦操

丈夫石 有序

駱問禮

紫薇山之陽有石以新婦名突立巖崖當大道而臨長流品題者甚衆客曰有婦石詎無郎石耶予訝其説遍檢邑志并詢長老咸無所得意古詞多有望夫石兹石良似之不曰望夫而曰新婦者從俗談爾一日與秋元樓用學暨族祖子化從弟孟傳同遊楊神廟遂登烏帶山巔問産紫石英處從其陽下涉百步階所謂百步階者鑿山石為級無慮百步樵人謂此國初胡進士故居按胡諱澄洪武四年進士初授河陰縣

丞即其故居在此塢恐無宅高山中理人又言楊神舊廟址在翠微中此其行道庶幾得之日將暮不及窮其處下山轉一塢見一石挺立當滴水高巖大山之麓予指之曰此非郎石耶新婦石雖兀立而頗窈窕兹石則挺然方正畧無傾側良似丈夫計其方向正與新婦石對第其地僻巖深人無識之者嗟夫婦無美惡陰道也男子無美惡陽道也陽爲君子陰爲小人小人好露而常據要地人多仰之君子深藏雖曰闇

然日章而拙於自售非遇盛世明君賢相暨察微之君子孰能識之觀之茲石可見矣因名其石曰丈夫而作詩一章庶使後之賞新婦石者復知有茲石云

烏帶山陽丈夫石兀立亭亭高百尺彩霞作珮蘚作裳虹氣爲神鐵爲色崢嶸欲與五嶽齊正直堪爲萬形式林深塢僻樵牧稀月白風清市朝隔千年不見米生袍百里難通謝公屐四山花木徒爭妍萬古猿狖憑浪跡卜鄰當日有胡公河陰自去無消息石丈于今解認人

胡公何處還尋宅埋没千秋詎足驚遭逢一旦良非適君不見窈窕臨溪媒衒身翻因得地名稱籍又不見山頭怪磈圓如拳紫英含水清光碧顧此稜層異欝林豈蕪聲價同垂棘慶雲入苑千夫勞灔澦當江萬舟惕寧如澗谷絶猜疑雅似冠裳無媚側清宵時或起龍光平世分明見鰲極海東不許秦王驅鍊補終宜女媧得

鯉峯為鄭解元賦　駱問禮

愚聞海有鯉一變為神龍雷轟電烈頭角換縱横雲雨飛長空胡此乃獨異聳峙成孤峯扶輿蛇蟺雄萬狀鰭

鱗猶似滄溟東豈昔乘化日不欲隨群踪歛將四海滂
沱用挺立乾坤萬象中乾坤萬象終無變鯉峯佳氣時
時見我家正住峯之西降神鍾秀世興彥取多或恐神
見尤甚壁百年還復薦鄭君何好奇仰止固生願反視
若有得嶽稱爰歆擅山靈豈擇人我意亦何狷便將同
結廬招遊無煩車朝采峯上芝暮采峯下梗與闌洗屐
因掃石意到鳴琴還著書虎豹避烟霞舒利祿不為惕
威刑不可誅行看懦起頑者隅壁立萬仞真峯如田視
群巘皆侏儒但恐神物不可測滄海桑田移頃刻風霖

萬里接太荒復張牙爪天門側君才元不羈君氣還吞極上下應與俱九有隨霹靂我已甘心老一區奚足爲君執鞭勒説雖似幻事或然每看雲霧先辟易鯉峯鯉峯且屬君鯉在峯頭神在雲峯雖有跡雲無定努力對答誰歟真

樓參軍茅亭　駱問禮

參軍苑中何所有突兀茅亭大如斗四圍花木頗足觀怪石峻層脩竹茂盂泉可跨故作橋纖鱗可數粧成藪主人倜儻素好奇矢志不把平生負彈冠方入虎豹幃

投簪便返枌榆阜，浮雲世態何足常。百年期與新亭友，綠陰深處玉石楸。明月虛簷菊花瓢，優游不計秋與冬。契遇何分童若叟，箕裘更羨鳳毛長。披卷香雲不停手，夜深風露滿亭涼。金石歌聲徹清牖，此時賓客與愈豪。有子何妨磬罍缶，不才叨愛緣疊姻。時向芳叢剪菁韭，每從醉後索題詩。謂當一掃清塵垢，揮毫敢負擲有聲。頌羨遠懷圖不朽，平泉金谷竟何如。對景只須頻自壽。

歸自滇西謁梁石渠公生祠　駱問禮

已分雲泥不再逢，敬瞻恍惚夢魂中。飛騰萬里經綸略

伏臘孫城袞甫容庭樹新柯陵兩發潤毛清馥帶霜濃
山翁不解歌堯舜只對歸人說名公

瞻太史王葵軒公真容　駱問禮

一代名臣幾似公仲舒文行漢時雄經綸未了胸中蘊
瞻拜欣逢意外容十里雲開梨鳴雪満江潮湧柳塘風
躊躇莫問麒麟閣顏巷還誰識舊蹤

陳還沖按察貴州　駱問禮

舟車雜踏羽旄輝把酒臨岐鼓角催老我漁樵同草木
羨君竹帛満邉陲飛雲結綺盤螭紐疊水翻空吼地雷

魑魅暗消形勝倍舉頭燕日照深杯

贈還冲方伯赴廣東任　駱問禮

車馬塡衢江滿帆旌旗動處酒俱酣臨岐莫唱陽關曲千古聲歌重二南

舊遊山海望雲霓伯起聲名關以西若過貪泉休課史世情今正薄夷齊

晝錦榮光今古誇況來賓從徧天涯迂疏舊好無由展更折車前柳一椏

南溟波浪百年收北極風雲萬里稠庾嶺不煩多候吏

姓名久已覆金甌

績溪鄜亞府高士軒 朱文公簿同安時軒名也

駱問禮

政暇棲遲處幽懷慕昔賢官卑心自壯道在世何懸有地都閑徑無人獨草元霜清琴鼎月日映鶴茶烟得酒渾忘吏迎僧不問禪同安山水色飛繞碧簾前

鄜范叔次韻爲贈疊謝答之

駱問禮

千里終須到三年尚未飛韶華忙易過心事苦難移緬憶萊蕪釜范叔尊君佐邑有清聲渾忘杜德機莫嫌相見數詞賦

似君稀

抱膝吟梁甫無情歲序飛榔塘乗月步花徑避霜移叟駕窮邊騎投梭老婦機狂歌非白雪敢謂和人稀

小集次舜傳韻是日雪　駱問禮

詩脾春引動酒興雪添濃得失泥中獸行藏天外鴻浮雲曾蔽日勁草詎隨風試檢賢豪傳酣歌似有功

寓青蓮寺　駱問禮

禪關藏僻塢棲息幸多緣竹徑蘿纏磴松林蘚甃泉落霞時滿院啼鳥自依筵心事山靈在逢人不敢言

抱枕来金界懸車篆石經山根秋水瀅樹杪夕陽輕世路頭先白鄉人眼尚青不須留五尺老衲慣逢迎

野情原似鶴清景況當奢柘岸緣池曲蔬畦傍隴斜小園新果熟别院短墻遮笑傲論心舊還同看莫邪

冉冉歲華侵誰還識此心峯頭舒遠嘯澤畔撫清琴繼粟慚朝夕操觚悵古今風雲憶天上梁甫不成吟

詠階梯山十景 駱問禮

梯雲巖

曳履穿雲上千尋石作梯躋攀朝日近懸掛晚紅齊皇

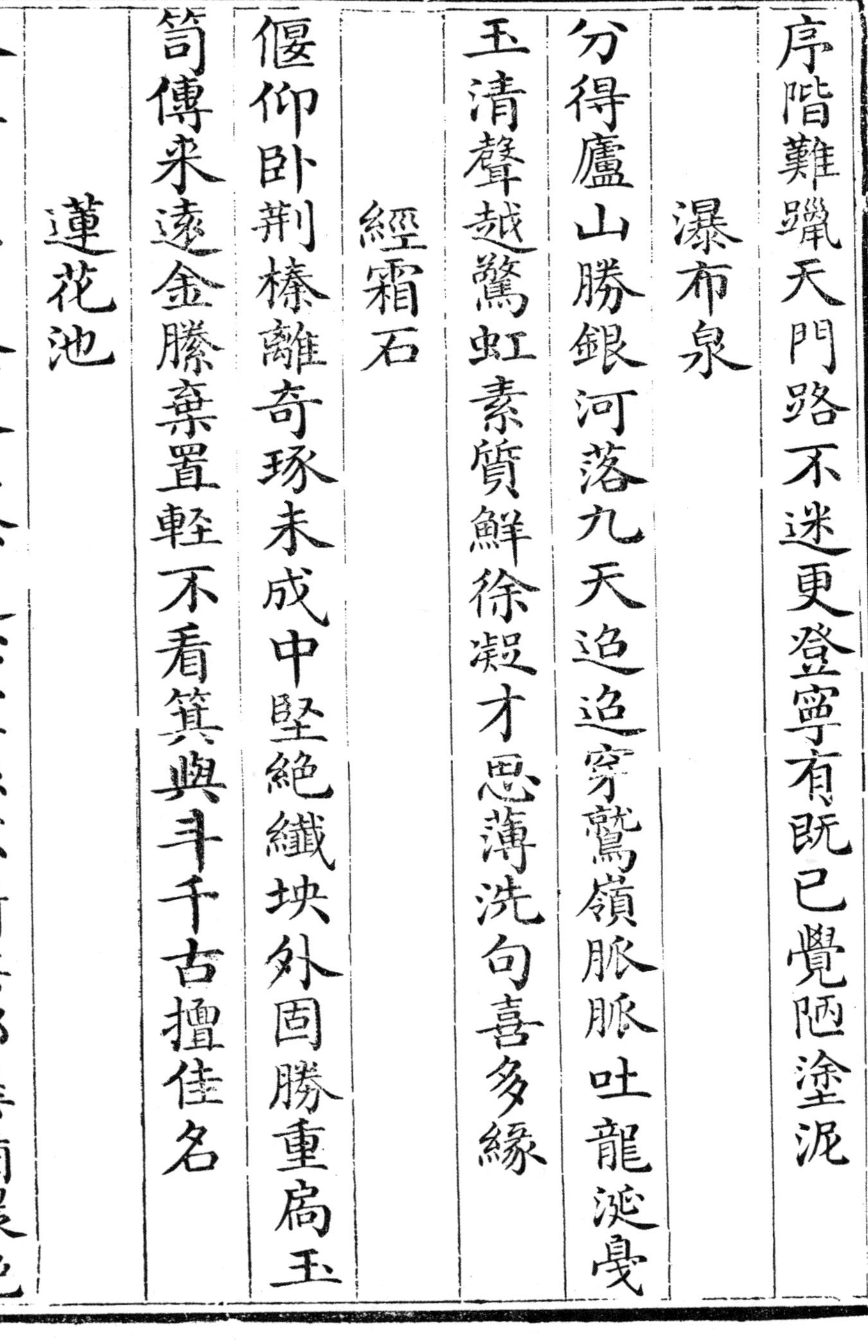

亭陛難躡天門路不迷更登寧有既已覺陋塗泥

瀑布泉

分得廬山勝銀河落九天迢迢穿鷲嶺脉脉吐龍涎㑺玉清聲越驚虹素質鮮徐凝才思薄洗句喜多緣

經霜石

偃仰卧荆榛離奇琢未成中堅絶纖块外固勝重扃玉笥傳來遠金縢棄置輕不看箕與斗千古擅佳名

蓮花池

本植汚泥中澄波直榦通心空絲不斷葉郁蘂猶濃艷

冶呈朝露清芬浥晚風高僧堪結社杖履每過從

翫月坡

四山皆得月此地更澄清竹徑摇風影松梢滴露聲蚪踪緣磴曲蛩語隔墻輕經罷瀟然坐渾忘到五更

伏龍潭

神物原無跡深山借一瓢寒炎清徹底盈縮暗通潮元氣從中盎祥光分外饒霎時雲霧起霑霈出重霄

降魔石

老禪魔已斷誰待石為降落落形難合磷磷性自剛雨

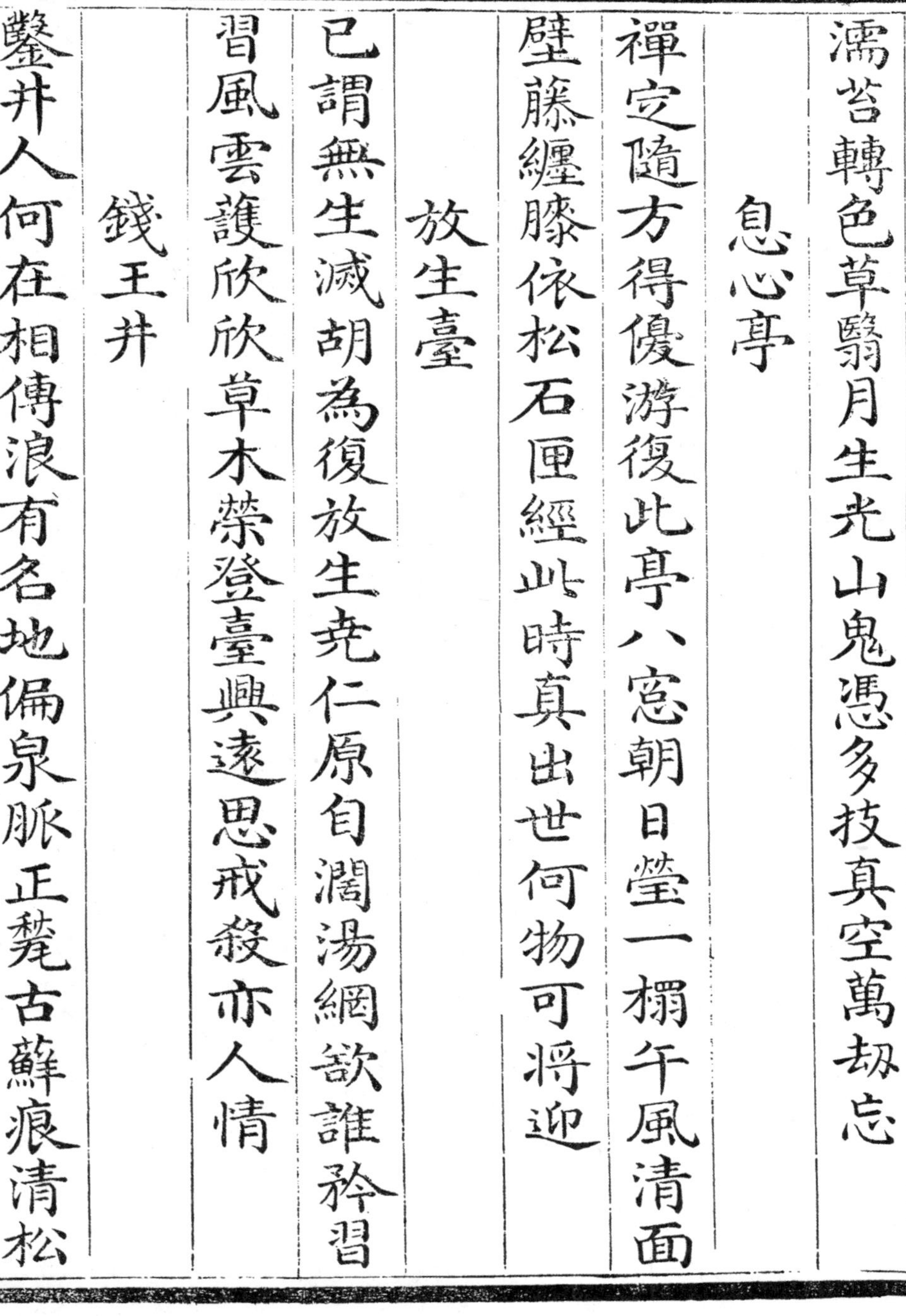

濡沓轉色草翳月生光山鬼憑多技真空萬刼忘

息心亭

禪定隨方得優游復此亭八窓朝日瑩一榻午風清面壁藤纏膝依松石匣經此時真出世何物可將迎

放生臺

已謂無生滅胡為復放生堯仁原自濶湯網欲誰矜習習風雲護欣欣草木榮登臺興遠思戒殺亦人情

錢王井

鑿井人何在相傳浪有名地偏泉脉正甃古蘚痕清松

覆枝懸綆蘭叢馥入瓶詩脾正消渴旋汲不須烹

萬一樓餘藁成自嘆　駱問禮

不譽何其甚淋漓數百篇我惟歌下里人謂飲狂泉老子能知白侯生始識元莫將秦璽璞輕擲楚堦前

與楊子完步浣沙溪梁有懷西施之鄉　明　徐渭

明月照江水截梁與子步當時如花人曾此照鉛素江流不改易月亦無新故薄雲淡杪林晴沙泛寒露借言伊人閨應在烟生處

洞巖入鼉口有石枰石橋及石池諸景

徐渭

洞梁高負泥沙惡一軀巧骨裹痴鞹昨聞已是三十年今夕張燈始捫摸初疑螺尾不可梯再進再折無盡期魚腦別波枯未已蜃脚逢沙澁懶移人言此語得大槩却須請君說細徼桃根倒殭蟲齧久蜜脾仄挂蜂歸稀二洞三洞止一隙解衣卧洞身投鼉三洞之門曰鼉口蒼枰爛斧或有人石橋浸影終無月當時蔣侯身不死一去親賷五日米遥聞櫓響送江船頭上恐是錢塘水僧云洞巖寺及

田地俱鄉人蔣二舍其探洞事如此今鹽橋蔣相公是也避秦豈直武陵隈何事桃花不出来星河作影當歸路䟽是淳于夢大槐

橫山黃伯子持圖索題　　徐渭

一生紗帔罩烏巾二女明粧坐繡茵樹底几厨猶未發草邊排榼已攢鱗持此佳圖今書此䟽是東山謝氏之猶子揀持二女竝叔安將渡淮淝来賭墅主人向我捧一尊謂此比較言不倫此圖乃即是其身身任暨陽之邑橫山之村少泉先生是其父星文姪駱先生妻以女身為乃祖千頃陂黃叔度之孫少而狥齊長而辭乃岳

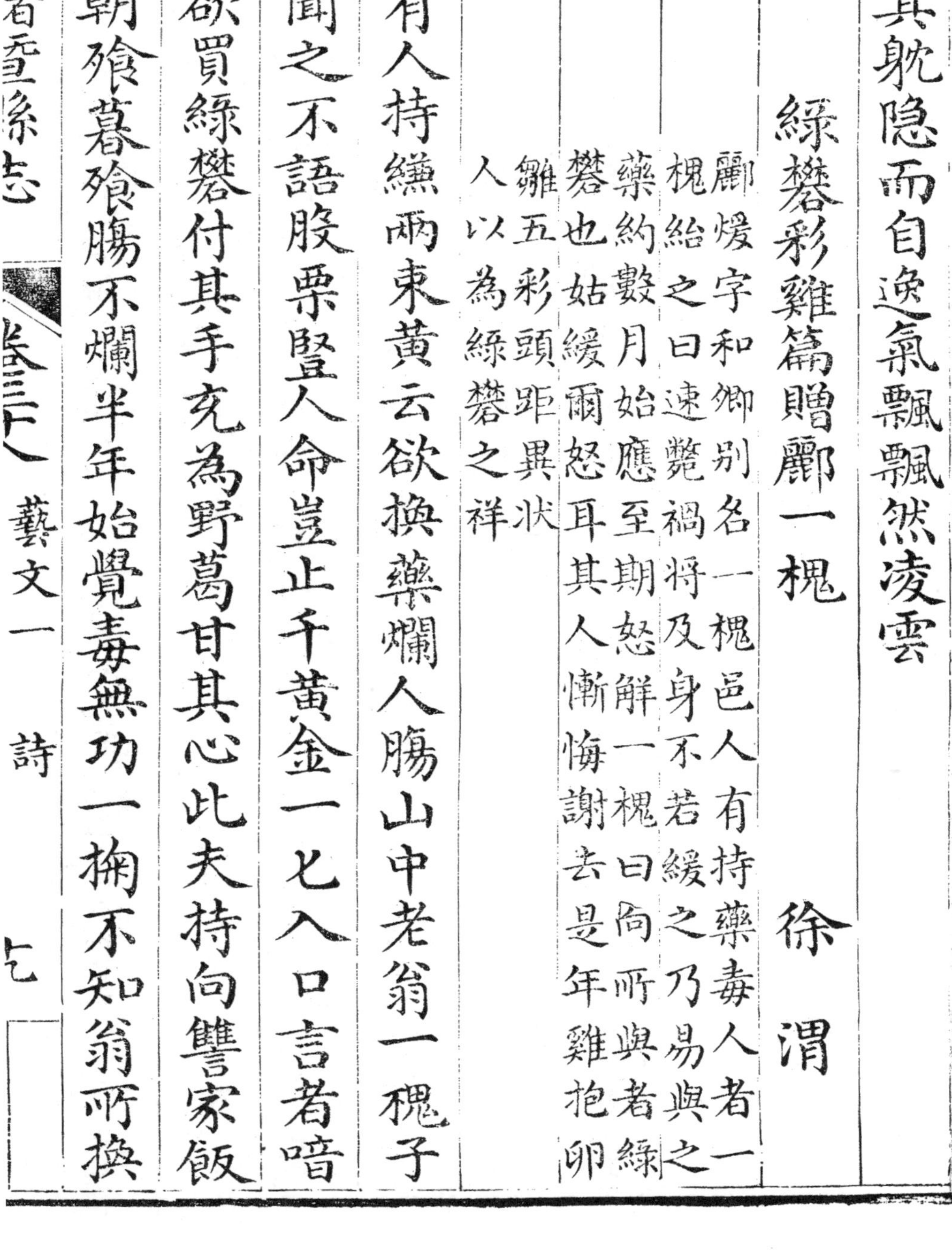

其躭隱而自逸氣飄飄然凌雲

綠礬彩雞篇贈酈一槐　　徐渭

酈煖字和卿別名一槐邑人有持藥毒人者一槐紿之曰速斃禍將及身不若緩之乃易與之藥約數月始應至期怒觧一槐曰向所與者綠礬也姑緩爾怒耳其人慚悔謝去是年雞抱卵雛五彩頭距異狀人以為綠礬之祥

有人持繈兩束黃云欲換藥爛人腸山中老翁一槐子
聞之不語股栗豎人命豈止千黃金一匕入口言者喑
欲買綠礬付其手充為野葛甘其心此夫持向讐家飯
朝飱暮飱腸不爛半年始覺毒無功一掬不知翁所換

人来問翁翁説與其人低頭淚交兩魑魅陰崖白日光能令殺人劍韜匣戢其鋩翁子邈然豈望報由来福善天之道籠雛一隻小於拳鬬場翻作翻波吽翻波吽不足奇雙翰一日五彩衣高冠雉尾聳一丈紫光紅燄青天輝五洩山頭飛瀑布帶長遥拂長練素一百年来真鳳凰此雞一躍上天路還付郎君隐豹霧至今人流聲芳緑罄德彩雞祥

無魚篇贈績溪鄺仲玉　徐渭

績溪縣亦神州赤聞君作簿無魚食誰能嚼肉過屠門

瘦殺鸞棲一枝棘近来二哥自縣来覽君詩帙羡君裁
高情欲并崔松館别體尤工漢栢臺文成一線今將斷
錢翁老死寒灰散十年半夜急傳燈西来衣鉢君應管
莫言小釜烹鮮魚莫言牛刀割隻鷄真儒不揀啼兒抱
主簿同安是阿誰去年别君天真館我猶縛翅君飛遠
只今縛解翅不長無由一奮来溪畔司馬功高舊主人
君真父母匪邦隣墳頭松檟今何似匣裏弓刀暗却塵
由来壯士悲羅雀我亦因之感死魂今来已是上年春
金錢銀錢不一緡我復何辭公不嗔會須上塚拊愁雲

一笑裂郤石麒麟下来與君談苦辛

止楓橋駱汝誠樓值生辰却贈　徐渭

来此游五洩逄君三十辰青袍雲氣動綠袖兩花津地迴璽無盡溪長物有神君看苧蘿女豈是里中韡

陳通府歸自諸暨二首時值冬至　徐渭

士元堪别駕難淹百里才寉長豈自續鳧短竟誰裁倚蓋看花去飛灰出管来陽春不甚露臘月有桃開

野老出深谷使君歸越裝壺漿必自捧亭栁不愁霜山入耶溪綠湖流泌水長迨迨知幾曲不及别離腸

賦得城山篇爲林諸暨公别號　　徐渭

郎官身本是長城，況住城山得勝名。遥憶諸峯當户列，應如百雉帶雲平。松蘿自記經行處，水石終懸宴眺情。寄語移文草堂使，他年身退待功成。

詣五洩驢上口占寄駱懷遠　　徐渭

勝賞猶縣百里堤，蹄僵路滑不勝泥。溪山待客寒雲外，雨雪逢君楓樹西。東帶豈難官自懶，尺箠不重老能提。何由共轡蒼苔上，指與諸峯一一題。

和樂堂諸暨楓橋　　徐渭

堂敞群山紫翠中，一門和氣暖融融。每看霄斗縣從北，
別有春風来自東。萬里雲煙團檻桂，百年枝葉老橋楓。
簾櫳笑語時時發，莫問瑶臺第幾重。

題翠華軒卷　　徐渭

楓橋先輩有風流，玉軸文池鎮綺樓。山水大觀九八咏，
人家喬木幾千秋。黄絲暗縫偏游蠹，白雪吳綾半織虬。
俗眼燈前從古忌，賢孫隨處好藏收。

干溪許某是蠢子，山行遇二仙女折松花令其送
往香爐峯上，見二人碁。他日又見二女令其送

往秦望山上與二桃一符一詩曰子父母肯令子來則啖以桃而來否者且燒符後許亦不與父母桃陰置香厨上父母亦不與來而許輙燒符後視桃不見余登秦望山山人對余說乃是前年事

前年事　　徐渭

求仙尚自隔蓬萊仙子一雙何事來解珮人間托流水吹簫去路向瑤臺望中海島茫茫斷別後松花歲歲開世事如斯渾不解青山落日坐莓苔

王元章墓　　徐渭

君畫梅花來換米予今換米亦梅花安能喚起王居士
一笑范家與米家

王元章倒枝梅畫　徐渭

皓態孤芳壓俗姿不堪復寫拂雲枝從來萬事嫌高格
莫怪梅花着地垂

遊五洩六首各有序　明　陶望齡

青口

從諸暨縣行五十里皆山中然勢散緩行者頗
疲怠將至青口前有巖嶄然出雲間客望見皆

喜心踊欲趨比至山忽轉面截去路純若無罅並厓行半里許溪澎然鳴隅溪乃覺有門竇涉而入如行委巷中矣兩山離立不數丈壁絶梯磴翕翕如欲闔行數十武輒一轉溪隨而縈之十數武輒一涉山是純石峰崿皆傾欹聳特各各取態或如廩囷或窪如堂或如寨上果罩也䟽初是一山將有神人斬其脊而中開耶石壁上躑躅盛開紅紫如繡不可采掇五洩山上有劉龍子墓龍子人而龍故詩云然

龍子為龍時陽精洞邱谷神行物無礙摧山如剖竹青口當其塗長巒勢奔蹙砉若萬羽林分行避黃屋秖今峕蘚壁即是羣山腹天空墮石鏄雷與斵雲足鬼斧一以劖神鞭驅不續躑躅花其巔聊紓遊者目

第五洩

五洩之名以瀑水勝然山徑固已奇絶矣入青口十里至五洩寺寺右緣溪嶄崺而上復折遂至瀑布所水懸可千尺石壁如削左右環擁映水益壯不知視匡廬鴈蕩何如也然聲勢震蕩

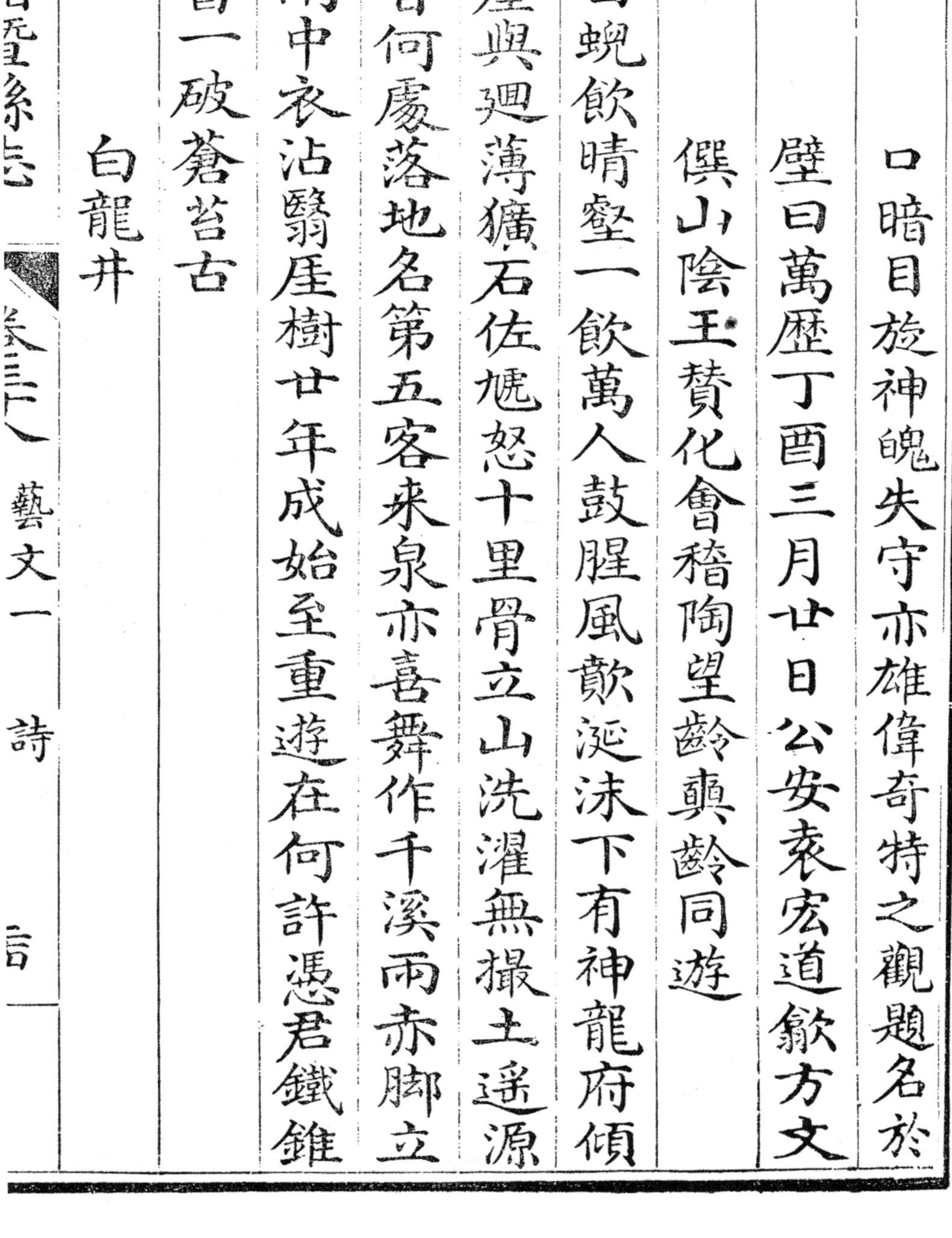

口暗目旋神魄失守亦雄偉奇特之觀題名於
壁曰萬歷丁酉三月廿日公安袁宏道歙方文
僎山陰王贄化會稽陶望齡奭齡同遊
白蜺飲晴壑一飲萬人鼓腥風歕涎沫下有神龍府傾
崖與廻薄獷石佐虓怒十里骨立山洗濯無撮土遥源
杳何處落地名第五客來泉亦喜舞作千溪雨赤脚立
雨中衣沾翳屋樹廿年成始至重遊在何許憑君鐵錐
書一破蒼苔古

白龍井

五洩有二龍井黑龍井即第五洩下石潭白龍
井在寺南五六里許穿谷中而入大抵如青口
道也而兩壁加隘岩巒加巧溪加駛石門石囷
石果罩皆具而加巨轉摺變換不可名狀稍進
云已是寺前案山背似非人世之行客相顧悅
然而已時日漸曛幽悄可畏不至龍井而還
招提萬山裏門與蒼崖對嘗聞白龍井窈出清溪外沿
洄未覺遠忽抵前山背半壁仙屋深迴峯洞門礙奇巒
互傾仄飛溜各形態厓松老將化石筍看來大盤谷戴

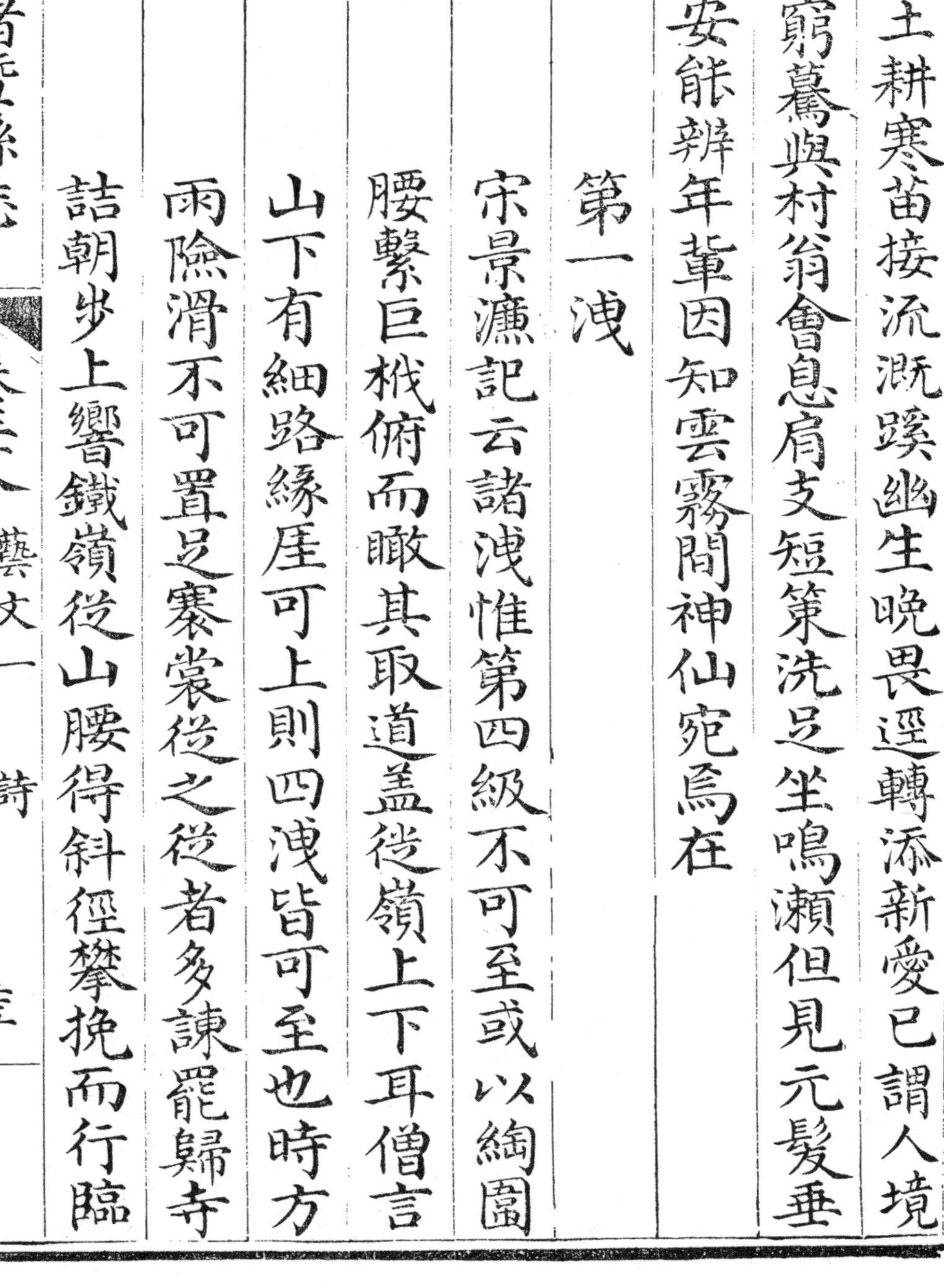

土耕寒苗接流溉蹊幽生晚畏逕轉添新愛已謂人境窮驀與村翁會息肩支短策洗足坐鳴瀨但見元髮垂安能辨年輩因知雲霧間神仙宛爲在

第一洩

宋景濂記云諸洩惟第四級不可至或以綯圍腰繫巨栰俯而瞰其取道蓋從嶺上下耳僧言山下有細路緣崖可上則四洩皆可至也時方雨險滑不可置足褰裳從之從者多諫罷歸寺詰朝步上響鐵嶺從山腰得斜徑攀挽而行臨

其顛望之四瀑皆宛宛可見夫匡廬鴈蕩一級水耳猶得名況五洩耶

山雨無崇朝青苔助巖險四洩安可求山僧只指點與来身命徵危磴幾欲犯童僕進苦規同遊亦譏貶慮深膽易慴計阻心竟歎勝事忽若呑清眠夢如魘辰餐動歸策臨瞰勢已儼蘿葛疲攀緣荆榛費誅斬跖石愁足跌蹲泥任衣染下望五白龍遥遥競騰閃

紫閬

洩之水百仞五之意是天上落也從響鐵嶺而

登至絶頂謂便當下乃忽見長林平疇桑竹蓊
翳溝塍組織水皆安流畜之即隨而爲洩者地
名紫閬民居頗稠或至巨富四望緬然平遠亦
更有羣峰環之上山即富陽縣界予與客皆言
兩縣地勢高下遽如此復不謂是山頂行十里
忽復下走如一二里始至地由此言之安知今
所謂大地者非處於孤峯絶頂乎
一瀑懸百仞五瀑方到地每緣嵐霧開略想峯頭翠即
此料泉源應從白雲墜攀藤漸躋陟屢息始能詣誰謂

孫峭中忽有桃源事雞犬散村落竹木成位置連疇溪女桑卓午樵人市向来五瀑布平流若溝隧十里方下山人家在天際

玉京洞

從五洩至洞巖寺凡三十里洞在寺右始入如永巷巷窮乃開濶如七間大廳堂遇濶處即名一洞如是者不測為幾也未入時寺僧携席以從云穴隘者至不得手行須首引其尻如蛇蚓狀以為藉耳洞中然十數炬猶暗炬火小如棗

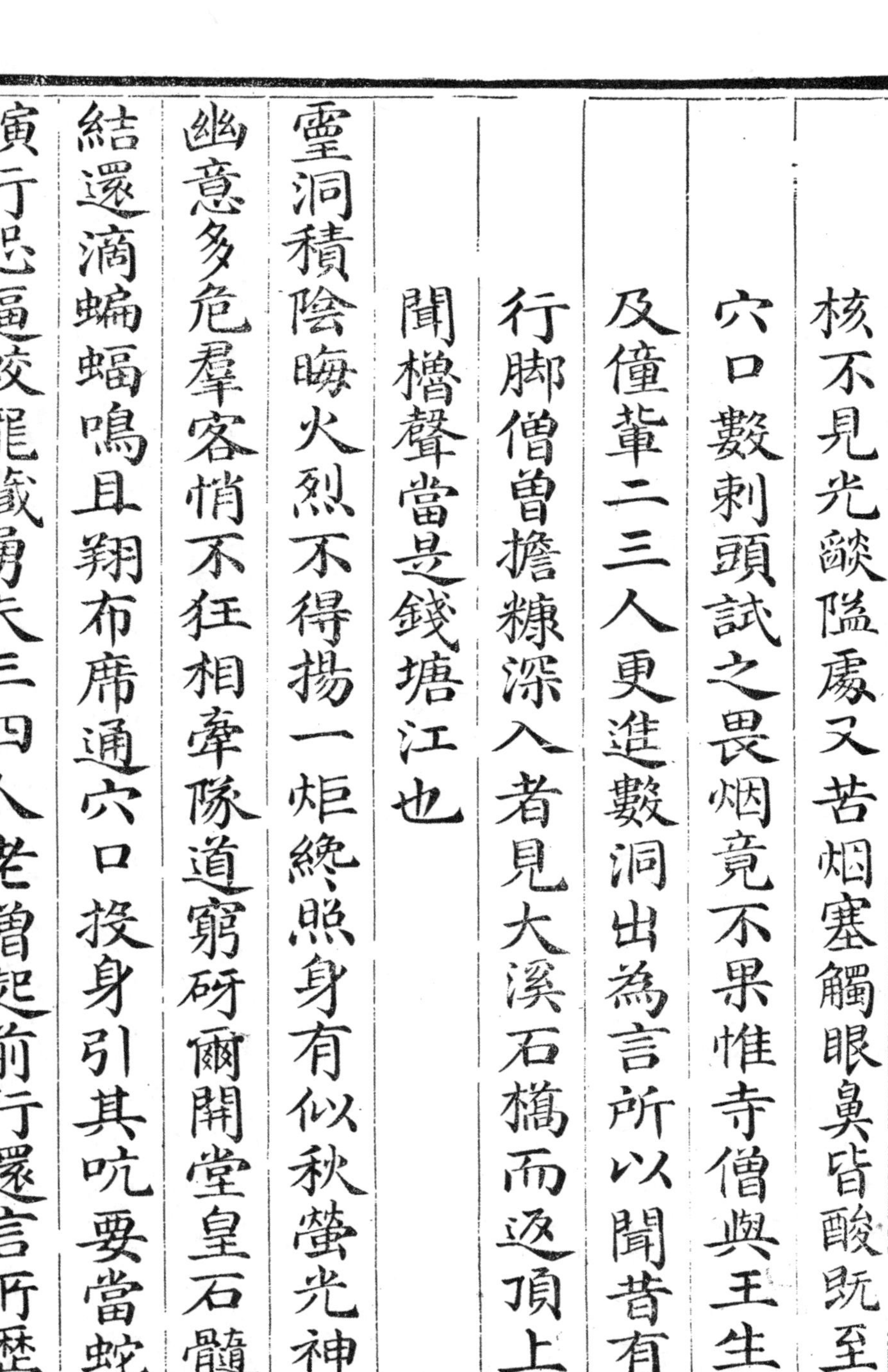

核不見光𤆬隘處又苦烟塞觸眼鼻皆酸既至穴口數刺頭試之畏烟竟不果惟寺僧與王生及僮輩二三人更進數洞出為言所以聞昔有行脚僧曾擔糠深入者見大溪石橋而返頂上聞櫓聲當是錢塘江也

靈洞積陰晦火烈不得揚一炬緫照身有似秋螢光神幽意多危羣容悄不狂相牽隊道窮研爾閙堂皇石髓結還滴蝙蝠鳴且翔布𢂽通穴口投身引其吭要當蛇螾行恐逼蛟龍藏勇夫三四人老僧起前行還言所歷

殊一一仙人房其下流清泉其上安橋梁蹊嶺突高下尻背時低昂火燭黷歆盡突奥安可量嘗聞長老説有衲来何方折松為明燈腰包裹餱粮持呪禁妖怪表塗留粃糠猛志忽地險深探遍霊鄉頂上揺櫓聲依稀是錢塘與君凢境居安和仙路長

讀貞姒傳三首 有序　　陶望齡

貞姒傳者大方伯楓川陳公為其弟婦童作也童之先出宋李忠襄顯忠避國讐改童姓姓望於會稽貞姒年十一歸方伯公介弟國子君以

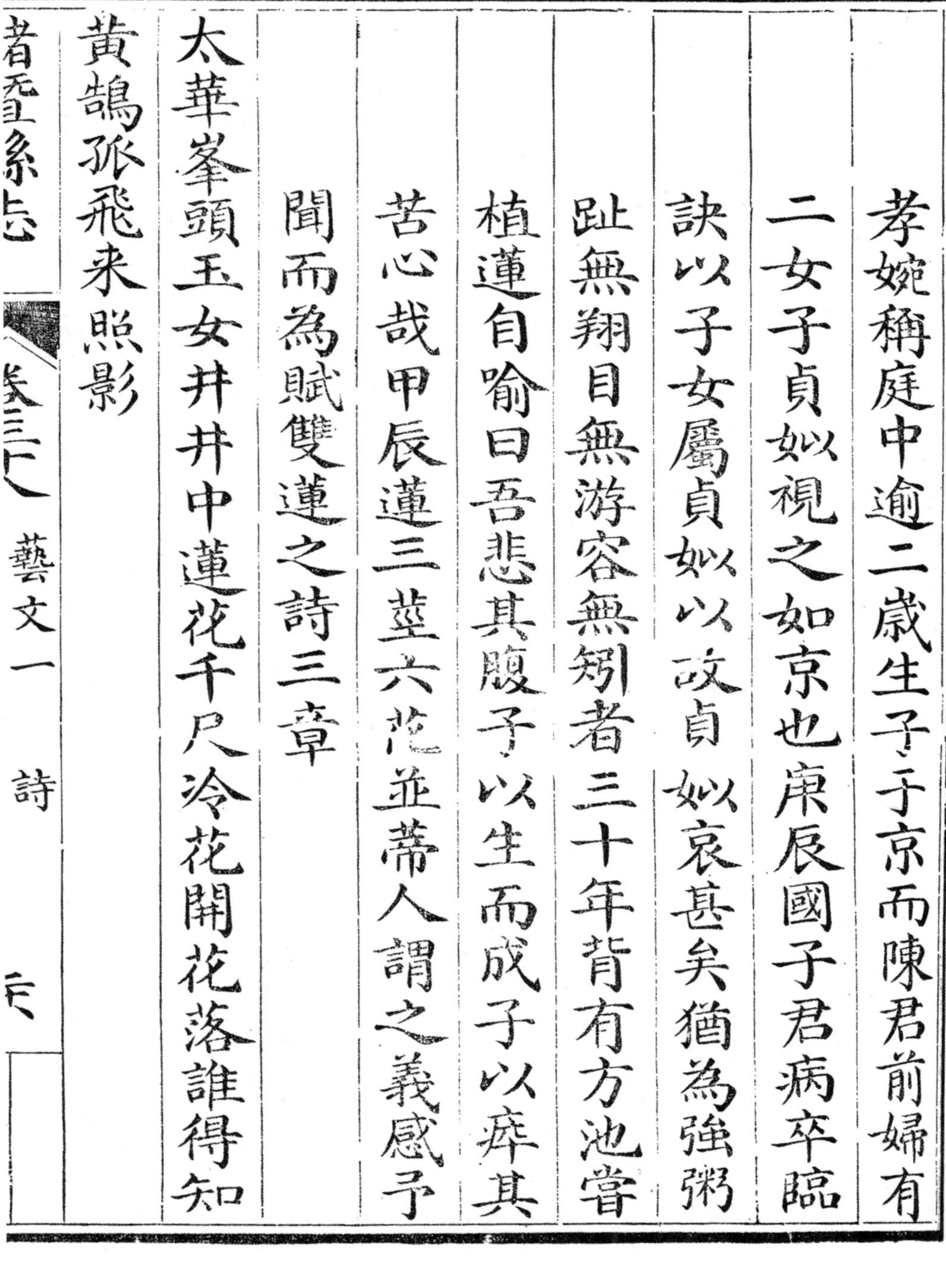

孝婉稱庭中逾二歲生子于京而陳君前婦有二女子貞姒視之如京也庚辰國子君病卒臨訣以子女屬貞姒以改貞姒哀甚矣猶為强粥趾無翔目無游容無矧者三十年背有方池嘗植蓮自喻曰吾悲其腹子以生而成子以瘁其苦心哉甲辰蓮三莖六花並蔕人謂之義感予聞而為賦雙蓮之詩三章

太華峯頭玉女井井中蓮花千尺冷花開花落誰得知黃鵠孤飛来照影

黃鵠歌殘調轉悲鴛鴦塚畔夢猶疑只應池上雙蓮影
得似當年鏡裏時

雙窺雙語鏡中妝蓮葉蓮花總斷腸幾倩西風洗紅粉
斷香零露老秋房

苧蘿山　明　袁宏道

西施山一片土不惜黃金城貯此如花女越王跪進衣
夫人親蹋土買妒傾城心教出迷天舞一舞金閶崩再
舞蘇臺折搥山作館娃舞袖猶嬿窄舞到夫差愁破時
越兵潛渡越來溪

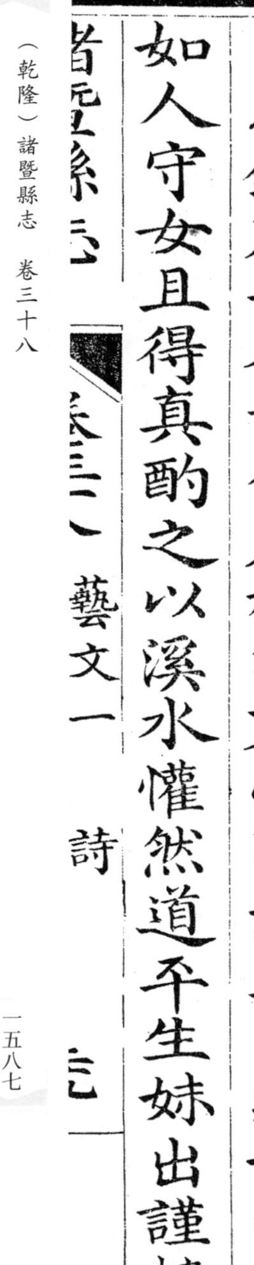

五洩　　袁宏道

銀河夜長天隄縒空中現出琉璃變電布雲奔一派垂山都盡吼白龍戰四壁陰陰吹雨足畫巒活舞玲瓏玉天孫夜夜蹈歌来一曲飛珠二萬斛

西施行　　明　王思任

西施妾吴宫三月予歸寧旌旗蔽百里輿杠渡西陵句踐臣道左夫人上櫛巾過唁東施姊胡然老未行左手落鳳釧右手入黄金東施笑不受阿姊且自珍姊貌不如人守女且得真酌之以溪水懽然道平生妹出謹楗

户但聞車續聲

五洩行贈李武選（武選舊宰諸暨）　明　朱曰藩

李君將有千里别席上停杯話五洩諸暨縣北五瀑布
土人呼洩義同泄五洩奇峭天下無恠石闕道難為趨
輥雷夜半折巖角白黨五級垂天都水經五洩三洩著
其餘二洩不可去宋氏志中洩作潭西潭東潭摇夕嵐
三潭相次亦漫紀妙在東西兩潭耳東潭飛瀑妙之妙
潛溪筆力亦奇峭萬斛雪從天上擲白光閃閃山猿嗷
何時入柱納涼行過日分他幾盌喫平生烟火氣自消

世間氷炭腸空轢會稽山水美東南競秀分流景不厭法曹浦汭行嶂外康樂疆中望嵊尖五洩應當必遊地雪灑林玉句堪儗千古高吟待吾子君言格子巖亦在五洩邊有樹不知名其花四時然採之絶無徑隔水見紅鮮先公作宰近三巴長陽溪側有異花路人歆摘必先請似有神物司其葩今日聞君話兹樹頓覺逸興生天涯去去相思何處寄騷人空説折踈麻

苧蘿山　　明　陳子龍

浣紗溪對苧蘿山越女明粧映翠鬟一日綺羅嫣水上

千秋花草滿人間春風宿麥荒村靜夜月啼烏古殿間
無限江流東向去不勝哀怨到吳關

曉發諸暨大霧不見苧蘿　陳子龍

長江既西迴浣江亦東注凌晨理騑服出闉遵軌路初暘失清暉寒郊無榮樹瀰瀰塞虛寥漫漫混蒼素平川蒸亂雲宿莽凝瀼露我思傾城人綺羅如可遇芳懷耿不明紅顏向烟霧綠流號無津躡磴渺難度越客心悠悠俯仰勞歲暮

諸暨縣志卷三十九

藝文一之三

詩

國朝

謁范少伯祠　吴偉業

艤棹滄江學釣魚，五湖何必計然書。山川禹穴思文種，烽火蘇臺弔伍胥。浪擲紅顔終是恨，拜辭烏喙待何如。却嗟愛子猶難免，霸越平吴事總虚。

范少伯祠　曾溶

俎豆千年舊名因，霸越留黄金曾鑄像，烏喙久合

羞家徙璽旗遠功成廢殿秋至今丹檻外猶繫五

湖舟

苧蘿山　曾畹

出郭尋芳草湖田近水濱居然浣紗石曾共沿吴人皆上蛾眉月溪流舞袖春至今山下路猶帶綺羅塵

苧蘿山　施潤章

扁舟載去是邪非消息人間恨不歸留得舞衣魂未散苧蘿山下白雲飛

題余氏女子繡浣紗圖　　王士正

溪水粼粼見浣紗苧蘿春色玉人家絲絲繡出吳宮怨碧石清江是若耶

陳洪綬水仙竹二首為周櫟園侍郎題　　王士正

清冷池畔梁園種柰此生綃素影何更寫東阿舊時恨芝田舘外見凌波

玲瓏踈影玉繽紛比似江梅逈不群特向蒼梧分一本淚痕斑處伴湘君

戲倣元遺山論詩絶句　　王士正

鐵崖樂府氣淋漓淵潁歌行格儘奇耳食紛紛說開寶幾人眼見宋元詩

贈陳章侯 甲子歲予侍家大人在暨陽即索交章侯 周亮工

浣紗溪上過頗憶爾能文熟客紛相逐閒鷗冷自羣伊人依白露妙畫攫紅裙清酒三升後聞予所未聞

章侯聞予將返湖上預成一詩次韻答之

周亮工

地入鑾鄉去誰留湖上居相期強善飯悔不早焚

書送别潮聲濶懷人雁影踈贈予山怪甚帝見亦

呀嘘

陳章侯繪磨兜堅見寄感其意賦此答之

周亮工

論交君自邁風塵小幅兢兢寄所親愧不垂簾同

木鶴何妨張口貌金人顧銘頗覺蠅難茹屢悔空

教駟在脣他日青藤山下去囂囂對爾莫相嗔

外舅園林

高士奇

山亭一徑通泉響雜松風壁峭懸踈翠苔深落小

紅厨煙新竹杪鳥語曲闌東他日重相訪空餘幾

樹楓去秋婦翁下世此園聞已屬之他人　高公湄池傅氏壻

浣紗石　余恂

放艇江城下沿流問浣紗只今無越國何處有施

家蟬響秋山静漁歌夕照斜寂寥千載事片石對

殘霞

亦是尋芳客徘徊向水濵採薪猶有女觧珮更何

人歌舞銷黄土鉛華委白蘋最憐高絶處同泛五

湖春

甲寅春日自蠡城返暨道中口占　余縉邑人

輕舠出郭門山翠如追襲寒塘畦麦香衣裾染深碧小徑通墅橋遶籬蔬可摘白雲峰椒生巑屼隐怪石杖屨四五輩偶行或佇立似指舟中人乘茲何所適到岸不數武溪流忽静逸籃輿巖壑間萬象清且密草色有餘閒禽聲互喧寐澗瀨襍松濤畟畟谷中出小憩蕪亭間蘭葩暗相逼出没帶深篁樵風漸已失一谿千百迴每迴澄潭集竹氣黝以青谿流潆且急雲根忽怒生齒齒峙山骨坐看

猶不足奈此車驅疾行行鳥道紆峻嶺復堪陟俯
瞰松筠平仰視雲霞即逍遥散步行暫舒爾喘息
亭午下山岬奇峯轉叢岌彌望十里間香雪猶飄
積寒條存素華陽柯落殘質物理良不同悠然懷
所惕縱目逮楓溪羣壓類城邑清流貫其中溶溶
萬山液停車孔道周摩肩碍拱揖稠濁亟去諸遂
窮舁夫力一水夾危嵐其梁名曰櫟激湍如轟雷
行人如辟易南眺白茅岡是為山家脊日暮行轉
遠薄怒搴油壁到舍眼倍青披林湖更覿諸孫逆

道迎懽呼候門入著膝誦塾書把袖出棗栗吾哀聊示勤夜闌未棲息生平好遊覽勝趣祗自挹每欲賦登高而忘攜不律茲行百里間佳境胥歷歷往來雖已頻應接每靡及或者山水情慰我幽尋癖援筆記所思聊以當篇什

贈傅存古高士　　余縉

傅存古名圖烟與余侍御封翁交最深壬辰偕侍御北上舟抵任城幾覆賴存古裸濟得免

傅子圖烟號存古超然流俗誰比數頻年奔走不期名到處經營異商賈有時患難狥人危事平不

訴前茶苦家無擔石喜交遊麈擲黃金如糞土布衣韋帶非尋常門庭冠蓋成鄒魯落落生涯方寸心柔亦不茹剛不吐壬辰之歲予北征京邸逢君時夏五聽君雄論忘客愁況復浩歌多樂府歸來買棹共晨昏談笑中宵達亭午中道艱危非一端恃君兀兀如秦虎任城以南幾覆舟君能裸濟何孔武他人辟易逡巡時義形君色未嘗沮已秋辭家作送人君送遠行及江滸一樽慷慨說平生劍氣橫空壓吳楚送別來復念故人負攜襆迨迨顧荒

闈一官蘇落至親踈君獨慇懃若歌舞往来規誨如一朝勉茹氷蘗忘環堵世風偎薄幾堪倚望君嶙峋誰作伍論貌不能踰中人問心真欲登千古吾作此歌非譽君欲以君心勵末弩

憶山居　余縉

五畝棲山墅清林興自幽呼僮蒔竹嶼邀客醉松樓古木朝飛鼠深蘿午喚鳩藜床書滿處月色上

庭榴

錢塘晚泊與蔣博菴大令聯舫　余縉

暮潮迴海氣，輕雨沐山巔。一鳥孤帆外，羣峰落照邊。遙林明渚火，暝樹辨溪煙。良會知何夕，江澄三月天。

末秋思故鄉山水之樂漫成　　余　縉

霜棲雁急露華明，竹舍新炊白粲秔。采菊乍逢柑子熟，携竿恰得野螯橫。全收芋栗山家樂，飽有烟霞道服輕。最愛溪頭紅葉路，莫教樵斧更丁丁。

乙卯春暮還高湖展墓作　　余　縉

半年不到家園住，今到家園似客居。亂後喜眠松竹徑時山中土寇初靖通邑兵燹最慘而吾廬已爇幸邀天祐撲息松竹俱存閒中饒看鳥蟲書家問藏書數十簏雖遭盜燬篋而卷帙無恙墓田春酒鵑聲急山館寒牕夜月虛心事詎堪常悒悒十年前已付樵漁

泣梅此先君子所手植也枝幹扶疎花時香殊清遠乙巳秋杪忽為風雨所偃對之曷禁泫然詩以志之　余縉

碧蕚蒼趺水月姿先人手種未華時每依清影攜笻杖漸引寒香入酒巵氷骨偶同松鶴老素心唯許桂蟾知夜來風雨渾難禁洒淚空吟和雪詩

智度寺壁和三老和尚遊五洩歸作

余　縉

遶郭青山半月痕，翠微遥接苧蘿村。閒披潭影觀空色，静對峰雲徹晚昏。飢鶴何時忘石磵，眠鷗終日傍江門。茆堂共集龍蛇字，幽句還尋知者論。飽看千山鬼斧痕，歸來趺坐望江村。一牕竹翠寒雲密，數里谿烟暮雨昏。瓢笠偶棲成佛境，鼓鐘何地得天門。我來方丈觀禪語，麈尾龜毛未可論。

和章無黨年兄原韻

余　縉

杖履年来拙有餘卧看巖壑夜牕虚敞廬咫尺魚書遠好友慇懃鶴髮疎往事於斯誰痛哭世情何敢漫欷歔酒酣空下憂時淚多病奚堪更絶裾

憶故鄉山居　余縉

瑣牕幽雨落花泥踈竹蕭蕭筍欲齊山鳥幾聲驚繡谷水鷗數點動明溪江天鱸膾春方熟野寺鶯歌晚漸低自是歸思閑不住誰將雀舌寄封題

家園即事　余縉

綠陰深處小橋通屋角桃花過雨紅戲拂漁鈎隨

釣叟閒携酒甕飾向樵公攤書一卧當千石鋤菜三畦擬萬鍾歲晚漸知幽逸事早完庸賦足良農

浣溪春晚　　余縉

丹嶂青谿碧樹明春風不向錦帆生亂流夾岸趨孤嶼箭筈通天倚石屏蛺蝶偶從籬外過鶺鴒常向竹間鳴山家餉罷傭耕疾卧聽千峰瀉液聲

春日登古博嶺口占　　余縉

峯卷雲深路漸稀悄聞竹露滴松扉野人家在鹿田外水碓年年響翠微

春日憶浣溪　　余縉

白苧青蘿緑水村琅玕揺曳翠霞翻小牕夜静無人語犬卧花陰月滿門

永楓菴小集點韻　　陳洪綬邑人

秋天風氣肅草木殞寒玉羣賢公讌時杲日留巖谷江樹凄凄然寒蛩語幽獨君子上堂疇有懷乃躑躅錯觥睥睨閲古人隨意蹴我本豕鹿人不慰世間欲

遺樓　　陳洪綬

無力爲園圃先人遺一樓山川殊不足雪月頗全收文字真牙慧圖書非卧遊半間懸古佛要學白衣修

小構借園　陳洪綬

陳洪綬借園記遺樓之後余兄有地半畝余易得爲可壘怪石幾笏搆危樓數椽風日清美經營其間蒔竹當户豫章上天養生學佛書畫種田胸中忽有南面百城傲人意心自叱曰竹爲叔祖之竹樹爲吾兄之樹我見乎此借也何有于我哉

竹自開三徑蕉能覆草門因之爲小憩不欲用工繁四壁圖良訓中堂畫世尊隨人所成就蕞土即

名園

苟且事修葺深於學道妨野心愛山谷凶歲作茅堂土木一朝費農夫八口粮償人爲苑囿錢穀詎能量

到五洩　陳洪綬

五洩機緣到今年始一看奇從意外得危以興來安蹟躍登高嶂飛揚渡迅灘夜歸山雨急相對有餘歡

宿永楓菴贈大先山主　陳洪綬

佛屋爲家歸必登幢幢無燄祖師燈戒衣著相披居士粥飯行深屬老僧殿上松花金色畂厨中梨雪玉壺冰隨君舉示吾能會撳到禪床便不能

卧病團欒居　陳洪綬

浪游已倦足將禁耐得風寒兩病侵書看稗官何費力詩删竈句有名心小軒容膝閒情廣蹊竹栖人幽趣深日望天晴能杖屨二三酒伴蹋長林

懷樓五弟初生　陳洪綬

樓郎愛我古人風覓酒尋詩處處同遥憶懷吾在

何處寒波老樹暮烟中

諸暨道中　　陳洪綬

竹籬茅舍也遭兵五十衰翁揮淚行我有竹籬茅舍在可能免得此傷情

別五洩茂真　　陳洪綬

難別真公如送春真公煮酒日相親江皐花草當寒食吹笛三更想殺人

壽邑宰朱君上元人　　陳洪綬

野人學得畫山梅壽我朱侯當酒杯不索朱侯酧

壽酒一錢都是上元来

送李生之諸暨爲使君客　陳洪綬

使君明敏大慈悲諸暨燒焚殺戮時一隙可行菩薩道先生力勸使君爲

晚宿傳是齋贈駱佳采作即徐昭華外人也　毛奇齡

開卷烟雲集當軒花樹明贊爲齊地客少擅義烏名永夜看揮麈掄年及請纓閨中有徐淑莫忘述昏情

題諸暨傳貞婦圖畫　毛奇齡

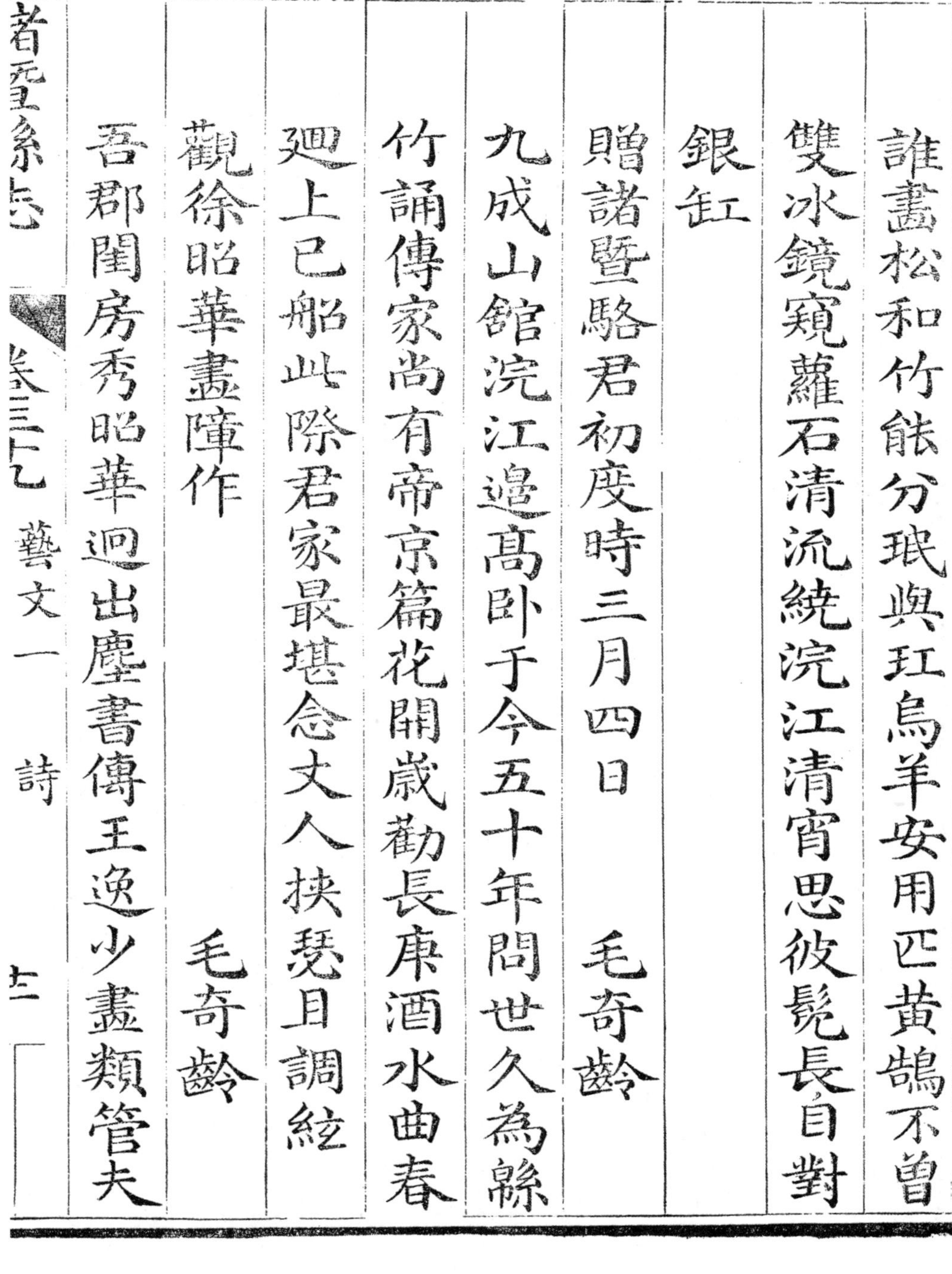

誰盡松和竹能分珉與玒烏羊安用匹黃鵠不曾雙冰鏡窺蘿石清流繞浣江清宵思彼髩長自對銀缸

贈諸暨駱君初度時三月四日　毛奇齡

九成山館浣江邊高卧于今五十年問世久爲緜竹誦傳家尚有帝京篇花開歲勸長康酒水曲春迴上巳船此際君家最堪念丈人挾瑟且調絃

觀徐昭華畫障作　毛奇齡

吾郡閨房秀昭華迴出塵書傳王逸少畫類管夫

人紫水和泥染青山帶露皴蝶衣聯繡褶花片滴朱脣閣上烟雲晚階前草木春秪愁頻對鏡圖作洛川神

予遲暮歸里徐二咸清命其女昭華師予飲予傳是齋酒半請試予喜其畫蝶即以命題昭華拈筆立成詩曰蛺蝶翻飛去翩躚綵筆中雖然圖畫裏渾似覓花叢因和其韻　毛奇齡

滕王有遺譜描之深閨中差煞東園蝶翾翾滿綠叢

續畫蝶詩　　毛奇齡

爲做徐熈蝶閨中畫隔牕牕前花蛱子飛㒓類雙雙

謝女本吟絮匕來兼畫蝶點黛作翅花塗粉上衣葉葉

繡帖拈花譜香螺㒓畫欄莊生雖老去如向夢中看

題老遲畫幛　　毛奇齡

圖畫新鮮見老遲琱弓玉鏃小蛾眉嚴粧不辨宮

中樣那道昭陽射粉兒

客中送陳無名入燕作　毛奇齡

相逢衣褐在淮西走馬關前日欲低此去一尋遼海雁何時同聽汝南雞

寒風落日醉當壚燕市還尋舊酒徒君到安州若相憶為予重寫慶卿圖

逢陳老蓮季子飲贈　毛奇齡

江上逢君蘆荻秋樽前落日重淹留狂來淌眼滄洲興思殺江東顧虎頭

和徐昭華讀瀨中集原韻有感　毛奇齡

秋霜如雪裹冰蠶石闕高時口重含不道美人居洛水能憐才子在昭潭

歆唱迴波未有詞臚車無復騁鷄斯若非道蘊真才女若個能吟中散詩

附原詩　　臙脂花落覆紅蠶歛頸初垂火自含坐對西河才子句渾如秋月照澄潭　少小曾吟白日詞蘆中人去竟如斯漂陽浣女空相殉悔不先吟瀨上詩

徐昭華乞試命題畫蝶喜賦二首　毛奇齡

四十年來老自驚新收門下女康成不知書面纖

花好試看階前帶草生
深堂樺燭照啣卮隅幔吟成畫蝶詩不是小鬟頻
乞試那知閨閣有陳思

宣静菴殉武昌難　湯右曾

霧薄塵飛鉦鼓鳴流離父老悼長城野禽不避將
軍樹疲馬還嘶君子營劍蝕土花人抱恨星揺燐
火鬼知名忠魂豈合隨形散風雨黃昏怒未平

又　余一燿邑人

自古英雄當不朽毋以忠孝為甲冑我公髫齡素

擅奇虎頭燕頷公侯偶少年射策奮鷹揚龍韜豹
畧時懸肘三十餘年官獨閒長營烟雨空楊柳鎗
掩梨花綠半消劍横秋水金全繡倉卒鼙鼓撼三
湘頓教將軍空束手黄塵捲日天地昏畫鼓塡雷
軍士走惟有殉身報
國家化爲厲鬼誅群醜遥拜
北闕肅衣冠哀吟絶命動山斗比時葉公有成言生則
同寅死則友丹心共作長天虹碧血肯教千載蹂
吁嗟乎常山舌將軍頭聲稱到今在人口何年重

建淩烟閣續寫芳名垂不朽

街亭雨中　　朱宸

鳥占主人山主人曾不爭雲對野老門野老曾不驚無心自来去機變何由生我行山之椒春雨落聲聲荷鋤鋤麥者對雨如有情東風遍天壤所喜田疇盈

秋杪郭聖臣招遊洞巖　　朱宸

萬物宅於虛元氣葆橐籥惟山得靜專渾淪而磅礴質實性安貞雅不事雕鑿胡為五丁恠鏤空闢

潛壑洞陰虛刁刁雲黮蔽幕幕深山人跡稀野寺
鐘聲邈香貯幽谷蘭石韞荆門璞主人招我遊秋
霖積未涸詠茅滁石胸燈竹開眼膜洞口敞如箕
逶徑迮如稾蚕壁洞中石名如蚕叢一顧一驚魄有穴
鎖頳龕龍洞二名鰲子門曲躬同尺蠖平生不由竇翻令嘲
掏摸入門别有天稜峭群峯削欲上互挽手欲下
旁試脚鍾乳始何年清泠不可嚼氣暖黍律吹波
渟孺纓濯驚奇唤人看傳聲震索索空中蝙蝠飛
似喜火光灼袁翁昔曾到袁翁時同遊者為述梅樵略梅樵

徐天池題有石似梅根如橋也在第五洞内時積水不能到天池本謫仙憑虛入遼廓尺水自盈盈填河乏靈鵲莫問東海桑何處阮郎藥仙人杳不見遥望支硎鶴

遊苧蘿　朱宸

尚有浣紗蹟人亡邨亦荒我来尋斷碣傍水見漁郎鳥自歸蕭寺花如笑靚粧不知一片石磨過幾殘陽

宿郭聖臣應甸莊有嘆　朱宸

蒼莽沉山野氣寒幾家烟傍暮雲殘飢烏呼癸秋

將老刼火零丁夢巳闌時有鹽案之變泉引黄姑分出水葉燒青女煉成丹到來不用增惆悵天地何如洞口寬

武林寄懷聖臣　朱宸

折角高踪祖介休一庭風月自悠悠傳神筆共推花史好客家常傍酒樓世態一生還一死離情三日似三秋知君念我多惆悵夜半聽雞按蒯緱

聖臣送予至趙家埠時雨後舟不到口占别之　朱宸

千山欲散不散雲一路將紅未紅葉歲歲遇秋處處悲銷魂況是河梁別

秋風秋雨太縱横添得江潮宕激聲不是鴟夷駈怒馬如何只向越王城

山中自遣次王謔菴韻　趙　壁邑人

溪深水何潔可濯還可賁會心遂與俱謀面不相語古史我獨評嘉禾婦親杵千林萬壑間吾其得所處

寄跡長山下　趙　壁

寄跡長山下長山作嘉客我既山是愛山亦不我釋朝便坐看山看山直到夕有時山有雲雲過山仍碧更觀雨霽後山光明脉脉疊疊多奇峯都起巨靈擘我年七十餘登山不慮躋杖藜躡絕頂搔首仰天啞歸来囊有句皆是矢口獲

丙戌長至前三日浮山石泉採菖蒲時予年七十有四　　趙璧

碧葉蘭差似深根石罅穿寸長節有九愈老節愈堅陽和亦榮茂凝寒亦麗妍霜隕紅紫凋菖壽松

栢然石泉萬性愛因産石泉邊予亦知萬性採之

從石泉

丁祥一孝子　　趙壁

楓溪丁孝子居常念母切甘旨行傭致力疲口不

說堂上母喪明膝下兒飲血刀割徒苦母去眵莫

如舌每舐必盥漱唯恐舌未屑朝舐復暮舐三年

無或輟兒舐抑何勤母瞽豁然晰眷佑乃蒼天格

天在誠竭

隱居　　趙壁

地僻逢迎少神閑夢寐安野蔬真可味山服抑何寬只說逃名好還知入世難曉溪烟漠漠恍似子陵灘

賓山堂　　趙璧

我以山爲賓山以我爲主六逸隱徂徠青山豈相拒

雪廬偶題　　趙璧

喜學香山詩香山詩不奇平生尚素樸吐句亦如兹

青山秋霽　　趙　壁

雲開峯競秀雨霽草生烟索處誰相伴南牕對聖賢

賓山堂即景　　趙　壁

雨横溪澗漲風急嶺雲飛閒看田間叟携鋤戴笠歸

看山　　趙　壁

塵緣偶斷故人踈剛有南山日對予不是山雲多戀戀只因我不出山居

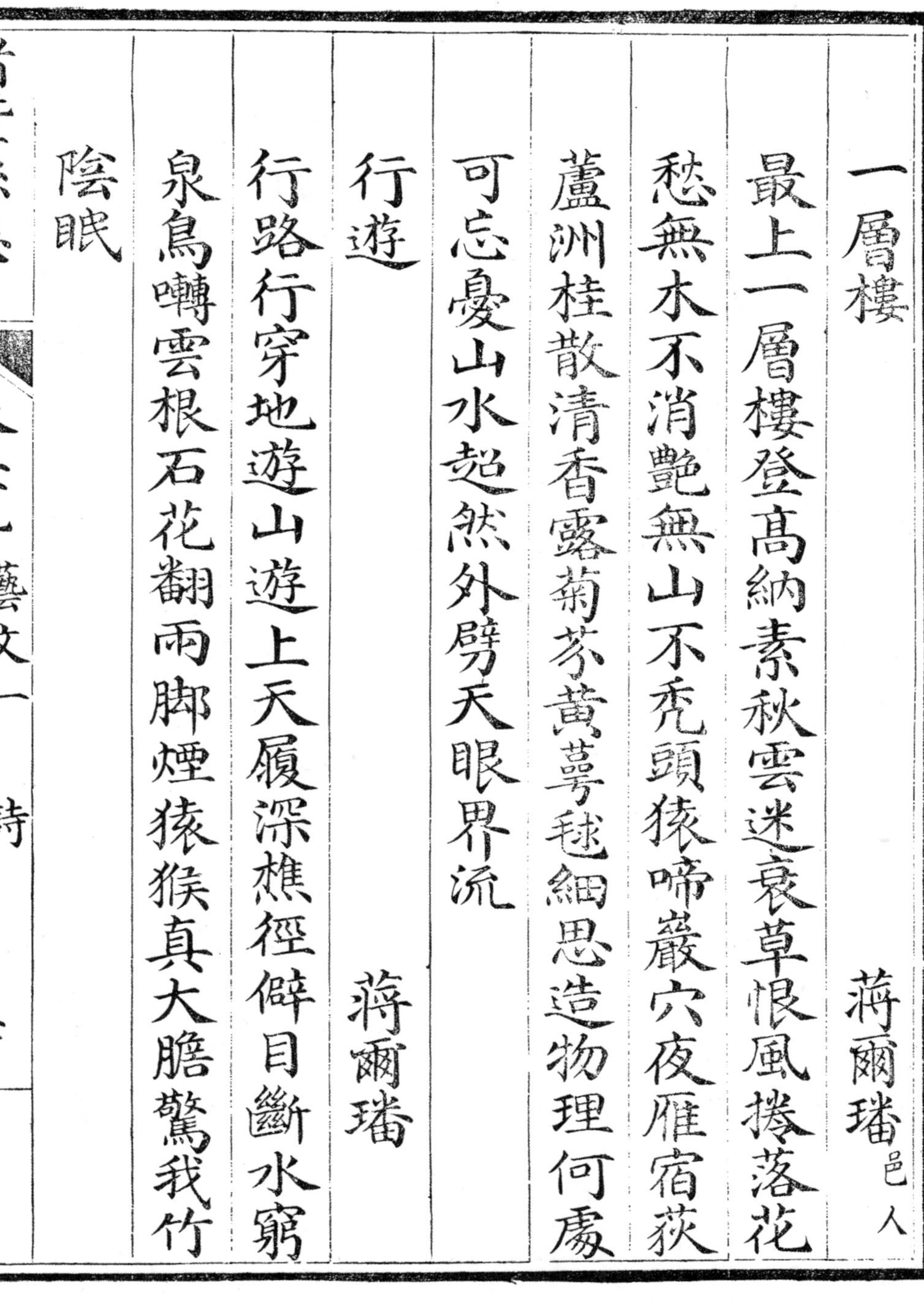

一層樓　　蔣爾璠邑人

最上一層樓登高納素秋雲迷衰草恨風捲落花愁無木不消艷無山不禿頭猿啼巖穴夜雁宿荻蘆洲桂散清香露菊芬黄蕚毬細思造物理何處可忘憂山水超然外劈天眼界流

行遊　　蔣爾璠

行路行穿地遊山遊上天履深樵徑僻目斷水窮泉鳥囀雲根石花翻雨脚煙猿猴真大膽驚我竹

陰眠

築室山居　　蔣爾璠

花無出世想幽谷自春芳鳥有絶人意林深搆木藏閒雲棲竹徑泠月度溪梁築室山巖下何須官道傍

春遊　　蔣爾璠

檻外晴光翠欲流下階擬倩片雲收花從影裏藏春色鳥向聲中散客愁載酒遊山多逸興吟詩行路任村謳故人相見還相約明日重逢古渡頭

中秋楓溪泛月有懷玉釭　　余懋棅　邑人

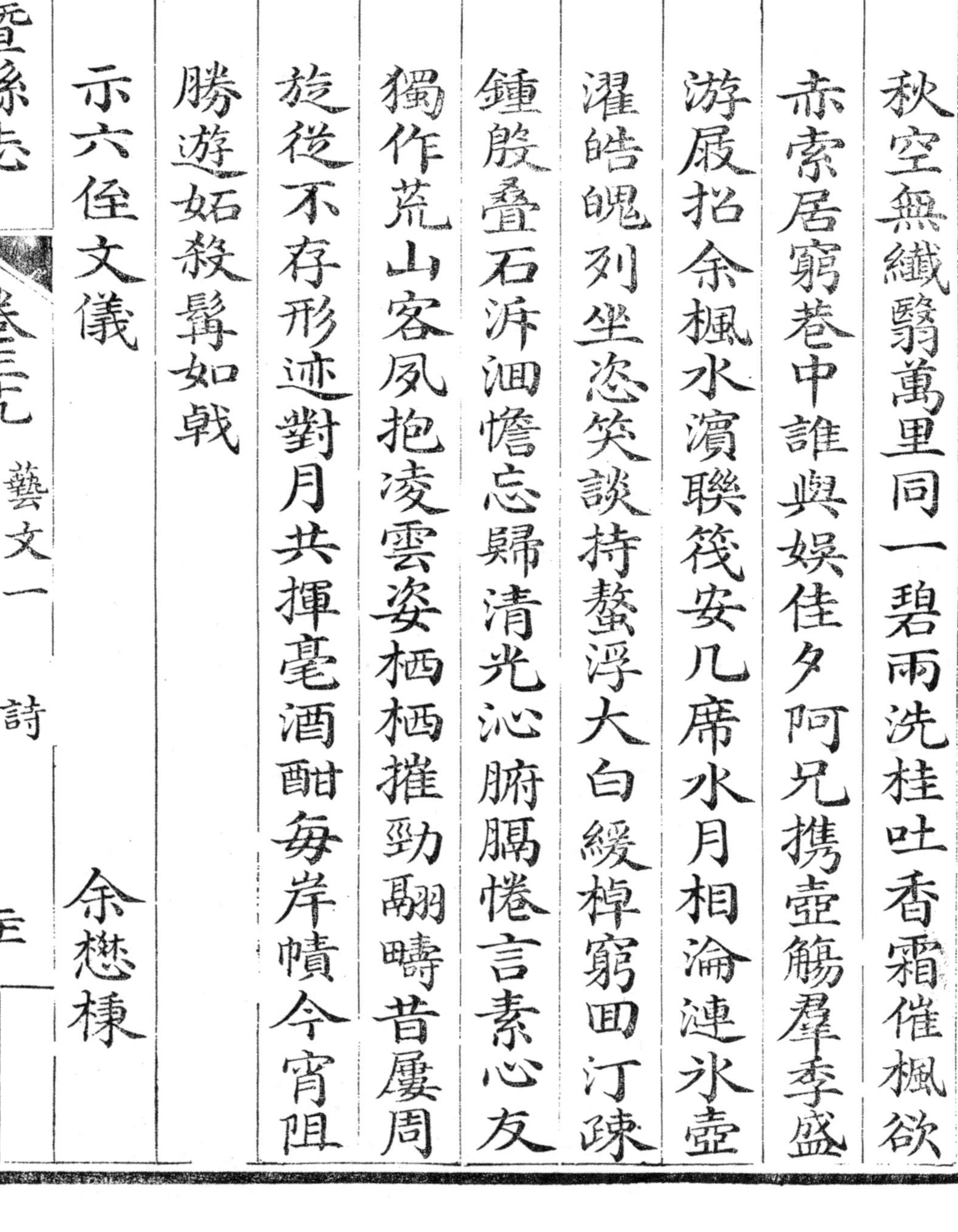

秋空無纖翳萬里同一碧雨洗桂吐香霜催楓欲
赤索居窮巷中誰與娱佳夕阿兄携壺觴羣季盛
游屐招余楓水濱聯筏安几席水月相淪漣冰壺
濯皓魄列坐恣笑談持螯浮大白緩棹窮回汀疎
鍾殷疊石洴洄憺忘歸清光沁腑膈惓言素心友
獨作荒山客夙抱凌雲姿栖栖摧勁翮疇昔屢周
旋從不存形迹對月共揮毫酒酣每岸幘今宵阻
勝遊妬殺髯如戟

示六侄文儀　余懋棟

家世本力農舊跡自吾祖二十領賢書棣蕚連枝
吐嶽嶽惠文冠直聲滿寰宇餘慶鍾伯氏同接南
宫武家門自此大奕奕多簪組吾父恥浮榮立身
守先矩一經貽子孫督課忘勞苦伯兄挺異姿夙
擅文中虎訓我如嚴師激厲窮三古嚻嚻老公車
未及登華膴諸兒讀遺書金石殷環堵今秋戰棘
闈季也奪幟舞慙予屢敗軍也復隨旗鼓早遇何
足誇先志應須補
國有未報恩家有將頹户鋒鍔宜少韜修名勉自樹

予本樗散姿衹合老場圃觔力況早衰餘勇那堪
賈勉爾赴公車應勿愁羈旅奮身須及時上有
垂裳主

懷笠山客暨陽二首　余懋棅

山館談經客幽棲日正長空庭延樹色凈几飲溪
光咲語風生麈揮毫墨藴香河汾高弟子幾個已
升堂

鄉村連月雨湖水正蒼茫遥溯伊人在渺然天一
方旅蒲迷客徑蛙黽上書堂何日携瓢笠披襟話

晚涼

送錢玉缸之粤　余懋棅

忽捲皁比去難辭幕府招公車倦行役記室且逍遥霜雪炎方少烟波天末餞舟穿灘石險車度嶺雲飄歲儉勞符檄時清肅政條運籌民志定借箸海氛消聚首多鄉曲談心破寂寥堆盤餐頳荔繞砌詠紅蕉壯畧資游刃高懷謝折腰君方唤鷓雀吾亦托鷦鷯投劾抛芹渚歸心侶澗樵臨岐艱一面羈緒轉無聊

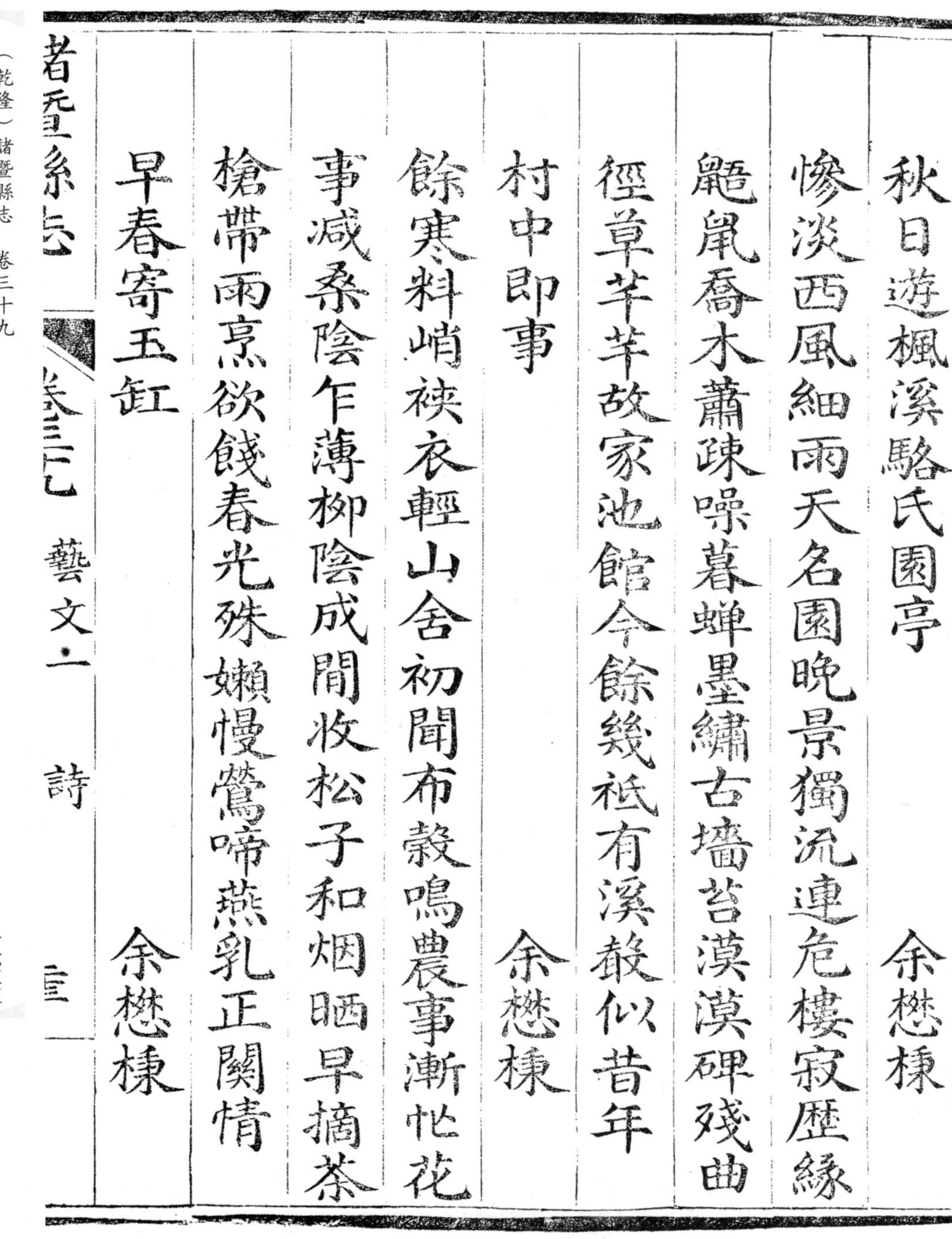

秋日遊楓溪駱氏園亭　　余懋棅

慘淡西風細雨天名園晚景獨流連危樓寂歷緣
鼯鼠喬木蕭疎噪暮蟬墨繡古墻苔漠漠碑殘曲
徑草芊芊故家池館今餘幾衹有溪聲似昔年

村中即事　　余懋棅

餘寒料峭裌衣輕山舍初聞布穀鳴農事漸忙花
事減桑陰乍薄柳陰成閒收松子和烟晒早摘茶
槍帶雨烹欲餞春光殊嬾慢鶯啼燕乳正關情

早春寄玉釭　　余懋棅

猶夢全君聽玉珂相思懷抱别如何五湖蝦菜故人遠三輔鶯花舊恨多誰共詩香煨芋栗獨憐春色授絃歌兩鄉雲樹年年隔鏡浦東風又緑波

次韻寄陳冉村二首 邑諸生陳思渭别號冉村　余懋棅

藜杖休嗟原憲貧東風烟柳一般春獨愁好事多令雨漸覺中年少故人猿鶴日招予税駕雲雷應待子亨屯錦囊留得詩千首午夜微吟泣鬼神

瘦羊那得便醫貧十二田經泮水春姑妄言之聊説鬼不堪行處且饒人烟迷柳眼光難吐雪壓蘭

茅運尚乜田首家山纔百里一瓢何日共怡神

送壽景純孝廉入蜀　　傅學沆邑人

劍閣青天外荆門獨上時猿啼千嶂夕峡轉一帆遲荒草公孫壘寒烟葛相祠知君懷古迹無限杜陵詩

寄余瓠樽孝廉　　傅學沆

可嘆張司業休官已六年客同秋葉散家似亂雲遷師晃空悲席西河擲問天空青百金價無路致君前

懷楊百藥次鈺昆季　傅學沆

淺水分流石瀆溪滋禾堂外衆峯低主人真似淩寒竹座客都慙秃幘雞燕子池塘花覆屋鷓鴣邨落草平堤至今别後嫣嫣夢猶聽窓前謝豹啼

寄德清舍弟　傅學沆

十千空信酒腸寬上竹緣知步步難太息水晶宫外路蛩聲清切雁聲寒陳無已詩冷官魚上竹吳興昔稱水晶宫

楓橋晚望　施滄濤

楓橋西望近黄昏靈氣紆迴散彩痕漫訝羣山清

麗絶沼吳人在苧蘿村

暨陽雜咏　　施滄濤

苧蘿山麓葬羲之聞道與公碑石移怪是遊人多不問但尋何處住西施

清江浦飲別余四鄒樽寓樓　　英廉

世眼輕書客天心困酒豪何時希此會相對尚吾曹晚浦千帆集秋空一雁高不辭連夜醉出處正

蕭騷

韓節婦詩有序　　蔣士銓

何七姑諸暨六十四都山頭庄人何正綱女許字山陰韓尊倫為妻翁旋歿于汴尊倫奉母家居貧不能娶又病尫劇七姑年二十矣請于寡母願往事姑得允于歸甫兩月夫歿七姑以十指養姑逾年姑又歿歸依母居歲時必返奠乾隆己丑母卒氏竭數十年紡績餘貲購地葬姑與夫買祭田一畝附常禧門外尼菴永其祀時年五十七親族謀請旌苦辭而止

生諸暨字山陰二十始嫁禮可尋孀姑老矣夫病

深雨月而寡力難任明年姑死難獨處麻衣歸寧不再去可憐韓氏妻復為何家女三十年中萬辛苦惟母憐兒守機杼兒身孑然只一孃孃今逝矣兒益傷傾破篋出青蚨奠我壻與我姑買田一畝供墓祭韓氏無兒誰與祀低頭再拜優婆夷年年寒食求奠之勿令厥鬼悲餒而此志哀哀天地知

朝廷雖有恩身後雖有名妾年五十七此生無所營請旌弗許聲嗚嗚妾身雖存心久枯韓尊倫妻何七姑請以告司牧問史當特書

謹按韓節婦未經題旌又以諸暨之女為山陰之婦宜入山陰不宜入諸暨且其人現在故不得列傳茲以蔣太史詩載在藝文雖二吾稍借勿嫌也

自杭州入諸暨過苧蘿村三首

岸傍桃李已無存石上青苔沒舊痕難煞紅顔成大事當初悔不住東村

嘗膽君王味若飴五千甲楯讓蛾眉黄金入越無顔色不鑄西施鑄范蠡

湖上扁舟謝句踐江頭一舸報鴟夷可憐鳥盡弓藏日未是同歸白首時

過烏帶山　　潘　煇

秋入千林爽氣迎楓橋南去向山行巒頭乍轉青

雲路嶺脚猶傳烏帶名苦憶奇踪人是謝竟遲幽

夢石非英惟餘一曲江流水長照星垣處士明

壬午夏禱雨龍潭縱觀五洩之勝得詩二章

周起華

侵曉臨潭上濛濛薄霧生巨靈開闔奥神物幻幽

明鱗甲空中動風雷水上鳴詰朝霖雨至四野動

歡聲

寺門脩竹裡一徑入雲峯矗矗青霄合蒼蒼古木封廻風吹濺沫絕壁折懸淙未辨登山屐空慙塵外蹤

學博傅君招飲　周起華

學圃延幽賞清池可洗心菜花忙粉蝶綺席拂煙禽人坐春風遠境從樂處尋晚風起樹杪長嘯一開襟

上巳日郡城返暨　周起華

欣茲風日美況復是良辰修禊攜賓從流觴列水

濱春光桃柳態勝事永和人千古蘭亭在誰能繼後塵

秋杪楓鎮道中　周起華

籃輿東郭外秋色望無窮日淡空山碧汀寒霜葉紅野鳬眠水際村犬吠烟中更喜田功畢謳歌樂歲豐是日正值賽會

杭烏山　周起華

突兀長瀾路岧嶢勢轉賒招提隱翠嶂樵徑雜山花雨過沙抽朮雲深人採茶何當凌絕頂御氣一

餐霞

山環道中　周起華

問訊山環路平橋接野田麥風千頃浪春雨一犂烟花笑溪邊寺瀑飛樹杪泉更憐雲缺處隱約見蕭然山名

毓秀書院同人話别　周起華

高齋聯勝履緑酒傍銀燈逸興清歌發離懷此日增竹牕流素月楓港響漁罾秋夜愁偏易一尊本不勝

諸暨三廟 并序　　陳聖洛

暨邑南門外距苧蘿村數百武有范相廟好事者復貌西子以爲耦此與小姑嫁彭郎何以異按墨子及修文御覽皆云越滅吳即沉施於江以謝伍員其隨蠡去不見所出因杜牧一舸逐鴟夷而附會耳楊用修辨最析又松山之麓有文應王廟則朱翁子夫婦像夫翁子之婦求去室家不幸事也使其至今有知當亦諱言之何不爲古人藏拙耶噫西子無夫而有夫翁子無

婦而有婦寧非咄咄怪事哉世無有正之者用託諸詩以致慨

女謁妖雄圖薪膽供一笑一笑敵千軍隱忠胡以報伏臘走邨翁故鄉崇廟貌伊誰偉丈夫儼然伉儷俱維彼范少伯功成已歸適將相等敝蹝而寧慕登徒吳沼波瀾起桃花蕚春水不念餌吳功重貽泛湖恥決此浣江流煩寃終莫洗范相廟

貧賤汨沒人英雄多不幸所貴論世者表異畧其青翁子亦人傑富貴歸鄉井昔日下堂妻匿形恐

留影如何千百世琵琶調復併松山峩峩高浣水
泠泠泠我来弔英風愍烏積心梗文應王廟

鴟夷井　朱瑞

在陶朱山淨觀院前相傳院即范蠡故宅見宋吳處厚碑記及范文正翠峯寺詩

漫漫吳沼波濤溢滮滮鴟夷井泉冽重欄玉甃盛
標題修綆銀瓶薦芬苾雪恥能成烏喙功餌吳尤
藉蛾眉烈蛾眉烏喙竟如何有如枯井生風波娥
眉婉轉荃清泠安樂患難難同科君王社稷威名
著大夫飄然拂衣去一帆烟水五湖秋鴻飛冥冥

弋何慕亦有當時號同德彳亍欲歸歸未得烏盡不悟良弓藏蓋世功名留井黑轆轤聲散古梧寒苔蘚痕深斷輪蝕嗚呼舊井已無禽獨弔寒泉心惻惻

苧蘿山尋王右軍墓不獲　　王榮綋

太平御覽載王羲之墓在苧蘿山山足下墓碑孫興公文王獻之書今已不存

艷地人爭羨清名我獨聞爲尋三尺土躑碎一蹊雲退筆猶存塚籠鵞尚有群夕陽無限好何處照荒墳

詩餘　藝文二

贈吳教授南歸錦障百字令　元　脫　脫

東越吳君擇中號萬里儒而善醫來游京國新授雲南行省大里路儒學教授未上乃以親老急歸覲可尚已予嘗承教誨醫藥之賜於其行也謹效百字令爲詞以贈之詞曰

帝都佳士便拂袖天上歸歟定省儒以兼醫人物舊江左風流比並狄籠儲材羲經探賾譽望登臺省倚門頭白夢入故園風景　春滿南粵千山悠悠去河水東流

華艇袖有除書正芝泥香靄枌榆鄉井堂上稱觴嬰兒戲罷看着鞭馳騁重游京國會取勒勛鐘鼎

奉贈邑大夫方壺謝公入覲詞 有序

明 駱問禮

循良化洽嚴述職之彝章寅靖義孚悵臨歧之耿色含情不啻口出紀羨何幸躬逢仰惟即名某官偉敏性成英精學就璽麟彩鳳兒童亦識其祥璞玉渾金鑒别莫名其罷掄魁賜第洛陽之英彥既早進於吳公應宿公符枳棘之荒叢

亦卑棲乎鸞鳳赤駿之騰空共詫青萍之出匣自殊履畝定圖豈特於文無害當初政之糾紛而恢恢游刃敷猷起俗苟其於事有裨即衆議之雜踏而鑿鑿持衡頌繼懸魚化符馴雉乃因朝會爰啟長征石几横琴瀟灑一簾秋色錦韉攜鶴飄飄兩袖春風北斗垂而劍氣衝光揺浣水晨鷄鳴而驪唱發聲應長山雖久任責成九重方修居官長子孫之故事而攀轅卧轍一時不無赤子慕父母之私情况於寮義之素殷能

索居之是惜渭城朝雨共嗟萬里關山金闕曉鐘遥想千官劍珮問禮帲幪均荷眷戀尤深言游得下邑之賢既慚非類老子竊仁人之號更訝不羣顧忌傷手之譏爲續離亭之曲嗚呼醉中觧纜雨後登樓兩地悵然一天無際三秋邈矣平日爲長語固不文情爲有恪詞曰

燕都越嶠風塵路萬里雙旌星露玉劍遠空秋錦瑟橫塘暮指顧上林深還奏長楊賦　八埏億禩神明祚祈賴藉循良爲輔斑管推賢彤墀錫燕更幾箇富年名父

春日潞河魚夏雨施村酤右調帝京春即憶帝京也前六句後七句各四韻

奉送邑大夫乾所時公入覲詞有序　駱問禮

金韉戒道抱最計以朝宗綺席臨岐懸素衷而傾注義固深於寮佐情更切于士民恭惟某公臺下學精蘊粹識遠才宏一自下車以来百務隨行而付剸繁澄穢夙習頃釐奨正推雄淳風蔚起廬潢池之騷動則修保甲且練鄉兵慮水旱之頻仍則建社倉先捐俸直教民敦古炳然垂大雅之章課士尊時卓矣振懋脩之範若其

催征之有法與夫聽理之得情不過勵精所溢緒餘又豈更僕爲能枚舉既深撫字九切匡承左矩右規良恥獨爲君子我心爾腹真能不異周親蓋起家者十年諳練既熟而結綬者三篆閲歷殊深宜所措之皆純又何遠之不到冠裳蓑笠正一時安樂之秋玉帛車書適四海會同之候日邊琴鶴振千古之風流雲裏舄鳧望九重之天闕於凡有識孰不攀轅而獨無知能忘贈策竊今神聖繼而世躋皇極追古明良遇而

道洽太和政在安民吏先課令開明堂而受賀
麟舞鸞翔錫御燕以旌功禮章樂備雖漢世之
良吏不一恐淮陰之國士無雙青鎖禁深行且
留周非偶甘棠蔭遠恐於借寇為難所幸甲令
有常兼念子民多欲得輪蹄之再至即草木亦
同歡在九載固非其時雖一日猶愈于已雅況
同寅蓋丞尉之於長官猶衣服之有領袖職業
既關一體非提綱者得人則目何以張儀刑永
無二心曾會晤之幾時而別何容易贈處固古

賢所不廢繪頌在迂拙為非長詢盲者途寧能
指掌代大匠斵曷勝汗顔日暮登樓悵行旌之
過隴霜晨載酒思執轡以非時渭雨清塵郢波
激楚詞曰
盛時冠履覲宸旒多少神州赤縣兩袖清風熈瑞日稚
度何方再見變豹年深栽花池稔此際九燿絢芋蘿春
色一時遥映幾甸　佇想績奏功曺筵開光禄温問承
清宴仍許陽和還海嶠竹馬小兒爭忭雲表仙鳧霜郊
老馬南北無風便里歌村釀莫辭頻唱頻勸右調百字令

國朝

西子故里　　趙式邑人

苧蘿閒步正鶯柔花媚春生遊屐不見浣紗溪上女但見溪頭片石豔舞迴風嬌歌住月故守雲山隅入吳往事何堪今日重憶　莫問興廢存亡荒碑冷廟千古空遺迹剩水悠悠流不斷依舊青山落日少伯勳名西施窈窕風雨邱中麥岸旁楊柳依稀想見眉色右調念奴嬌

題族祖宗寶墓廬　　趙式

屋後青山不改堂前風木偏摇一坏黄土老蓬蒿三載空思色笑　別夢錢飄蝴蝶相思血染蠨蛸斷腸坟上兩蕭蕭月黑松林虎嘯右調西江月

題族叔虞尊墓廬　趙式

風木蕭蕭長夜夢幾時方歇痛黄泉雙親繼逝墓廬重結茅壁畧分荒徑兩柴門獨閉空山月嘆六年株守兩孤墳情何切　遺筆墨誰披閲遺杯棬誰陳設只數峯相對寒花落葉百草都從開外老一燈長向愁中滅更無端風雨杜鵑聲增於邑右調

滿江紅

寄族祖旲生業師　　趙式

讀書曾記從遊日，走百里、他鄉負笈，青燈聽講，每雞鳴小閣，外雪深三尺。　多年誤作天涯客，問行藏、依然落魄，杏壇春雨，隅溫寒，腸斷處、蕭蕭頭白。

右調步蟾宫

宣靜菴先生狥楚難　　趙式

荆楚勳高，羡肝膽、如公誠烈。清世界、鼠狐忽嘯，難倉卒。武昌三月動刀兵，漢水一江流碧血。守孤城

無計解重圍完臣節 忠義士公與葉時葉糧道同徇難頸上索喉間鐵歎臣身雖冷臣腸猶熱彭蠡漁歌千古恨衡陽雁淚三更月向岳樓南望怒潮橫魂歸越 右調滿江紅

諸暨縣志　卷四十

藝文三

賦

鐘山賦 有序

明　駱問禮

鐘山舊名唐家山，意往時必爲唐姓者所有，故名。今唐姓絶嚮，有之者皆吾族人，而敝廬正當其下，朝夕玩視，恠其形儼然鐘也，因更其名而爲之賦。

嗟此山之賦形兮儼然如鐘，何巍巍乎千萬年兮嘉名未崇。豈山靈亦有擇乎知己兮，爲不易逢，必神降而傑興兮聲實始宏羗衆山之蜿蜒而扶輿兮同以崑崙為宗自中條而南海兮復折而東會稽聳鎮而宛委聚精兮禹跡乃通勾乘險固而苧蘿生春兮越業以隆鐵崖振色烏帶孕英兮神靈所鍾顧此巑岏之紛飛而特峙兮肅重圓穹豈其以乾坤為爐範兮黠土石以成百鍊之銅爰神鎔而鬼瀉兮歧伯無所措其巧而倕皃無所施其工誰謂無聲有不待椿谷傳猿鶴濤搽松風維嘯有虎維吟有龍以間以合或徵或宮未嘗諧之而益協兮未始釁之而益洪聽之者肅然而起敬兮聽之者怡

然而轉冲況無遠而無近兮取材則同紛扣大而扣小兮有應必衷我欲貨汝於萬家之市兮則萬牛有所不能曳而亦無可載之艨艟我欲獻汝於九重之尊兮則公卿徒為之瞠目有司或有所不能舉廟堂亦有所不能容而要亦非汝之職兮何汝之訌大造固置汝于清曠之野兮既不簨而不虡我亦欲對汝以清曠之懷兮將何棄而何庸或盤汝麓或登汝峯樵兮有條牧兮有聲歌兮汝應飲兮汝從醉兮汝礪醒兮汝葛洪兮濛兮固不知汝之為鐘兮亦不知汝之非鐘

明鏡里賦有序

明　錢時

余家族釭竈鄉之西長安曰明鏡里其傳舊矣本邑志乃載孔胡夫言明鏡即三尺童子無不誦説言孔胡即百年老人無一知解者斯何説也家有九十二翁間以扣之翁曰若亦知吾居之釭乎吾聞高曾言宋元爲陶者居得玉釭窰中蜃溢而出泛以梅梁沉之湖中蕞爾吴山厥有奇石能發異光盖玉石同體皆粹精也世故傳爲明鏡里翁語如此然亦人人能言之乙巳

之冬余涉自淮泗浮楊子渡錢塘而歸乘一扁舟蓋將抵步時漏下二鼓矣枕夢舸舸舟子忽訝曰此何物者赤如日白如月圓盤走珠累山之巔滚滚山脊欲墜也是其爲天鏡乎余趨起視之則光猶奕奕也以此知宗老所述謡俗所傳原非謬悠何志者之略也豈采風之猶隘邪慨懷久矣丙辰秋留都公事回涉江舟中適有餽志者閱之慨然有感援筆賦之厥以章里亦誌實也

維東楊之牛渚兮越絶紀其上遊繄勾乘之列采兮度祖龍以槿頭清淋之巖巒兮峖〻峖〻而屹屹欝勃之鴻龐兮峙杭烏之西安爾其蟺蜒走馬兮乃聳削於白茅越嶺篠之孤律兮出塢白而群嶅四望之硌硌兮初湧蓮其峩瑳厥巖尖其岱孫兮若鬭龍之霄摩下則明湖一片兮美倩盻而冠簪百川之元以滙江兮漫孿鬈而毿髟鬖鳳騫翥其離離兮眠狗列其津厓龜玢璘而儼洛兮欝環迴嶂疊名隴之仙佳繄吳山之嶔崎兮中映發其天華誰元錫而金膏兮既有爍其菱花昔仲宣識水精

於山樵兮張盖迷黄衣於白雲咸陽徑丈而照骨兮爇則十二而科文並孕石而濡精兮乃兹塊之踵聞神炯炯而星流兮氣爍爍而電繞恍流霞之過茂叢兮爛慶雲之遊春沿羗此物之何從兮百鬼突焉龍從似霹靂之疽驚兮赫連擢其心孔嘗試懸爾於天空兮窔不朗而八方壯士銜悲憤之冠兮幽閨斷凄楚之腸姦雄結白日之霾兮烈士飛赤地之霜幾爍閃其可遺兮付淑慼其靡藏左雲霧之興觸兮右風雨之旁皇僉曰異哉屬月之絳氣兮洵矣連日之碧光載遯覽兮勃發磝磝

兮有暨特碣玉臺亘兮天門洞巖谽兮地窟青龍之挂角兮鐵崖嵂崒靈壁兮聖姑悼貞婦兮立望夫浣紗之汩汩兮泣奚光於姑蘇繄石中之瑰奇兮獨茲鏡之爲熠軼咸陽而西京兮羞霞餐而露吸極茲理之變態兮並大治於陰陽惟懷奇而蓄變兮乃鬼怪而神祥賤碔砆之類玉兮擲似珠之琅玕奕奕者其靡不之兮射牛斗之芒寒爾其托以立法兮翌圓蓋之鴻暉核以歷絡兮煥方奠其緋威誰爲引以自鑒兮燭奸媸而佩弦韋胡舂之非紙舊兮青掇列而供研胡弩之非飲羽兮碣

纍纍其印懸直婉羨乎宛委之覆盤兮亦金簡玉字而奎纏閟曰内瑩外闇以止爲容兮其動也時爲光爲龍兮孕靈雙筍峙帝宫兮文明赫熙德之隆兮紳膏含滋元冥通兮金精陸離吐霓虹兮大都一照人在中兮神鞭山跡問大空兮重曰維德之宅兮洞陽明盪瑕滌穢兮鏡至清羲皇上人兮揭日月而行遠視於邇兮顧斯名峩峩湯湯兮莫之與京

元覺樓賦

明　陳于朝

有客從西来羽其衣扶節而至以一鉢向余門募食崎

嶇狀也器而與語若師浮邱生者因及長生道有藥耶石耶曰無之海有巨石出崑崙之峽神禹之足未之履爲歷萬滄桑不少變謝如峯如巒無明無夜日幾於登月幾於濕為地之霄為天之榭可不為長之生而久與乾坤並其身者耶然而鴻濛以為母混沌以為父萬年無疾不知含哺喜則躍浪羽跨濤車而怒則蔽曉天噴晚蜃而屏吳楚當其時盧不知其形骸扁不知其肺腑藥石所勿施而莫揣其終古余曰然則無之曰有之海之中有魚爲出於崑崙之泉翼若垂天尾長於乾盤古

氏不識其年可不為生之長而莫之與肩者耶然而渾敦氏未起黑山赤水日相居止喔喔欲死及日月之始開而後吞陰吞陽吸風雲游凌霄之渚彼其所食者二氣而後乃復爾余曰吪吪女語何綺曰先生弗覺乎覺其為無有之亦無海之魚不生矣覺其為有無之亦有海之石亦不生矣覺其為無而為有海之石海之魚俱不死矣得無以生天地之生也得有以生人物之生也得其有無以生陰陽之長生也覺此而後老天地古人物萬代陰陽矣余曰吪吪女語何知曰先生覺否覺元

否藥石勿覺勿能施也有之說從覺生也藥石既覺恐能施也無之說從元生也先生請正襟坐百尺樓上思有思無游神天地之先結想有情無情之際海不啻方寸之洋而石與魚不啻方寸之靈蠢也言訖與飯一盂去不知何往因以元覺名吾樓

記藝文四

逍遥齋記　　宋　吴處厚

天地萬物參差散殊恢恑譎怪不能相一而莊生能一之是亦辯之志也前（駱志剏作與）其著書首以逍遥名篇其

言宏綽其理跡曠其旨幽妙其致高邈王公大人不能器其説造化真宰不能材其用誕則誕矣而僕竊喜之又以逍遥之名名其齋亦莊生之意也嘗試論之夫性有定分理有至極力不能與命鬬才不能與天争而貪羡之流進躁之士乃謂富貴可以力掇功名可以智取神仙可以學致長生可以術得抱恨老死而終不悟悲夫使天下之富必如陶朱猗頓邪則原憲黔婁不復爲賢人矣使天下之壽必盡如王喬彭祖邪則顔氏之子閔氏之孫不復爲善人矣使天下之仕必盡如稷契伊

管邪則秉田委吏不復為孔子矣使天下之色必盡如毛嬙西施邪則嫫姆孟光不復嫁於人矣蓋富者自富貧者自貧壽者自壽夭者自夭達者自達窮者自窮妍者自妍醜者自醜天地不能盈縮其分寸鬼神不能損益其錙銖是以達觀君子立性樂分含真抱朴心無城府行無町畦天下有道則激激與世相清天下無道則混混與世相濁壓之泰山不以為重付之秋毫不以為輕升之青雲不以為榮墜之深淵不以為辱震之雷霆不以為恐刼之白刃不以為懼喻死生為旦暮用盈虛

為消息仰觀宇宙之廓落俯視身世之卑㬥譬如一浮萍之適大海一稊米之寄太倉又何足議重輕於其間哉故所至皆樂所處皆適出與天為民入與道為隣若是則安往而不逍遥乎此命齋之大略也齋凡三架十有八楹東西之廊翼然而趨左右之房洞然而虛地可載屋不求其餘堂可容几不求其舒可以聽訟可以燕居可以偃仰可以自娱室有淨名經三卷真誥兩帙道書數十軸其餘琴奕圖畫舞樂之具率皆稱是故夘而升坐於堂則奉版抱牘雁鶩而並進階前沸於闤闠堂

下閙如阛阓於是與里胥亭長市井閭巷之民辯曲直質是非于庭午而退休於室則前溪後山軒窗四豁身兀坐於環堵心恍遊於大庭於是與釋家老聃莊周列禦寇之徒談性空論名理于書此僕之所以為逍遥也衆人但見僕汩汩而進碌碌而退塵埃渦巾泥汙渦韈而不知一室之内自有此樂金朱煌煌軒冕崇崇爵甚榮而位甚尊任甚大而責甚重怨謗之所藪憂吝之所窟又不知與僕室内之樂何如哉乃知古人韜光戢景陸沉於世柱下之史漆園之吏柳下惠之小官東方朔

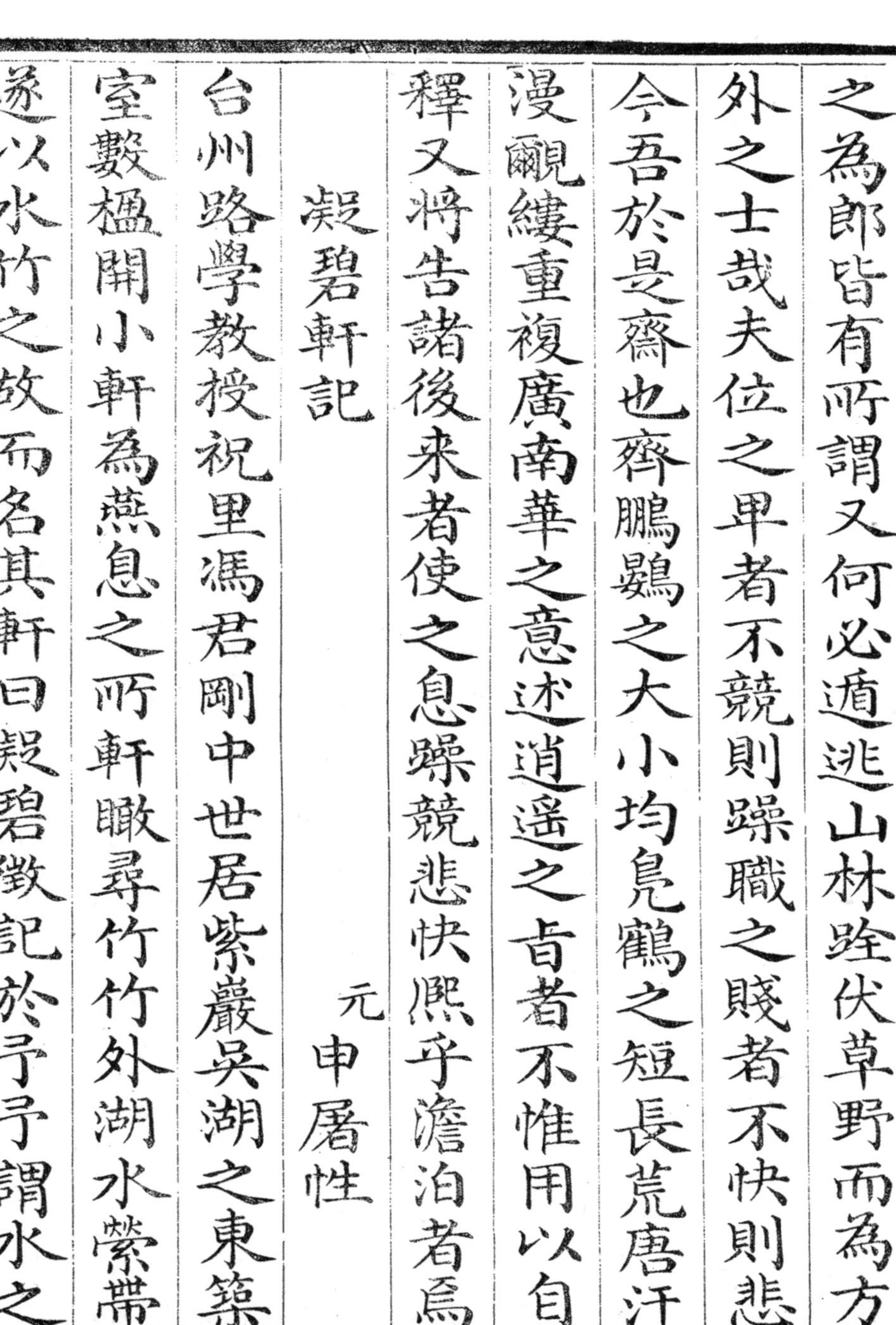

之為郎皆有所謂又何必遁逃山林蛭伏草野而為方外之士哉夫位之卑者不競則躁職之賤者不快則悲今吾於是齋也齊鵬鷃之大小均鳧鶴之短長荒唐汗漫覼縷重複廣南華之意述逍遥之旨者不惟用以自釋又將告諸後來者使之息躁競悲快慨乎澹泊者爲

凝碧軒記　　元　申屠性

台州路學教授祝里馮君剛中世居紫巖吳湖之東築室數楹闢小軒為燕息之所軒瞰尋竹竹外湖水縈帶遂以水竹之故而名其軒曰凝碧徵記於予予謂水之

為物止而通竹之為物虛以直惟有德者肖之今君不資以為樂而退處寂寞之濱如野父田叟種竹千餘環立左右軒牕之外日見鵁夷子所游千頃之淼茫風帆沙鳥雲烟變態集為几案之具而君朝游夕息於此水竹之姿凝於一碧者蓋野父田叟不足以知之而盡在君之襟懷矣其見於筆墨詩畫者一凝碧之所發也雖然凝碧之樂於目者淺也請探其深方其開軒見湖與天上下撓之不濁澄之不清而其流注之潤綿亘數百里其及物之澤不可算矣君子體之止而能通者不於

是而得乎坐軒而對竹本固而末茂貫四時而不改柯易節昂千仞而不回不撓君子用之虚而能直者不於是而得乎君方釋數學事歸老故山其闢是軒左右陳列皆古今書史日與賢士大夫劘切講肆周旋水竹之間攄幽發翠是宜行益高道益尊既宏乎内必揚乎外吾懼其軒居之樂不果於凝碧之地矣若夫流連光景肆情詩酒豈所望於居者哉

新雨山房記　　明　宋濂

諸暨爲紹興屬邑與婺隣國初得婺時伐僞吴張氏相

持未決兵守諸暨界上張氏恃諸暨爲藩籬乘間出兵侵掠兩軍屠戮無虚時故諸暨被兵特甚崇甍巨室焚爲瓦礫灰燼竹樹花石伐斷爲樓櫓戈砲樵薪之用民懲其害多徙避深山大谷間棄故址而不居過者傷之今國家平定已十餘年生民各安其業吾意其中必有修飾室廬以復盛時之觀者而未之見今年邑士方伯修爲余稱其友張君仁傑居諸暨北門之外故宅昔已燬及兵靖事息始闢址夷穢創屋十餘楹旁植修竹數百四時之花環蓺左右琴牀酒爐詩畫之具咸列於室

仁傑未亂時嘗有禄食至今郡縣屢辟之輒辭不赴以文墨自娱甚適號其室曰新雨山房願得余文記之一室之廢興為事甚微然可以占世之治亂人之勞逸非徒然也方兵革之殷人有子女金帛懼不能保雖有居室寧暇完葺而知其安乎糗粮芻茭之需叫號徵逮者填於門雖有花木之美詩酒之娱孰能樂之乎今仁傑獲俯仰一室以察時物之變窮性情之安果誰使然也非上之人撥亂致治之功耶自古極治之時賢且能者運于上隴畝之民相安於下而不知其所由然飫飽歌

呼秩然成文成周盛時之詩是也安知今不若古之時耶仁傑其試爲之余他日南歸駕小車過北門求有竹之家而問焉仁傑尚歌以發我余當鼓缶而和焉

黃氏歸田記　明　戴良

諸暨東行六十里是爲孝義鄉爲其鄉之望者曰黃君松松故儒家由科第居顯宦者若干人而百年之喬木嘗盛矣及一旦衰松之孫某遂以愚騃盡廢其先業至以百金產僅易一醉飽富豪之家爭爲巧計圖之而族人之無賴者又從而鼓扇其間以故田凡八百餘畝屋

凡二百餘楹無一步一椽存者維楊欒侯來署州事行視州境遂察知其弊一日名買產之家及某立庭下歷以古者仁厚之化義禮之俗開陳之而且反躬念過至于泣下衆因俯伏首實告曰惟賢侯命是從至夜漏半侯復列香炬對天誓衆俾伸者右抑者左衆又悅服當右者右當左者左於是冒取者償其業低直者益其金金入則贖其質田之應期者曾不满一月不啻一人得田如干畝屋如干楹歸其家俾其母妻弟姪之散亡他處者咸羣居聚食如家之盛時侯猶慮其久而莫繼也

益選宗親之富而賢曰義曰鏞者以掌出入之數而且經紀其家事于是義與鏞及凡黃氏之族莫不德侯之為願得余文記之庶幾永侯之德于無窮乃以張君辰所厚事介宋君時憲以請嗚呼若侯者其賢于世吏遠矣自授田之法壞而兼并之俗興富右豪強乘民之愚以襲取其家業者有矣然民未甚病也迨夫聽訟之吏出爲考覈之不明剖决之靡中搆辭累歲而元姦宿猾因舞手以規民而民始病矣世吏之不賢其重病民多如此由是而言則為侯之民若雖不幸遭家中變其亦

庶乎無憾焉昔韓延壽守左馮翊時民有訟田者延壽爲之引咎自責其民深自悔悟願以田相移終死不敢爭史書其事至於今傳之侯之此舉固史臣之所取而後世之所宜傳也其可記以永久者有不在余文矣

明初風氣猶古讀此文可以想見若近日譸張爲幻強辯巧抵莫可究詰即至理屈詞窮亦且駕詞越控以挾制其問官因而轉獲重譴現在之案指不勝屈顧歸咎於聽訟之吏可乎　沈椿齡識

仁壽莊記　明　蘇伯衡

仁壽莊者宋衛尉少卿黄公夫人劉以歛貲置義田賑其鄉之貧乏者明道間旱公在田里睹井邑皇皇曰不能爲天下計寧不能爲一鄉慮耶遂悉家貲首宗族次閭里鄉人荷其賜感愧不敢告公知之乃於樓頭視烟之有無施給以時歲以爲常復慮非經久垂後之圖夫人體公意盡斥歛橐裹置義田命子孫歲收其入無遠近咸餉焉迨後滄桑多故寖不可問公九世孫新釐復之新之孫文明者制爲規約長幼有籍給與有時多寡有則勒之貞石屬予記予謂自宋迄今族屬姻黨沐夫

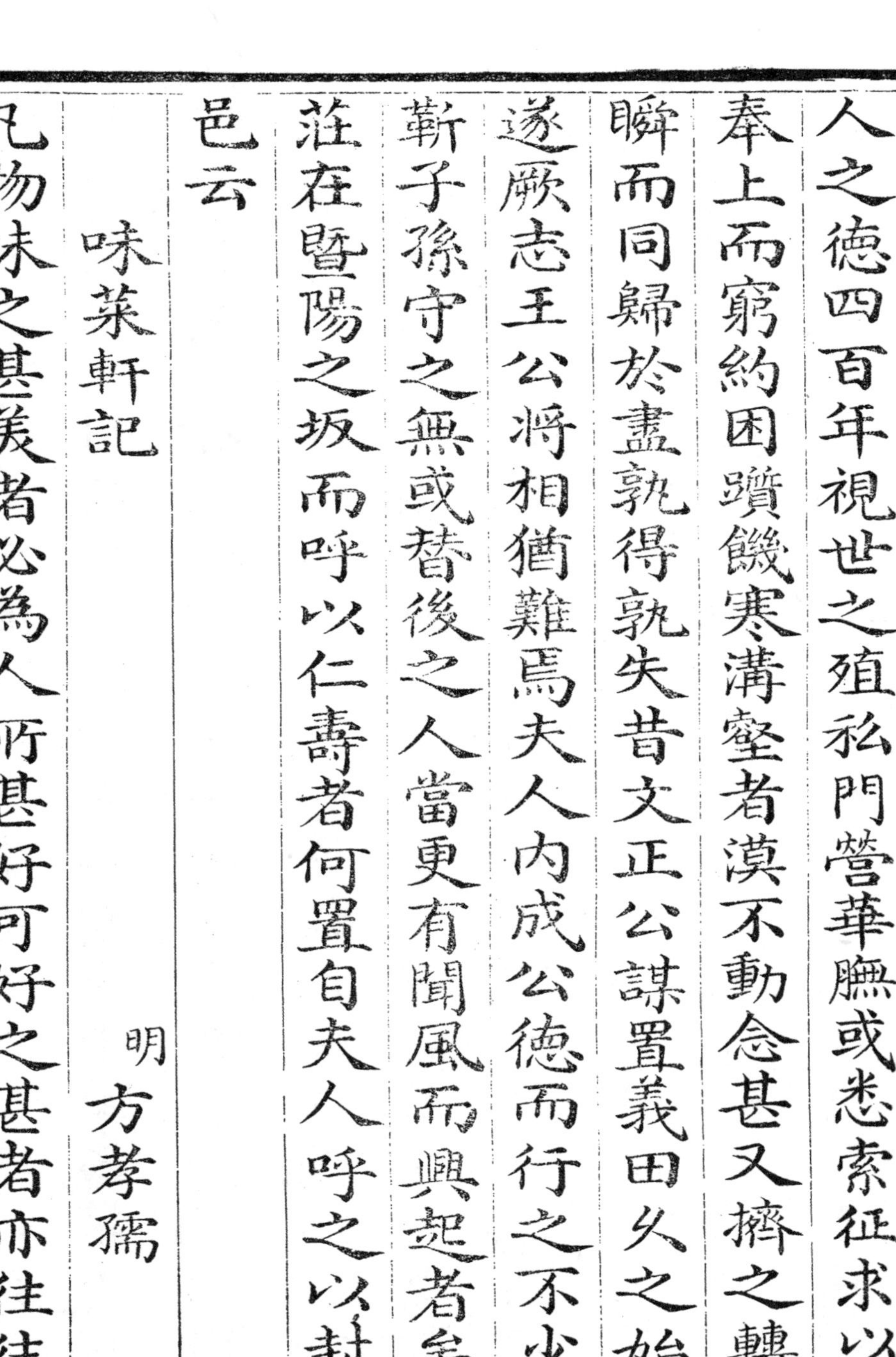

人之德四百年視世之殖私門營華膴或恣索征求以奉上而窮約困躓饑寒溝壑者漠不動念甚又擠之轉瞬而同歸於盡孰得孰失昔文正公謀置義田久之始遂厥志王公將相猶難焉夫人内成公德而行之不少靳子孫守之無或替後之人當更有聞風而興起者矣莅在暨陽之坂而呼以仁壽者何置自夫人呼之以封邑云

味菜軒記

明　方孝孺

凡物味之甚美者必為人所甚好可好之甚者亦往往

能生其禍以病乎人酒味之美者也好之甚者小則有酗醟之失大則戕軀喪德以災其國家牛羊魚鱉之類於食物為最珍然華元以羊羹不均至於取怒而致敗鄭靈公黿羹不以分人而逆亂之禍因之以生是以甘脆適口之故不之戒慎以飫飽亡其身者世常有之是豈非有甚美必有甚惡之事乎夫惟其味淡薄初若無可喜者而世自不能遺之飲者資之以析其酲食者資之以解其飫貴而八珍九鼎之筵賤而橡茹藿歠之室莫不有待於味其物既不為人所爭而其味和平清苦

善除物之毒而不生疾以病人若是者其惟菜爲然乎
世之名人賢士每懲厚味之腊毒而顧深嗜乎菜若杜
子美之於韭薤陸龜蒙之於杞菊蘇子瞻之於蘆菔蔓
菁莫不遂稱之見於咏歌而黄魯直謂士大夫不可不
知此味尤爲篤論蓋貧賤者之所易得則無踰分之思
而求之不勞不爲富貴者之所甚好則享之也安而用
之也無媿身不勞而心無媿此君子之所以有取於斯
歟暨陽蔣侯文旭以博士弟子高等選爲監察御史其
官貴顯矣而其志清約廉謹以味菜名其所居夫爲顯

宮而嗜菜其善有三焉不溺於口腹之欲所以養身也安乎己所易致而不取衆之所爭所以養德也推菜之味以及乎人俾富貴貧賤同享其利而于物無所害所以養民也養身以養德養德以養民此蔣侯之所以過於人也乎語有之曰人莫不飲食也鮮能知味也蔣侯於是乎知味矣因菜之味而深味聖人之道使仁義充乎中暢乎外而發乎事業於膏粱之味且有所不顧而況於菜也哉

碧筠書舍記

明 郭斯垕 邑人

聽真子讀書花山適有飛仙令威愡語曰幽棲者願得友乎山陰溪曲有碧筠生者清修高節不累於俗足下一見爲則爽氣自倍矣聽真子曰異哉我未之前聞也敢問其族令威笑曰一物不知儒者所恥余小子願有喙三尺試與足下陳之此君之先蒼筤子出自震澤佐羲皇畫卦定律吕復與宗人蒼頡觀鳥跡制字實始文明天下蒼筤子生篠神禹修方貢上之封孤竹君傳篚至簳徙居淇澳簳字庭筠在繃褓嶄然露頭角性至孝非供甘旨不脱褊襴衣比長文皇帝特起待詔翰林遷

直御史府出守渭川與端木華戰於千畝有功封高密侯時有孫雛生以心血爲有節之君化龍葛陂將乘雲薄太清簳弗能制遂營樓黄人之國以自老屏山劉文靖公雅善諸葛氏建萬竹亭賔之至碧筠生九幾葉矣綽有先君子之風爲聽真子迺以令威爲先容虛左往迎于山陰載與俱歸館諸谿欚間不數年孫枝以百千計戛玉春風篩金秋月却炎熱排沍寒青貫四時無日不報平安聽真子于是顔其居曰碧筠書舍方操觚沉思將記其事座有琴士謂之曰吾聞務理學者不事寓

言足下似欲醉我以毛穎子虛糟粕者然聽真子曰道與器同出而異名以道觀之無物非器即日月星辰亦形而下者也以器觀之無物非道則飛走動植皆形而上者也兩者不相離也夫寓内特以薪傳火耳其爲聲爲色孰非寓耶苟可以觀象於彼而修我德則古人亦未嘗不留心焉若蓮稱君子菊比隱逸梅爲羅浮仙人是已况此君之以節高者乎琴士漠然無以應聽真子遂著爲記

諸暨學記

明　徐渭

暨之學自國初於今二百餘年新者三而復圮師靈罔安業是者亦以居肆不專告擬新爲顧艱于徵發會有廢館錢與學畝歲入爲銀凡若干兩計稍足辦於是悉取堂閣曰明倫曰尊經若殿廡諸宇一新之禮樂之器壞弗備者補且易之而射之圃舊不垣浸湮爲閭舍者復且垣之始萬歷癸未之十月閱三月乃落令夫有司之作公宇百姓之作其私家工竟則有司告落於大吏匠告於主人而已矣縣長吏之作於其學事工也而道則師也亦可徒落之而已耶則必有以詔之茍詔之而

泛且襲其故之說猶弗諂也今爲故之說者二曰學以明倫吾安得不曰明倫曰學以務尊經而窮之備實用毋勦舊括吾安得不曰尊經省舊括然明倫而必强追以古膠庠之迂習尊經省舊括而令盡舍其制科一意於絶韋則法堂草且深數尺矣又何庸於取屋肆而新之耶今夫怠戾與婉愉均動於形色也怠戾爲勞婉愉爲逸泛記與專精均役於心思也泛記爲勞專精爲逸人情莫不惡勞而喜逸且逸之效愽而勞之效微也而今之爲子弟於家爲士於類者顧舍婉愉便怠戾黜專

精崇泛記如此乎其惡逸而好勞舍效之博而群趨於效之微也此何説耶意者詒之者之迂而人苦於從如吾前所云也故不得不悉畔而去之耶然而易忽戾為婉愉務專精舍泛記其勞逸之相去既如彼而倫由之而日明經由之而日窮以尊效之相百也又如此亦可委曰迂也而苦於從耶醫之於病者也布方同也而引劑異也則病有愈有不愈他人之詒明倫與尊經也布方醫也予之詒明倫與尊經也引劑醫也雖然之詒也非通詒也不病者不俟于布方矧曰引劑吾敢謂暨之

士盡病耶僚丞某君某均與於作且詒董役者某則勞為多

右記從徐文長逸稿錄得其碑現在明倫堂碑末題名云丞周天道簿李譽史甘伯龍諭許希旦訓譚任謝國泰者趙堯全周天祐萬歷甲申仲春吉旹禺謝與思書謝為知縣徐渭不列名盖代作也而前志不載其記并亦不載其事則志失之也然以余考有明萬歷中修學者自隆慶丁卯至萬歷癸未一修緫十六年自萬歷癸未至萬歷甲午又一修緫十一年自甲午至萬歷四十四年丙辰緫二十二年樓成櫝復重建之即其時工程可知矣余故不以補入學校而載之藝文者以此

遊五洩記

明　徐渭

萬歷二年十一月廿有二日偕王圖吳系馬策往五洩

初宿謝家橋明日兩山行驢不可負暮至楓橋駱君意舍止爲明日其兄懷遠公騐來又明日飲懷遠罷入化城寺又明日陳君心學來又明日飲於陳君止爲又明日午始霽遂行兩宿而至五洩寺是爲至日遂登已而大霧窮宇内不見寸形渾若未闢忽復霽遂窮五洩下題名鐫寺之石鼓是夕雪明日午復霽往觀七十二峯攀捫裸厲陟自西潭以漲甚返又明日陟四洩之對岫觀四洩下飯於寺遂裝以歸踰響鐵嶔閬長清三嶺日昃至洞巖寺飯罷已燈僧祖福縛炬請觀洞巖入至第

三洞之鱉口洞故有外屏近爲占洞者所壞泥入壅鱉口返又明日漀飯復行入湖船一夕而至金家嶦甫明踰兩小嶺午泛離渚日昃抵家是觀也洞巖奇於陰五洩奇於陽而七十二峯兩壁夾一壑時明時幽時曠時逼奇於陰陽之間以余評之殆莫勝於五洩借物以形容之終不足蘇長公遊白水佛跡山云山上瀑布三十仞雷輥電散未易名狀大約似項羽破章邯時庶幾近之矣是行也去来凡十有三日陸行三百里水行百三十里宿於駱四夕於途如之於陳一夕於寺再倍於陳

余隳驢者二越溪而溺者一濡者四五驢蹶於嶺者三諸子淖而跌者弗論也得詩二十首每作諸子必和之

由諸暨至五洩寺記

明 袁宏道

越人盛稱五洩然多聞而知之陶周望雖極言其勝其實不曾親見與我等也五洩去諸暨七十餘里一路多頑山勢甚散緩無卷石可入目者余始念看山數百里外敝舟羸馬艱辛萬狀令諸山態貌若此何以償此路債周望亦謂乃弟余輩誇張五洩過當奈中郎笑語何静虚以為不然頃之至青口遊人趨狹巷中線路百折

窮而忽開潭水泠泠縈壁行山皆純石峯稜怒立一壁上有古木一株土人云是沉香樹一年一花猿猱所不到映山紅有高丈許者紅白青緑燦爛如錦相顧大呌曰奇哉得此足償苦辛不畏中郎弾射也静虚曰未也爾輩過小小卯蹬便爾張皇若是明日見五洩當不狂殆耶余與周望聞之喜甚跳躍沙石上馳而至五洩寺日昃矣茶竟偕至前澗濯足兩山相廹䟡將頹壓石骨如水浣鍾縣屏削笋茁戈森狀態甚詭周望顧余曰何如西湖余曰何仙姝奈何與治遥論色澤也溪傍天竹

成林將至白龍井遇一皓鬚人云前山有虎同行者皆心動尋舊路而還

觀第五洩記

明　袁宏道

從山門右折得石徑數步聞疾雷聲心悸山僧曰此瀑聲也疾趨度石罅瀑見石青削不容寸膚三面皆郛立瀑行青壁間撼山掉谷噴雪直下怒石橫激如虹忽卷掣折而後注水態愈偉山行之極觀也遊人坐欹巖下望以面受沫乍若披絲虛空皆綿至飛雨瀉崖而猶不忍去暮歸各賦詩所目既奇思亦變幻恍惚牛鬼蛇神

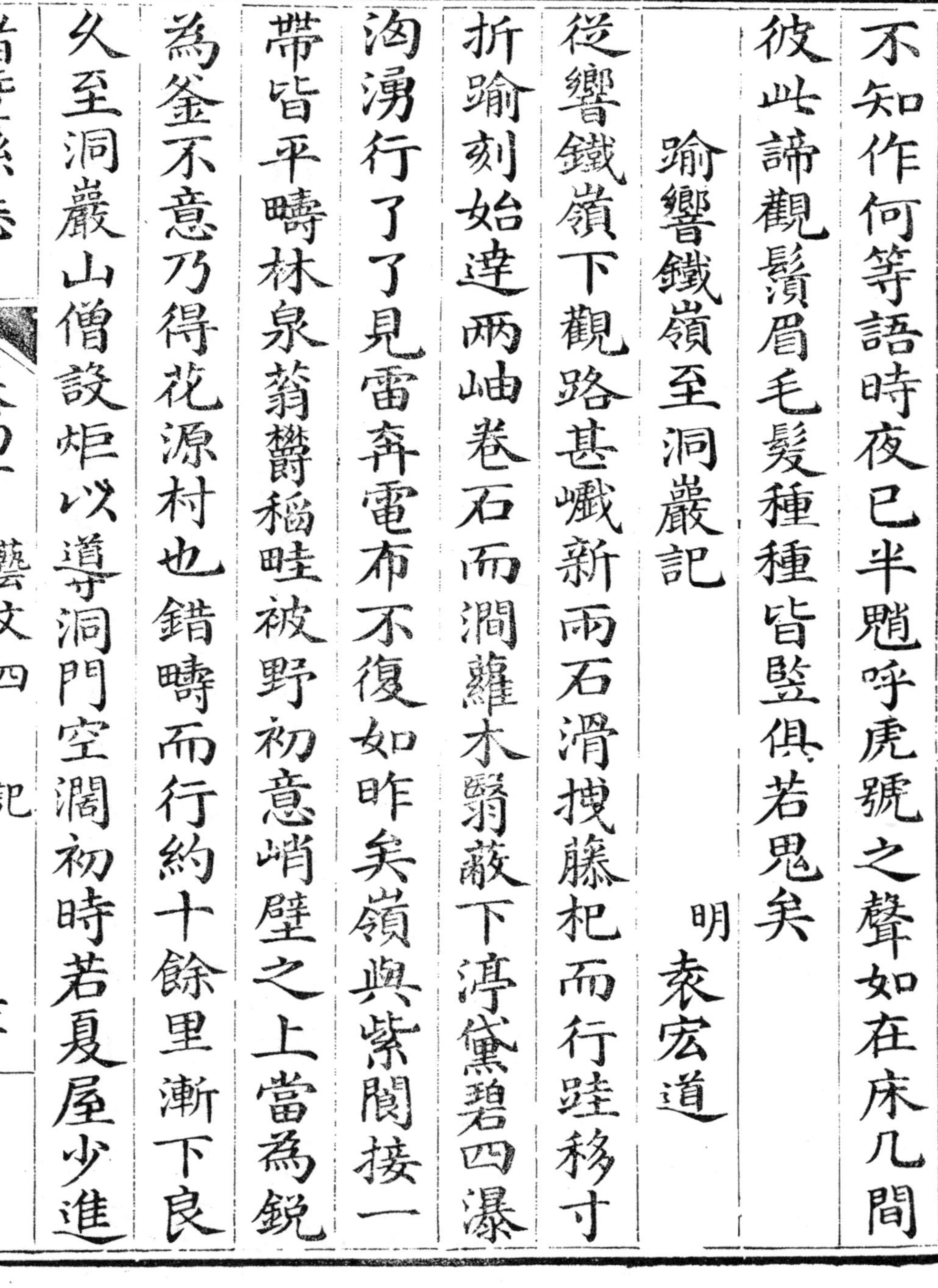

不知作何等語時夜已半魈呼虎號之聲如在床几間彼此諦觀鬚眉毛髮種種皆竪俱若鬼矣

踰鑾鐵嶺至洞巖記　明　袁宏道

從鑾鐵嶺下觀路甚巉新雨石滑搜藤杞而行跬移寸折踰刻始達兩峀卷石而澗蘿木翳蔽下渟黛碧四瀑洶湧行了了見雷奔電布不復如昨矣嶺與紫閬接一帶皆平疇林泉蓊鬱稻畦被野初意峭壁之上當為銳為釜不意乃得花源村也錯疇而行約十餘里漸下良久至洞巖山僧設炬以導洞門空濶初時若夏屋少進

徑微仄凡三四折至鱉口極小遊人皆貼地行炬烟大作泪出如雨偶思先輩有言入洞為烟所困者心懼乃各退出惟静虚疾進過嶺四五至洞深處為澗所隔始返徐文長曰洞巖奇于陰五洩奇於陽而七十二峯兩壁夾一壑時明時幽時曠時逼奇於陰陽之間數語得之矣

越中雜記　明　袁宏道

五洩水石俱奇絶別後三日夢中猶作飛濤聲但恨無青蓮之詩子瞻之文描寫其高古濆薄之勢為缺典耳

石壁青峭似綠芙蓉高百餘仞周廻若城石室如水浣淨揷地而生不容寸土飛瀑從巖顛掛下雷奔海立聲聞數里大若十圍之玉宇宙間一大奇觀也因憶會稽賦有所謂五洩爭奇于鴈蕩若果爾鴈蕩之奇當復何如哉

遊五洩記

明　王思任

水經注是也中二洩不可至宗景濂獨難四級蓋從下數上又於二洩之中身試之矣謝元卿刁景純輩所遊遇不可知若近日徐文長袁中郎陶周望俱未至三洩

與四洩令次第言之從寺右走里許先見者乃第五洩也約三十丈團鹽萬斛下夾溪造雲壁立鄮道元已貌得七八也過潭壁斗凸三丈許履不可革粘齧如蜒進生退宛雷霆不聞初苦上旋苦下屏息如盜響鈴突見碎雪再來此四洩也同行孝廉范敬升先眠采玉河上予與文學陳奕倩僧魯逸曹源續至各踞一壑此時人在勃律天西望見蔡漢逸兩試兩落以為匏肉絕想矣良久勉上半前半郤正盜響鈴處也幸而至亦坐坐莫搖首半刺乃笑而三洩均隱在對山隈上巒強取之石

芒棘杪着處寄命阿奴歆忠一臂忽口噤不悉說何事昆陽圍中爾我不相顧也三洩態脩出傾者滚者飛者跳者煮者突者衝而過者喧豗繡蹴其沫猶可滌肝棲賢三峽非不妙那得騎而押之朱約之浮以大白此酒不宜勸人矣仄壑右上得印脚掌數丈望見二洩老蓑衣掛下短白鬚也石腹臟瀉不可陟力人先之汲我以裹足布再墜而引若溼濕斷不能也第一洩飛下聲怒勢怒色怒然無暇料理之絶壁垂尺餘在外失一跬千古不問矣飛瀑雄吼貫頂劈來上有龍井泃洄萬仞以

青竹及柴杖挨之有入無出此酥魂栗魄府也駭而上之為劉龍子拜母處頭顆印存又上之其家也又上之則地名紫閬屬富陽治殷殷雞犬聲出也忽而平田廣陌眉鎖頓開又從十地援出三天門無復歸理特予人一條生路奇絕乃從響鐵嶺大步而下是遊也喜樂不償畏懼生人止堪一寄耳吾意鑿通懸度亦不必五牛屎金千梁無柱然而不樂為之者僧欲險之而山川亦欲閟之也雖然險閟正爾佳必欲几平褥善即無過邯鄲道也

重修堂署記

明　陳子龍

余以庚辰冬奉檄署諸暨令事察其山川形勢自縣以南多高山平原類苦旱而其北則受東陽江之下流爲湖瀦以百計恒患水既已連歲災穀不登窮民相聚刼巨室日數見告予日夜厲賊冒衣求盜衣搜山澤飭干掫衛城郭又大發粟賑貧乏養癃篤告糴於鄰民用小靖而縣治則頹圮甚廳内以二十餘木支之令治事輒惴惴棟折且將壓爲廊廡無墻垣吏抱牘立雨雪中門廡閈闌樓無鐘鼓館賓於東隅如入車庛令之私舍僅

蔽風雨蓋建自正德中於今百二十年矣宜其隳壞不治將益深而予是時方芟梗扶傷之不暇且歲月之不假易安敢以告司里明年真令錢君來則討捕賑貸之政益修朞月之間令行禁止四境大和又明年歲大穰遂上計中丞御史臺以建造請報可於是量徵徭役用寬民力不足則乞嘉肺之羨緡又不足則又損常禄繼之木石埏埴靡不躬親義取壯緻不用丹艧凡歷二時而成為堂者三堂之前為軒後為重堂皆如之右為庫者一左為幕廳尉實居之庭之左右為廊六曹掾所供

事也前爲儀門者三又前爲麗譙者五挈壺氏司之左
偏爲賓館以歲時見大夫堂之後爲令燕室不詳記既
落成而予以冬日行縣見之作而嘆曰我令而知爲政
矣古之論治者曰營室之中土功其始故入其疆寄寓
施舍之不具橋梁宮室之不修於是乎有逸罰豈能無
勞民蓋罷於逸樂安於苟且足以傷政而偷俗也是故
易取大壯書有營雒詩記司空司徒春秋書築宮禮載
百工咸理此先王所以重明作考功效而計久遠也故
立政體國利更數世令也不然吏既郵傳其官而世之

課吏者程功之心不若糾過之心闒茸者謂之安静姑息者謂之愛民於是巧售其術者即不至陰收脂膏以自潤亦未過楚孫叔齊晏嬰也而外則陽爲儉嗇頹垣不塗敗户不鍵歲玩日愒以累後人而責誚不及則相率爲懈慢矣夫四境者政之所訖也邑治者政之所出也田疇溝洫在遠者也户牖庭除在近者也夫令也朝於斯夕於斯出令布惠之地而蕪穢不飭豈能震動恪恭以經野保民遠猶辰告以廣世德於兹土乎夫門内不治而能治其四境者我未之前聞也由此推之錢君

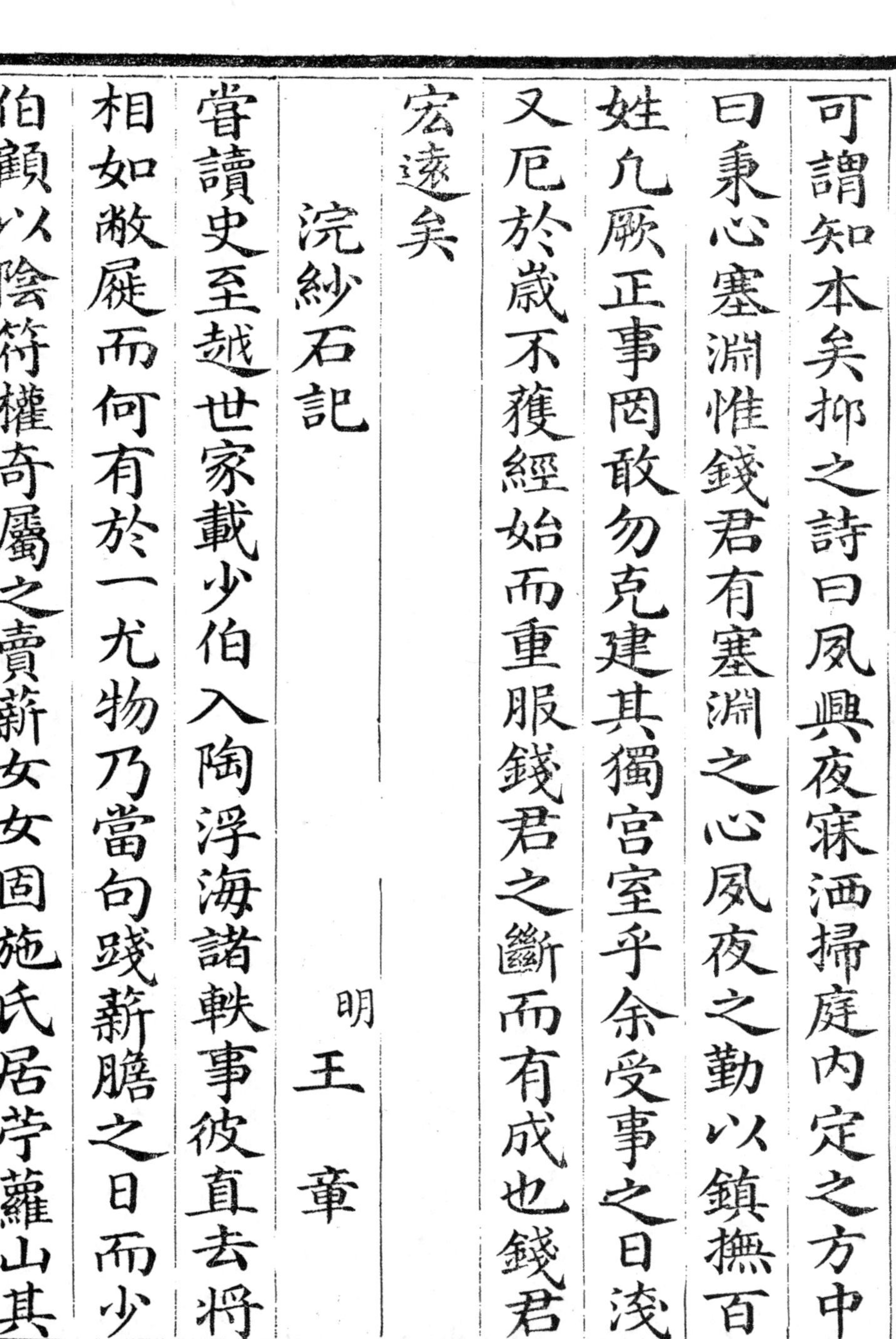

可謂知本矣抑之詩曰夙興夜寐洒掃庭内定之方中曰秉心塞淵惟錢君有塞淵之心夙夜之勤以鎮撫百姓凡厥正事罔敢勿克建其獨宫室乎余受事之日淺又厄於歲不獲經始而重服錢君之斷而有成也錢君宏遠矣

浣紗石記　明　王　韋

嘗讀史至越世家載少伯入陶浮海諸軼事彼直去將相如敝屣而何有於一尤物乃當句踐薪膽之日而少伯顧以陰符權奇屬之賣薪女女固施氏居苧蘿山其

下有浣紗石相傳是女浣紗溪上而少伯巡行媾之以豢吳而因沼吳者也嗟乎羑里之釋夫非女謁乎哉而胡浣紗片石獨以施著則石不能重施而施特貽石以重也向使施第以朝歌暮絃雲鬟月貌流艷當年而不足雪行成之恥於萬一則紅拂綠綺已隨烟草腐而區區卷石安得與黃絹幼婦之碑並垂不朽乎夫曹以純孝守經而抱石伸節施以隱忠用權而浣石洗仇生死不同其於君父不可磨滅一也余居恒盱衡山水竊有意乎其人而憑吊之不謂一行作吏輒授茲暨暨實逘

目之所不競者而予則囅然喜曰是固少伯所生聚教訓之區而予庶得以觀風儀法也意苧蘿之阿必且佳木繁陰亭榭層折負者歌塗行者休樹而騷人游宦相與題咏不絶庶千巖萬壑擅勝千古乎廼從巡陌經行之餘覲蹇周覽則索所謂佳木亭榭與三家村舍大率皆寒烟荒阜耳而浣江環曲如帶潺潺汩汩横浸一石石可數尺許岸芷汀蘭覆護其間而浣紗兩字千載如新嘻滄桑疊變爾不見蘭亭之鞠為茂草鑑曲之障為石田而是石也猶悠然無恙將無生聚教訓之靈賴以

收功而顧留如綫於蘄蘄者耶然則思少伯之風流而不見見斯石也其猶想見少伯之遺跡歟予吳人也側嘗艷娥江有烈女矣而西子尤委曲佐其君以霸者安得以五日京兆而不傳其馨哉是為記

國朝

新建街亭市義渡記 沈椿齡

邑東二十里金興鄉之都曰街亭里其水為街亭港南接東陽之派由烏巖璜山五藻等溪合樓店埠而下東接嵊縣之水由殿口琴絃桂蕙等溪合

利浦溪而下總滙於是港以達浣江春夏迅流驚激勢甚泙淘至寒沍則又淤淺不可以杭地産竹木民業牛僧遠近就鬻者輳集舊無橋渡殊病行者乾隆甲申之歲里人陳紹澄等創議建渡一時好義之士樂輸恐後刳木為舟不必其大也春夏以之疊板為橋不必其石也秋冬以之復置小屋三楹于西岸募人守之節經費之羨價買并捐助者共得田若干畝歲收息以備傭僱修葺之值程法井井人樂其利者七年於兹矣恐久而忘所自

也呈請一言以記余考橋之制曰杠曰梁曰榷曰彴皆斬木成之後乃易之以石古者五溝五涂莫不有梁故爾雅曰隄謂之梁春秋傳曰九月除道十月成梁易繫詞曰舟楫之利以濟不通蓋取諸渙舟之小者為艖為艓為舠為艒縮為艀艋其大者為艅艎為舸為艂艭為舶為艑為[舟篪]為[舟氐]艡為[舟發]艛平流大河滙交五達之衢通往來致重遠非石橋巨楫不可若山隩之水其發也驟其退也速則略彴宜招舟問渡期免厲揭則艀艋宜其費似

約其成似易而其利澤及人則已普矣今之私財自封者多守楊氏爲我之學間有輕財好施之人又不知所務率皆感於福田之説創浮屠之宫範法王之象虚縻金錢曾不之恤而義利不言衆寔攸賴者轉吝不肯爲孟子以子產惠而不知爲政推本於徒杠輿梁之成是役也余嘉其知務而通于政故不辭而爲之記所有輸捐姓氏及各田號畝分備列碑陰董其事者樓恒昌袁楚材趙羨璧等

藝文五

序

春秋定是錄序

元　楊維禎邑人

榔子曰春秋如日月不可賛也然則高自立論者皆誕也歐陽子曰春秋如日月然不為盲者明而有物蔽之者亦不得見然則將以制盲而祛蔽則亦不能不假於詞也經不待傳而明者十七八因傳而蔽者十五六明目者祛其蔽而通其明則其如日月者杲杲矣子㤗三家既有蔽為而諸子又於其蔽者析宗而植黨争角是

非不異訟牒使求經者必由傳而求傳者又必由諸子是非紛紛莫適所從經之杲杲者晦矣世之君子既晦於求經復於諸子求異其說是添訟於紛爭之中惡物蔽目而又自投以翳者也維禎自幼習春秋不敢建一新論以立名氏謹會諸儒之說而輒自去取之為定是錄說協於經雖科舉小生之義在所不遺其不協者雖三家大儒之言亦黜也吁予又何人敢以一人之見與奪千載之是非何僭自甚亦從其杲杲者決之焉耳後之君子倘以錄猶未是敢改而正諸豈敢諱乎

鐵崖先生古樂府序

元　張雨

三百篇而下不失比興之旨惟古樂府為近今代善用吳才老韻書以古語駕御之李季和楊廉夫遂稱作者廉夫又縱橫其間上法漢魏而出入於少陵二李之間故其所作古樂府詞隱然有曠世金石聲人之望而畏者又時出龍鬼蛇神以眩蕩一世之耳目斯亦奇矣東南士林之語曰前有虞范後有李楊廉夫奇作人所不知者必以寄予以予為知言者抑予聞咏歌音聲之為物明則動金石幽則感鬼神豈直草上風行之比哉廉

夫遭盛時揚言於大廷者也將與時之君子以頌隆平樂府遺音豈宜在野要使大雅扶世變正聲調元氣斯為至也余不敢不以此望於廉夫餘子不足語此至正丙戌冬又十月方外張天雨謹題

鐵崖先生古樂府序　　元　吴復

君子論詩先情性而後體格老杜以五言為律體七言為古風而論者謂有三百篇之餘旨盖以情性而得之也劉禹錫賦三閣石介作宋頌後之君子又以黍離配三閣清廟猗那配宋頌亦以其所荅者情性耳然則求

詩於删後既得其情性而離去齊梁晚梁李宗之格者君子謂之得詩人之古可也鐵崖先生為古雜詩凡五百餘首自謂樂府遺聲夫樂府出風雅之變而閔時病俗陳善閑邪得與風雅並行而不悖則先生詩旨也是編一出使作者之集遏而不行始知三百篇之有餘音而吾元之有詩也復學詩於先生者有年矣嘗承教曰認詩如認人人之認聲認貌易也認性難也認神又難也習詩於古而未認其性與神罔為詩也吁知認詩之難如此則可以知先生之詩矣先生在會稽時日課詩

一首出入史傳積至千餘篇晚年取而讀之忽自笑曰此豈有詩哉亟呼童焚之不遺一篇今所存者皆先生在錢塘太湖洞庭間之所得者云至正六年丙戌春三月初吉門生富春吴復謹拜手書復字子中後改字見心見廉夫所作墓銘

歲寒集序　元　貢師泰

夫詩人之詠梅梅之爲詩人詠必也一不爲少百不爲多斯可與言詩矣昔人之詠梅若林君復蘇子瞻各不過一二語而已所謂一不爲少也今越上仁原趙子之詠梅至百餘篇所謂百不爲多也梅之爲花培孫根於

天地閉塞之時含獨秀於氷霜凝沍之日其高出羣品其清壓衆芳故往往高人勝士愛而詠之廼或收歛此花之神氣於一二語之中非筆下有奪造化之妙者不能也或發敷此花之英華於百篇之内非胸中有體物之工者不能也至于歲寒一枝與雪月爭光當此之際酌酒賦詩以觀此花之神氣以玩此花之英華至此斯有以契造化之妙明體物之工又奚多少之足論哉況仁原以歲寒之心有得於梅其人品之高有非他人所能及至正乙酉宣城貢師泰叙

贈吳教授南歸序

元 揭傒斯

大哉京國之尊當海宇長謐兵革不試皇建其極於粲大猷遠方之人贏粮束書奔走萬里汲汲願覲清光者接踵至然人生聖代霑濡厖沛既學博而謂苟不際明時出覲軒冕之盛宮室之富旌旂之美文章道德之所以崇威儀等級之所以章斯亦齪齪草莽焉而已耳吳擇中氏儒君子也且善醫往年来客翰林承旨脫脫公公有疾而病擇中氏投刀匕藥即愈公喜甚欲屬擇中授經其子固辭迺薦為雲南行省大理路儒學教授未

上輒惝然自止曰親老矣是誠愛日不自暇詎以升斗祿子身萬里遠貽閭門倚望之憂因改轍而將南也承旨公嘉其志自為古詞一通書製錦以貺之仍屬予鋪張贈言予方悲世齦齦士果於自往而少於度慮乃牢為一辭曰我隱者也我隱者也殆未知巢許之介何如哉綺園之時何如哉擇中氏于于而來觀國之光一命官八品筮仕其初矣乃以親老急歸使予強擇中氏留則曷以勸人為孝使擇中氏當大任當邊圉而遽行已志則誰其為國之忠乎魏人之詩曰父曰嗟予子行役

又曰猶来無止擇中氏勿遲遲其行也宵雅之詩曰皎皎白駒食我場苗縶之維之以永今朝又曰毋金玉爾音而有遐心此則予敬愛之私而承旨公所深望者也

雲泉生序

元　胡一中　邑人

夫諸之東有山曰東白延亘磅礴而莫知其里環詭宛委而莫名其狀友人吴擇中居其陽築室於山水間若將老爲且言曰吾奉親讀書之暇倘徉徙倚俯仰而視則雲溶溶棲其上俯而聽則泉淲淲鳴其下雲之態變也不測泉之派流也不息山中之人玩於耳目罕識其趣

吾獨得而怡焉取無禁用不竭造物者之無盡藏也因以雲泉號子其為我叙其說余詰之曰雲何所起乎曰山泉何所出乎曰山子知雲之所起乎惡乎知雲之所以起知泉之所出乎惡乎知泉之所以出雲起于膚寸也散則彌六合歛則藏於容泉出於涓涓也乘流則行得坎則止散也雨施歛也天晶行也物潤止也淵澄其散其歛其行其止吾得而知之也夫孰散而歛是夫孰行而止是吾惡得而知之耶矧其所以起乎矧其所以出乎中庸曰溥博淵泉而時出之溥博如天淵泉如淵

惟其充積也厚而深故其發見無窮也有本者如是夫吾試與子返觀回照則吾心之全體猶天之晶也淵之澄也吾心之妙用猶雲之蒸也泉之興也雲之未起泉之未出非吾心之静乎油然而起涌然而出非吾心之動乎噫全體呈露妙用顯行庸詎得而知乎哉庸詎不得而知乎哉遂撫琴而歌曰英英兮白雲泠泠兮清泉蓊蔚兮聯綿觱沸兮潺湲羙汭穆兮孌嬗湛乎兮儵而天澹乎兮忽而淵竚中區兮觀元有開兮必先於樂兮魚鳶雲泉生倚歌而和之曰白雲兮繽繽清泉兮鄰鄰

滃欝兮輪囷渾涵兮漪淪邈盈虛兮無垠吐納兮元英之菌嚥嗽兮元和之津養吾浩兮全真一氣兮孔伸壽有永兮秋春

贈句無山樵宋生序

明　戴良

曩者承平日久天下無事士之居其位者悉以守常襲故爲職業而智謀雄偉非常之人無所用其材往往退處山林老死而不出十數年來海内大亂豪傑並起自武夫賤藝咸被收采以用其所長則向之退處不出者宜可翻然而起矣乃智謀雄偉如宋生汝章顧猶隱居

句無山中方以樵采自樂而不輕于一出何哉汝章為學不事章句頗通戰國時事善機變有胆略尤慨然喜論兵當兩浙兵起每退偃一室以默計勝負十不失一若汝章者可謂有用之奇士矣余嘗考近代賢才而怪士之為學多不適於世用談經術者徒知章句之當守而不知事情之或迂工文學者又方務以言語聲偶摘裂相誇尚每棄本而趨末求其可用於當時蓋不數數然也世之人不賢者恒多而賢者恒少幸而為賢者矣又或不足以用世何才難之若是與苟一有其人焉幸

而及出於有爲之時可不爲之責重之與今吾汝章以不輕出之材卒至放棄山林爲句無一老樵此其可以嘻吁流涕而爲當世悲也雖然古有朱買臣者亦嘗退隱會稽山中賣薪以自給後竟歷居顯宦時人謂之衣錦晝行汝章其鄉人也年方壯有志慷慨他日必不得已而出又安知其不終爲世用也哉汝章出遊甬句日即歸句無將從句無求夫縣諸山而登之以窺東南之故壞凡目之所寓皆我師用武處覽其形勝當必有感于中矣

教民彝訓序　　明　駱問禮

時公之蒞我暨也不數月而百務具興公私樂業因緝男女之要行各數百言為訓嗚呼此三代以上良宰執為不可一日無而後世視為文具者也而何幸見之詩不云乎愷悌君子民之父母說者謂愷以强教悌以悦安二者缺一不可公自蒞政以來凡所作為皆崇本務實真所謂視邑如家視民如子以故觸處響應訟清盜緝積逋宿慝莫不就理民且蒸蒸向方矣而復有是訓將驅悦安之衆而强之為善公先會諸士子課文未嘗

不道以德行繼頒保甲令一以講明聖諭爲首務而更益以此盖尤其喫緊者愷悌兼至何以加此夫世風民俗上作之斯興而文告話言三代所不廢斯訓也據實屬辭撫之易曉而玩之愈深義例之正上可以爭衡於謨誥風雅以不肖讀之尚若發矇况夫有識誠使爲父兄者以教其子弟爲子弟者以事其父兄而内内外外各以相正有不三代其風俗而爲社稷盈成之助者吾不信也夫吾越文憲甲中原而暨獨寥寥不才生長其中即寡昧無當感事觸時未嘗不欲偕父老子弟一洗

凡鄙而德薄力微衆莫之與固嘗叨寄民社而優游玩
愒亦無成效不圖獲覩此舉也能不怡然適適然作忘
其魯鈍攘臂挽幟與林林者朝惟夕礪以終令圖顧所
以共成此舉在各有志者之自盡耳夫秉彝好德人所
同有所患志之不立即或有志而困苦累其心風會拂
其向不自知其湮没識者且為扼腕令吾與父老子弟
安養於愷悌之化而不能更相勸勉佩服雅訓以終令
圖寧不自負其遇哉大都上德惟風下德惟草草上之
風未有不偃而率先草莽當自衣冠之類始不才殊猥

瑣固已濫附於衣冠之列矣僭陳其說於公而序之且因以自策云

剡南溟存稾序　　駱問禮

謗有之生前富貴身後文章信哉言乎方人之履豊據要咳唾生風貧賤者奚足與比肩而一旦淹忽無可稱數清脩之士落魄不偶與木石無異而數世之後有得其片紙隻字如獲圭璧者逮至叔世風流日異即所著述未必足傳而勢可炙手則門生故吏爭相板刷不日流播海内而貧賤之夫信有著龜之談金石之響以之

覆瓿人且嫌之逮遇有識者鑑别而桐焦爨下多不及
出則雖文章又不能不藉於富貴良可嘆矣南濵鄭公
平生刻勵尚行作字偪晉詩文思追唐漢當為諸生已
名動遠近而逮後官止一令蓋棺且慮居誰有為其文
字謀者叔器逄陽緝所存稿若干卷間以示諸好事而
宅相樓子之望昆玉捐貲壽諸梓余自束髮即辱公知
愛喜公盛美之有傳而樓子昆玉能留心於世情之所
不急殆亦非淺淺者因為之序而且有感焉公詩文固
登作者之堂字法尢為入室而遺傳即今已不為多良

有好事者及此時鐫摩其一二庶與是集共垂久遠而得隴因可望蜀是集既成安知無繼此而成其美者小子不佞謹拭目云

永思集序　　駱問禮

事親之道生則敬而養死則哀而思哀思之動也形諸聲則為哭泣之慘言詞之慽甚至有三年不言者見諸身則為擗踴衰麻苫塊之節斂葬饗祀繼述之儀甚而跬步之不敢忘終身之不敢易非更僕能悉伯風樓先生以風木之恨觸景遇物必見諸詩不踰年累至成帙

命曰永思集余偶讀之酸鼻側目不欲終卷嗚呼先生可謂深於哀思者矣昔黄魯直丁母憂絶不作詩而梅聖俞寧陵之句或者譏其太早晉孫綽不云乎敢冒諒闇之譏用申罔極之痛是或一道也察於此可以識先生之心矣先生之詩略不求工惟直寫其天性真所謂焦以殺者然此特形諸聲者耳其見於身而措諸事又必有進於此者嗚呼此人子之所不厭為而亦人子之所不忍言也

支離集序

駱問禮

翁都參好吟日積成集以支離自命一旦余得而讀之顧曰君顧支離乎都參笑曰我不支離誰支離耶幼守先公訓粗習章句自謂可以不負諸博士弟子意圖尺寸而卒以廕入官更顧先公遺訓粗集政事自謂可以不負諸同列意圖尺寸而十餘年中兩遭罷逐顧歸山以來囊空甑網骨肉無情玆其寄之吟咏視夫溫柔敦厚之旨恐徑庭矣即欲自白於人曰我非支離人信之耶予於是俯仰張目沉思少頃若怒若笑拍案而起曰君果支離乎若亦謂君支離矣尊先公門生故舊徧朝

野君不能援附以穩步於青雲之衢而獨負其耿耿以取顛躓内籍世業宦遊中外者有年豈不足以謀生而落魄不能慮衣食顧圖史筆硯則日習不廢每得句不惟識者驚賞而抱膝自快即三公萬鎰不以易也揆以世情寧免支離顧古人謂詩能窮人亦有謂窮而後工者則君所以有是集蓋得於支離者爲多宜君之以是自命也言未訖都參躍起撫集而嘆曰支離支離然則窮我者爾成我者亦爾耶余大笑都參亦笑因呼童子酌酒感慨悲歌者久之夫予結髮沐榮靖公教愛讀公

知白堂稿知所興起因得與都參君交今幾三十年矣不偶於世頗與君似中間唱和不一而足予語俚無足言者君句皆在集中每讀一篇必爲憮然嗚呼君性骨鯁面詰人過不顧公卿而淪落如不才者獨始終不棠忤色且過許不以爲庸人吾何得此於君哉世有知言者將刻是集附知白稿後則明其所以文離者宜莫如予也因筆之卷端都參君名餘忠字孝成别號東白榮靖公冢子初官太僕既調復移光禄歷南京左軍都督府都事致政云

三和梅詩序　駱問禮

前野公既次溪園公遺藁梅花百詠爲集矣復次馮學士絶句韻百餘首又次其韻集古今詩爲集句亦百餘首夫馮學士倡和梅花百絶天目僧隨以一韻爲百律酬之一時之奇也自後步其響者無慮數十家然押韻未必分題而分題者未必次韻獨我溪園公以僧韻押學士題而復增其所未備然未聞有次學士韻者也前野公始次其韻而又次以集句且各補其未備并前詠爲三體奇之又奇矣或曰公于梅詩可謂癖矣從子問

禮曰公之癖豈一梅詩而已耶公多兄弟少出繼姑氏頗富及壯自歸曰以財而棄吾親耶起家為邑令不滿考解綬曰以官而棄吾志耶此其癖之大者若其小者酒量不甚淵而對客引滿則終日不知倦碁力不甚精而索耦較局則雅俗不為擇為文不經思感扣順應未嘗留滯而惟於此集則苦心竭思手自易藁者再四嗟乎人多癖於富公獨癖於貧人多癖于貴公獨癖於賤人或癖于玩物公獨癖於適癖于文詞而尤癖於是集豈其貧賤之癖與梅之精神風致固有相感而不能已

者耶夫梅之用登於鼎鼐非枯寂者也而其歲寒氷雪之致則於山林脩遁之士尤爲相入公解綬時人多愕之公曰余伯仲五人下者矢志成家上者銳情用世率皆秉化惟吾與叔氏在而余尤羸子適志而已他復何求自是十餘年始詠是集今且逾稀矣明視聰聽齒髮若壯每清旦良宵子姓森立風月襲人霜雪香霧持是集對景朗吟飄飄然眞羅浮之仙而禮時擊缶階側亦思步拜下風不復奔走塵俗而未能然則公之有是癖也其得失爲何如哉夫君子之用情未有癖而不爲累

者惟山林倘適之士則不惟不為累而適足以彰其曠達之致陶靖節癖於菊林和靖癖於梅東籬南山清淺橫斜之句萬口膾炙而至今視二物為兩家私種蘇子瞻謂劉阮之徒所以全其真而名後世乃當事者荒惑敗亂之具然則公惟癖於大故能不累於小而百世之下膾炙遺藁與是集者安知不以梅為予家私物耶公伯壻義門鄭子廷棟明府元麓公子也耽奇尚適世濟其休將梓是集而禮為之序嗟夫是序也其品格之高下傳播之遠邇豈家庭所當自詑顧公所以玩適是集

其曠達之致有非偶然㤠覽者未必盡得也聊識其概云

舞干遺化録序

明　王有爲

楚之茹毒於苗亟矣參知還冲陳公分藩湖北身不下堂兵不出壘俾之傾心攜老若幼扣關内附是數十百年號負固者一旦折衝於樽爼間也其顛末公紀之詳已兹苗也即虞庭舞干來格之苗也因命之曰舞干遺化録余受而卒業未嘗不廢書三嘆益感公之德於我楚者厚哉夫鎮草十有三哨楚西之襟喉地也三苗外

牽内訌蜂屯狼望好則人盤則獸當事者爲芟夷計勢不得不亟煩兵請餉草薙而禽獮之即煩兵即請餉苟得志焉功且匪細乃公笑談决策扼其吭而制其命傳咫尺之書犬羊革面環㞐廬麻沅千里疆圉之地安於覆盂由前則爲朝廷免賦車籍馬之擾由後則爲窮黎開含哺鼓腹之天斯不亦豐績茂烈可以垂竹帛而銘彝鼎者哉故與其刼之以威孰若綏之以德與其障之於滔天孰若遏之于漏卮邇年来九絲之役羅旁之役緬甸之役馳露布上首功何如公之不動聲色弄三苗

於股掌中耶不功之功即昆明銅柱奚讓焉竊謂如公者宜移之絶塞用武之區以竟厥施不宜但置之荆楚間也抑又聞之活千人者後必有興公以德化苗苗欵塞而不被兵邉民免鋒鏑之禍所活豈第千人陳氏其興矣余邑比隣苗域幸遊公宇下得有其家以不罹搶攘伊誰之賜也輒敢以其戴履公者漫識一言于簡端

經野規略序　　明　陳性學

太史公嘗言江淮以南呰窳偷生無凍餒之人亦無千金之家暨且依山盤谷水易暴漲復易瀉涸高者好雨

旱者好暘非五日一風十日一雨全暨必無各足之歲是暨固山邑而反苦澇暨固澤國而更苦旱旱則雖無珠璣瑇瑁齒革之利而猶有漆絲帛絮棗栗之饒澇則大澤中一望魚鱉匹夫編户之民智不謀長袖手待斃非有發徵期會以共捍大患惡能逞北山之誠一以自濟也哉神禹不生天下豈遂爲沼池陽劉大夫國器無雙治暨不三年而庭可張羅卧犬生氂嘗曰倉廪實而知禮節衣食足而知榮辱非空言也暨疆畝百萬而大半當水之衝顧自披草萊以來未有萬目而力捍之者

豈以為迂緩而簿書是兢兢耶乃以單騎循浣江而下度其兩隄以圖培之令田間自趨力而民亦間復惰窳不前者夫計畝而培之畝不寸許耳即曰貧者所培如其畝吾自是以易百年之膏腴何弗利也故曰可與樂成而不可與慮始董率勞來大夫恒身冒風雨暴露於外不辭困頓而收比年之穰又周視水勢凡紆廻處舟行數十里而陸行徑捷可數十武者皆鑿直流以殺奔潰之勢新流徑則故道必壅新流鑿則分土者必怨大夫非特各善其宜而隣邑境上曲流為吾患者審顧定

亟名其民盟而鑿之曰毋令秦越之築道旁也快哉此
舉蓋曩者明詔復浣江入海故道其後議者紛紜不决
以迄於今大夫固善為權變以力捍大患如此即其所
立永利倉者亦以漢之常平倉後世往往失其意至類
青苗法大夫為捐其息歲久取其息置義田以備旱潦
之無可致力者嗟乎立法之良至此極矣夫捍患則勞
勞乃永逸法久必窮窮則必通禹治洪水萬邦作乂大
夫之粒我烝民則暨之禹也余聞之父老閒者以農隙
治水數月不雨倉舍鼠為徙去大夫之積精委神以為

暨也顥穹諒之矣今取其書讀之阨陋沈斥無所不至錙銖尺寸無所不悉突奥熒燭無所不炤天下奇才也暨即惰窳當無飽衣食而具鬚眉者矣余願後之代大夫者守若畫一可也

萬一樓居士集序　　明　朱賡

先皇帝御宇之三年暨陽續亭駱公以留京給諫上封事進喉論三篇其大指以政權宜在朝廷在内閣則治亂半入宫闈則未有不亂者故首親聽政次汰中宫次令閣臣還備顧問以為是三者皆出納之要也咽喉之

司咽喉不清則良食美劑皆不得入上以靡拂乘輿下
投鼠重器之側逢怒觸忌無所顧藉格格焉欲强當世
以所甚難改列聖相循之已轍余新為史官讀其章為
之股并蓋心服其勇而未始不竊疑其言之稍迂也今
皇帝三十年纘亭公既久謝事家居余始解懸車承乏
政本蓋末論之所指陳適當其處以祖宗備顧問之常
員謬司樞軸怦怦然懼無以解釋負擔會上臨御久一
意靜攝朝講之儀且曠不復舉咫尺禁近之地絫歲而
不獲一覲清光吐納之所繇嵩伏疏揭沉浮寢閤之故

不可詰問往往十不一報焉蓋閣臣外擁總率之名而内亡顧問之實責望彌奢而稱塞罔效求如祖宗朝循資外遷之例以一職自奮不可得蓋方今政柄其不在閣臣也明矣柄不在閣臣或從而陰持之意纘亭公所稱入宫闈若此有其漸言之數十年之前而若合符節與夫咽喉之間百脉之所總萃一息不通輒有性命之患況乎其噓不能吸吸不復噓湮欝閉塞積歲月而莫之或救其曰未有不亂殆非激言惜其論不見用於當世侵尋遂至今日也昔賈太傅痛哭漢文之廷策竟行

於景武今天子神聖遵養有日矣一旦電飛日燿赫然
躬聽攬以收政權還六曹之職掌罷中涓之冗長使二
三館閣之老優游於文學侍從之班以頌羨功德豈不
甚休纘亭公雖退即臯壤亦庶幾身親見之余且幸藉
手以報聖天子萬分之一蓋所願爲雖然予老且無用
將請而歸休其不克身行纘亭公之論亦可見於今矣
而猶惓惓爲三致意于是書以為其言即未見諸深切
之效而其議終不可以一日而不存諸表著之間使吾
身誠退道誠不可行或因吾言而使纘亭公之文章長

不泯於天地後之君子或攬觀而有槩乎其中慨然進諸天子設誠而致行之即纘亭公不朽余雖奄先犬馬填溝壑其亦可以一瞑而千古矣蓋纘亭公于學守紫陽之垣塹仰攻金谿力而且堅終其身弗惑於禮擇近古者行於鄉於書無所不窺於文必自己出無剽賊骫骳之陋可謂盛世大雅卓爾不羣之君子誦其詩讀其書聞其風論其世可以有立然而吾不具論論喉論三篇著於端蓋余雖老且退而其一念憂國愛君之私誠不勝愊臆所謂藉手報萬分一在是故不覺其言之慺

慺不自置有若斯焉

苧蘿山藳序

明　王思任

曩孝立名噪越中予不得其面門人沈逸少數為予言是文長之後一人庶幾晤言在泄雲飛水之際也不意孝立被白玉樓奪去今年其長公亢侯出遺藳見示敘之以仲醇復申之以道之而孝立之鬚眉具有生色天寒雪甚煨芋酌魯竟讀其所為藳者則何其縱横佚宕奥衍冲邃之多也世無仙才不得不逃之於鬼世多庸才不得不託之於聖孝立骨有九還之汞腹如五色之

絲詠古題今攷文徵事悉根於氣識之元正盖飄飄乎其欲仙而洞洞乎其將聖也試以向儈父劣生果能凌駕一篇而縮歸一語否使孝立再得俛首十年老其雄魄於純鷄伏雉之後則臣弃奴歷滕嫁眉山俱未可知而惜乎天欲秘之徒使黄泉繡碧已矣是稿也以苧蘿山得名苧蘿山豈獨出佳人哉

苧蘿志序　明　李清

予以崇禎之七年奉鹺臺勾稽之役寓東陽署内者幾及旬餘因循覽浣紗舊溪浴香故塘輙悵乎有感夫以

嫣然一姬揚蛾入吳而寵深不眩於雲雨功成終泛乎風月其佳語韻事何史傳不少概見也越簡吳編半灰秦燼矣予程書之暇因以己意略為點綴得論二記二書五文三剞劂既成呈之席上諸君曰此亦操筆者之效顰技也因話及無鹽輩女相彷彿者用資笑柄時東陽郡伯則莒州之杜攄翁也獨曰不然予齊人也頗知齊事近有掘一故塚銘曰無鹽墓衣裳未朽面色如生殆天人也扶而起之則有珠在懷鏗然墜地而其尸忽隨風俱化立為灰燼惜妙筆難於急倩不及繪以示人

耳予聞而笑曰無鹽為艷婦則西子為醜女矣彼夫長肚大耳昂鼻結喉肥項少髮折腰出胸者既為無鹽之贋圖則夫明眸善睞形姱骨佳者恐非西子之真容也其然豈其然乎雖然無鹽之醜白矣嫫母將鬬艷於明妃瘤女亦競美于文君萬一許允醜妻孔明陋婦并肥醜而墨之孟光輩俱比例陳辨力求滌雪則又奈何恐千兔之毫雖殫終不能盡古今醜婦俱繪以佳貌而諸女之喧譁未已者且人思剸刃毛延壽之腹也語畢相與撫掌一笑因錄以弁其首

國朝

大觀堂文集序　許汝霖

余幼習舉子業即知暨陽有余浣公先生讀其文思其人而未得見也未幾先生出宰封邱治行為

天下最

章皇帝擢置南臺正色立朝嘉猷讜論傳誦中外余益想望丰采而思一見吾先生乙卯秋舉與令嗣靖瀾同舉於鄉時總裁為徐王兩夫子而易經兩房出酉山許先生門者陳介眉等九人出陳幼木先生

門者方若翰等八人而予以譾陋俾荷先驅兩門得士極一時之盛先生喜甚招飲寓舍分韻狂吟武林傳爲盛事既而同榜吳匪庵謁先生一見恨晚語靖瀾曰是科人文俱堪領袖而究其成就則吳與仇庶足與許子並輝廊廟爲當代典型汝敬事之毋忽謬荷推奬如此乃再上公車至壬戌同成進士因

上幸陪京九月田鑾殿試屆期靖瀾忽辭歸省覲强留之不得至家而先生果病聞旗鼓迎門喜出意外

不數日霍然從此承懽膝下旦夕不忍離左右至戊辰先生促之廷對對畢倉猝復田而先生竟於己巳冬告逝養生送死終其身無稍遺憾噫仁孝之所感異矣讀禮既竣經營窀穸辛未春予視學兩江持扎招之介然不來余心折不置越乙亥靖瀾以就逮抵都余大喜下一榻風雨明晦同卧起者幾一年除掣龍陽尹遣人至鄉攜家屬抵任清操偉績誓不名一錢期年再得一子曰我願畢矣即欲辭印綬督撫交章薦剡不得已復強從事卓

魯之續聲傾朝野余與匪庵聞之喜欲狂謂旦夕此君來吾道不孤矣乃鋒車已名忽以病告叩其故曰吾從事臺省朝夕營營先君子生平文集誰與為裒輯者遂飄然賦歸同弟瀟友蒐輯授梓辛卯秋余歸田靖瀾以先生集惠示余考其政績閱其奏疏雖龔黃韓范無以過即其他所著議論如賈董叙事如班范詩歌出入唐宋大家元明以來如先生有幾人哉考亭曰人之傑也鍾靈於地已亥春予與靖瀾同登八袠因渡江一祝獲拜先生

墓謁先生祠登先生堂瞻其車服禮器恍然如覿
宗黨萬餘人巷滿烏衣而親子若曾元甫四代已
一百五十有四猗歟盛已自靖瀾懸車任菴移守
惠郡餘皆宦成歸里孫曾輩英英玉立賦鹿鳴入
鄉序而貢太學不啻七八十讀書談道皆藏器待
時餘雖幼嶄然已見頭角越州為江左名區王謝
以來千餘年地之靈不鍾于先生也耶更足異者
余過楓橋與靖瀾一數晨夕即抵髙湖宿繼明五
年兄齋不先不後榻以外忽産靈芝三莖遠近驚

視若日無箕隨搆一軒顏之曰芝瑞奇楨異彩流傳奕葉孰非先生至德格天俾八句兩老人附垂於不朽也因濡毫而記之顧世之覩是集者頌其詩讀其書論其世以想見其人大哉觀乎勿徒作文字觀則觀止矣洛溪裒朽命孫焞代書

蒼源文集序

毛奇齡

吾越自陸佃陸游而後無文人焉若徐渭則邱邑之長豈可與中原伯叔較先後哉然而概視之天下與吾越同閒嘗北極燕齊南抵甌越東西歷江

漢河濟求若雲間白下相見如素渺不可得即或聞名而思通文詞以致慕效亦百不得一二然後知吾越雖乏才仍未嘗少遜于天下人亦有言一隅者四表之則也九有者一方之積也當予出遊時有稱諸暨馮蒼源氏爲吾越著作之雄予嘗思其人而未之見也暨予歸里竊觀蒼源氏所著有叢筍一卷其目列叢説叢記叢問叢對諸條彷彿古諸子家言而不假連類不藉影響直抒諸所見而精警刻核語無旁貸鍥鍥乎論難之能也越數

年而介予及門示以生平所著書彙屬予序人有學文不成者去而學藝而藝成曰文與藝等也學文之家不必減於學藝之衆也然而十人學藝而十藝名十人學文而文不得一名豈真藝人贏於才而好文之家率鐵心鉥智曠百世而不一覯哉夫操斤滿前不可謂工倕也把筆者滿家不可謂屈宋與賈晁也藝事易習而難精文易為而難以名然則其所謂無文人者非無文人也謂無文人而如農師如務觀者也蒼源之詩別于文長而文

則直與農師相頡頏吾越之人斯居其一矣特予與蒼源相隅祗百里耳其年齒相去亦不過七八歲以下而示我所著則予年七十蒼源幾八十然尚未相見而寄題其篇則猶是四海之大九州之廣所謂聞名而思見所著而起慕效者而又何一方之足云

徐昭華詩集序　毛奇齡

閨中傳詩自三百始顧三百多采藍伐肄執殳弋鳫之婦而其後班蔡鮑謝下及管李非名門巨閥

傳詩頗鮮蓋閨閫夫婦操作不暇何暇與之言文章之事哉獨是金閨窈窕易于作偽故世傳李都御史妻陳懿遺詩半屬贋成而近年女士黄皆令游于諸家知閨中所作類有藉於補饅者則夫閨詩之未易工也始寧徐昭華以詩傳人間者有年其人慧生而産于世家父仲山君席大司馬公遺業著書等身而其母商太君則為冢宰公愛女稱工詩者然則昭華之能詩豈待詢哉第昭華嫣稱不屑就女傳即隨兄弄文史亦未嘗斤斤為學乃

驟然搦筆相傳元夕隨諸姨觀燈曲廊向月獨吟遂有詩今集中絶句所謂看燈者是也乃昭華特好予詩凡繡枰鍼管脂盃黛咼偶有著筆即漫寫予詩以當散戱故其後謬呼予師而予得藉是數數課題面試以驗其誠僞嘗窺其落筆時頃刻簇簇如弱羽之翽窠而新花之生樹雖使鄒陽子建強顔伸腕猶不得與之爭新鬭捷矧詠蒲吟絮何足相上乎故曰如昭華者可令班昭爲後先古稱妯娌爲先後蘇蘭爲姊姒非諛語也特工詩實難雖曰閨

房之文易於見傳顧亦視其工何如耳考風詩有名字者惟綠衣燕燕白華河廣諸篇其他有其詩而亡其名至若漢唐以後凡史乘所載宫閨書目自班姬左嬪道韞令嫺以下合若干人皆各有集名存于目中多者十卷少亦不下三四卷乃數傳以降殘葺斷竹或存或沒甚至通集遺帙有其名而亡其詩即或統爲選輯若顔竣殷淳諸君所爲婦人集若干卷者今藏書之家亦並罕有而團扇一詩千古不蔑則非閨詩之易傳而閨詩而工者

之能傳也昭華亦勉爲其能傳者而已矣

徐昭華詩集序　　陳其年

山陰閨秀集昭華字伊璧贈三嫂詩云粧樓春色曉搀幔緑楊閒又贈雲衣詩羨汝雙蛾似初月不須留待畫眉人又爲雲衣作催粧詩序中因及之

瀨中夫子偕遊細柳之倉毛潁先生並轡長楸之館銅溝清泚嘯咏方遒綺陌輕陰談諧甫暢相與數朋遊于故國抑且論人物於當年顧謂毛君卿

家於越學楊雄之奇字定有侯芭傳正則之離騷寧無唐勒君笑而言居吾語汝頻年濩落比歲幽憂人屑瑟而在蘆壇蕭條而無杏籃輿寂寞半諱言陶令之門生絳帳飄零疇自引馬融之弟子爰有一人猗與獨立詎圖徐淑知有毛公隅紗屏而請受經文濡綠筆而願爲都講擬之賢媛不愧賓妻鮑妹之閒其在詞流何慚宋豔班香之輩余也側聆高論竊慕驚才神惝怳以靡寧心狐疑而未果倘有善謳姑好大言如謂非誣求觀麗製若乃

椒花新句挾自枕中香茗清文出之袖裏散蒲萄之帙約有千篇解玳瑁之裝都爲一卷於是徵吟永晝容詠逾時晨爐燼麝渾忘綺旭之將斜宵箭沉虬頓覺素靈之欲上藉之索棨何煩再投玉女之驍假以蠲愁詎須更射大夫之雉鮮順不少撫掌絶多時則僕也玩荳蔻怱前之集諸什咸工覽茱萸帳底之篇古詩尤妙盖自殷淳作集徧輯裙笄常璩成編間傳閨闥戴嬀莊姜而後世擅風詩諸姑伯姊之儔代沿製作循環纖手豈盡習夫琵

琶掩抑丹脣寧第躭夫笙管珊瑚架北曾繙五色之花箋翡翠牕南競織千行之錦字莫不文縹黃絹曲譜烏絲傚陳后不平之句破粉成痕傚班姬善恨之詞結眉表色然或新粧甫竟粗晚之無巧笑餘問略諧競病答曹洪之箋啟未免倩人嫁韓偓之香奩將無贋作歌喉乍囀便號綿駒舞袖纔廻遼誇飛燕紅初暈頰得豔雪以逾融翠欲成螺擬春山而無別正須點綴還藉遊揚亦有夙敏才情素躭文史瀛館吹簫之暇即弄新聲楊家挾瑟

之餘偏摹舊曲然而秪工近體但辨唐音託興則
贈别懷人而外曾未經心擬古則龍標供奉而還
都無涉筆不知前者乃有陰鏗猥類時賢妄嗤庾
信仲卿孔雀從未入其藩籬都尉鴛鴦何自窺其
堂奥絜因風而正弱花裛露以偏慵緣斯兩者之
談暨彼諸家之失此則綺歲揮毫非闗姆教髫齡
握槧綽有門風小鬟桂子揄薄袂以求題短幅桃
花障輕綃而乞試毋原道韞發函而私訝其情父
則徐陵伸紙而彌嗟其妙固已才高擊鉢何難轡

起連城況復别裁律絶極擅清新上溯齊梁九多
風骨緑楊幔捲魂消贈嫂之篇新月蛾長色艷催
粧之句坐久則梅開鬢上眠遲而衣寄邉頭索来
盡燭體學丁娘倚罷朱欄情同劉媛温邢掩嫮定
空北部之胭脂鮑謝慚工直壓南朝之金粉吴都
士女從前枉説綺羅越國山川自此不生花草傳
向粧梳記内共許無雙遥歸才調集中還推第一
傑也天涯薄宦惜潘鬢之徒凋故國難歸悵江花
之早謝酒無玉藥聊憑彤管以消愁花少青裳謾

托緗籢而釋忿願為逸少長學書于茂漪詎意毛萇反授經于伏氏羨誠有是妬亦宜然爰綴俚言用題新咏問其桑梓千春西子之鄉詢彼絲羅四傑駱丞之壻

過濟寧别楊千木序　方苞

余於海内士大夫往還近五十年自成童侍先君子百年中耆舊猶聞及焉其間博記誦富文藻天性醇良操行孤潔者皆有之修身慎獨而以聖賢為必可幾與才識確然足以立事者則未見其人

人也中歲得清澗白玫玉其疏節類古豪俊其後得長沙陳公滄洲又其後得吾千木初定交時以是語之瞿然曰吾非其人也吾觀漢唐中智之士任將相者其於設施數變之後皆究知其利害往者武進趙司農劾商人冒濫請以採銅責督撫吾心怏之不知令朝下而吏夕困吏困而民又甚焉以是而承國家則僨事而枉民也必甚矣然余以是益喜千木用心於物理之實者蓋非一日而果足以有立也間語滄洲滄洲亦以余為知言千木

久困公車求試於南河久之分司高堰高堰自梁以来千餘年為淮陽二郡利害甚劇千木甫受事而洪澤湖漲下河居民當其衝者日夜裝載離居窮民倚檐以俟千木晝夜立水中帥吏卒修救水深沒踝凡四旬有七日堰得不潰時滄洲奉使巡河歎曰方子果知人因與定交慷慨相勗時康熙五十八年也贈詩云正直消魑魅精誠格昊蒼

今皇帝嗣位滄洲寔授河督以高堰地重非千木莫屬三舉監司而不與或詫之千木曰若是者乃深知

我也及陳公卒身後之事惟千木為之盡雍正二年夏余請假歸葬道清江淮以南之諸司民譽莫並爲踰歲北上而千木移官濟寧過其治所河以北之諸司民譽莫並爲大府監司之賢者獄有疑必付之政有疑必諮之余既喜所期于千木之不謬而又以歎天之生才之難與生而用之用而竟之尤難也以玫玉之氣節而老死于窮巷滄洲則屢進而屢躓晚達而遽亡曾不得展措于期月之間惟千木今始見其端倪耳夫命於天者不可知

君子所自定存於已者而已千木之致功於險艱動協乎衆志皆其疇昔不敢自信之心所淬礪而出之者也然是心也疑謗交加則易動而聾寔既著則易弛時省而力充爲庶其終有立乎千木乞言於予屢矣行有日申以勗之

贈楊生序

方蔡如

越州太守周公延余主蕺山明年老友徐墨汀書来稱暨陽高弟楊生西望文品雙峻其夏次君卬若介楊生及樓生西濵楊生裴午張生洪九師事

余余惟西濱裴午洪九年少義才均有足多楊生氣格蒼勁情性慤摯文之簡净古茂適如其人時從墨汀過余商榷古今三刻數首畧以窺全豹之班云余既心儀楊生凢所為建橋完衿開塾善施孝友懿行無不耳而目之去年秋兒子粹然應賓興與會楊生於武林情好甚殷齒牙間極不忘余衰朽陳人今七月越中寓書於余邀為五洩之遊撮署其名若周青厓韓南有諸人首其事者墨汀老友父若子也余展書不禁壯心起舞笑謂兒輩

曰師弟友朋生人之至樂存爲余自禮部獲雋寄食大江南北所遇賢豪文學不乏矜氣節重然諾之士今楊生神交異地悃款真誠情同骨肉殊恨相見之晚矣且夫會合亦天幸耳向於大史王翁林坐上見墨汀文拍案稱快遂訂白頭之交今復遇其弟楊生于戢山以稔其文未見而思思而得見見而復思數年之間如對晨夕此則墨汀惠余屋烏之私也嗟乎桐江越岸相隔數百里以余頹落徒枉惠顧適令五洩山靈笑還淳老人宦情既

倦不一探陰陽之奇幾同李渤之陋矣寄語楊生告墨汀曰五洩之樂孰與蘭亭墮驢之苦孰與泛舟是役也足了先生邱壑之願倘從天池歌菴遂東諸前輩後補紀其勝幸以示余余亦如躋七十二峯之巔也請即以是酬楊生約可乎

書 藝文六

復吴長卿

元 黄溍

溍再拜稟復長卿聘除提舉足下比承迂顧仰佩不鄙之盛心別後未久具尺牘道謝首辱貽書示及孝義宗

譜尤感用情黄氏自金華分為孝義豐城監利弋陽分寧五派而此譜正是詳及分寧而遺豐城譜又與豐城譜多不同尚容作一題跋奉去以備參考也衰朽餘生茍存視息所有委令却當措思納上也金芽之惠謹用拜嘉紈扇一握不敵腴施率此占復不及别奉令甥宅之起處之間總冀恕亮不宣金華黄溍頓首再拜

與吴老丈

元　欒鳳

五月廿一日欒鳳書致於長卿老丈丈前人生好義至可敬也人生八十至可慶也老丈好義高年俱備州守

親往見之禮也但軍務日殷不得如志區區不才不德以致嵊人侵境致吾老人流移他縣責又甚矣邇聞還集勞来安撫正予事也寧復騷動乎望率諸子婦勤耕織務本分以終餘年以奉祖禰俾父母之邦倍有輝爲不多贅鳳頓首

與吳用中　明　宋濂

濂頓首再拜用中學士尊兄長辟難遠依情同骨肉懷感之義重若邱山報謝之私銖分未及每矯首遡風懸切胸臆日来聞患難之餘老老幼幼咸獲慶適天之報

施善人不誣也區區得歸省一畨新歲必湏再往但浮寓江湖莫知所届耳公知已者敢語中情令尊老先生尊前不克專奉尺書亦不及親往一見迹若慢而心實不然也惟亮及瀌頓首再拜

簡陳毅軒大尹　駱問禮

竊惟名宦鄉賢二祠係國家風化重典不當祀而祀與當祀而不祀皆非至當本縣鄉賢祠有越大夫范蠡夫范雖仕越非越人也越絕書曰范蠡其先居楚也生於宛槖髙誘吕氏春秋註曰楚宛三户人素王妙論曰南

陽人列仙傳曰徐人註吳越春秋與史記者大率據之其非暨産明矣緣本縣山有名陶朱者井有名鴟夷者巖有名范蠡而湖亦有名五湖者好事君子遂以為真而祀之不知范之出處甚顯去越始自號鴟夷子皮居陶始自稱朱公暨安得以名其山川名之必有别説非真其故里也夫非其鄉之賢而祀於其鄉則不惟祀者為虚而享其祀者必有不屑雖曰重之適以褻之耳若名宦則鑿鑿不可磨而又非暨所得專美此鄉賢祠所當議出者也本縣名宦其原已入祠與見履崇要者非

所當議外嘗念嘉靖年間知縣徐諱履祥者直隸蘇州府長洲縣人由進士在任精明廉正卓冠一時其尤著者則是時民俗尚利好爭不知好學因為加意凡民間子弟質有可進者皆勸之學與在庠諸生一體作養飭館延師授餼備用仍復其家雜役真若父兄之于子弟漢蜀之文翁不是過也以故一時興起風俗為之少變垂至於今雖所成就者落落有數而向徼本官則雖後之作興者未嘗乏人而風漓俗俚又將有不止如今日者近見本縣小民感德之私雖勝而仰德之見未真生

祠禘典邈新附熟而於本官反寥寥焉即蒼顏黃髮者口不絶頌而青衿突弁之輩漸不能道其衣冠動履之常矣失今不為表揚後復何知此名宦祠所當議入者也顧譾陋之衷存之俱非一日而不敢遽露恭遇臺下政教鼎新大小廢舉動協人心正典禮以隆教化百歲一時也冒昧陳瀆惟照原之

答樓子清二首　駱問禮

拙作一時塞責殊非得意安得揄揚盛德然若尊意所以又覺未穩伯夷賢聖謂門下不如誠所不敢謂千百

世無人而門下獨與之同亦所未敢改幽人爲先生無
妨然謂先生勝幽人則不可生草中原是先生覺幽人
二字於詩意爲近故敢改入即門下意謂幽人乃抱道
而不偶者也據門下所處謂之偶乎謂之不偶乎據今
日而言幽人也他日得志自爲達人顯人且門下以伯
夷自居若生之意則雖不敢許門下爲伯夷而所望尤
有不止於伯夷者語意頗活獨雄獨字誠過亦字太無
力當作頗陳仲子亦人所難能孟子所以不取蓋欲示
天下以中道是正隘伯夷之意或者問管仲之知禮則

孔子小其器既而疑管仲之不仁則許其功萬章之徒視仲子太過故孟子以中道抑之若有議其不然則孟子又當有說矣豈以乞墦投壁之世有挺挺若此者而忍少之哉故愚取之然獨雄其志耳非謂千古之所獨也凡人自取不欲太高許人不欲太過寧學賢人而未至不可以一節而自足褒之不在譽貶之不在毀此作文大槩王荆公不欲改錢公輔母墓誌而歐陽公自謂銘尹師魯不薄與范文正欣然改德爲風者同意然據生一時鄙見如此耳非敢執爲確論也故復録呈而附

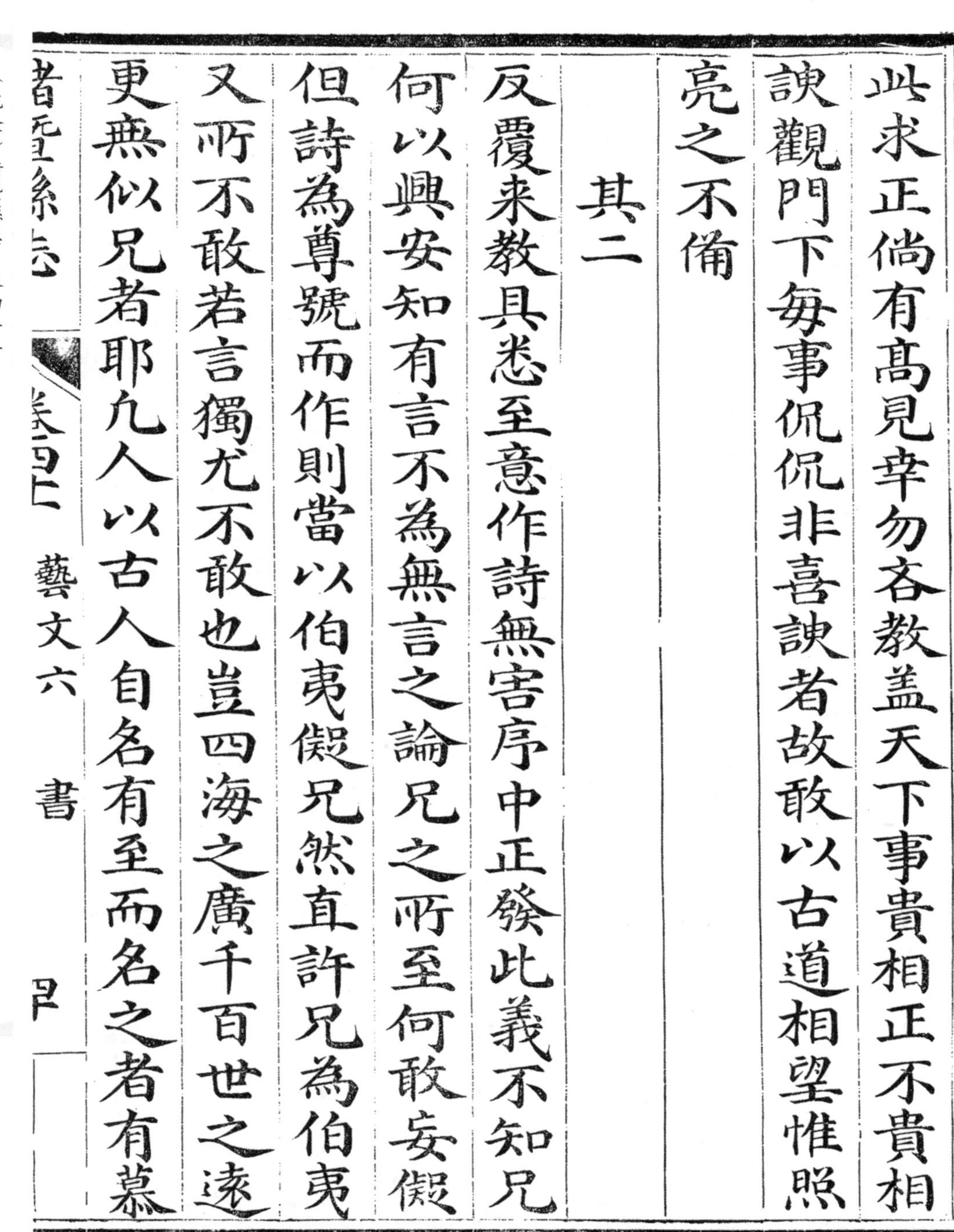

此求正倘有高見幸勿吝教蓋天下事貴相正不貴相諛觀門下每事侃侃非喜諛者故敢以古道相望惟照亮之不備

其二

反覆來教具悉至意作詩無害序中正發此義不知兄何以興安知有言不為無言之論兄之所至何敢妄擬但詩為尊號而作則當以伯夷擬兄然直許兄為伯夷又所不敢若言獨尤不敢也豈四海之廣千百世之遠更無似兄者耶凡人以古人自名有至而名之者有慕

而名之者意兄亦慕伯夷者謂之有伯夷之志則可若雅操直同於伯夷則百年之後當必有議之者所未敢也取舍之極誠所難定然聖賢之評品則又有不可執一論者昨曾及之一管仲也或小其器或許其仁仁者非器小也即以伯夷言之既許其聖又病其隘隘者得爲聖耶野子路矣又曰升堂不仁宰我矣曾在管仲之後然則孔孟亦漫無可否者矣况昨鄙本爲尊號而發非以定人物之權衡也若兄質弟曰子何如人則弟敢以是對耶若兄則既謂不敢以伯夷自居矣何以自號

耶既謂伯夷爲千古時中之聖矣何不以孔子自號而獨取彼耶凡人自許不欲太過立志則不可不高若曰志則雖以聖人自許何不可若雖行或不掩亦孔子所取狂者也若曰操與聖同則誰敢耶伯夷畢竟屬隱逸一邊凡不偶時則當以伯夷爲師所重者廉也他日得志又當有不止爲伯夷者此弟所以有取於幽人也不意不當兄意正爲泥幽人在終於淪落一邊耳不知幽顯以遇言遇則隨時非有道者所諱也而兄以爲諱何耶幽顯在道論雖正而不可施之稱謂聞有稱田憲爲

顯人卓操謂檜為幽人者乎古有吏而隱者在泮宮即不可謂幽然則顯人乎許人過不失為近厚然不若當之為尤懿也今許兄有伯夷之志與許兄獨有伯夷之操者孰為當乎凡此皆弟所不能自解者若贊伯夷二作則詞意皆工而遜國一聯尤警盖古之賢聖義之何嫌其過但謂其為中道則孟子何區別之若是耶兄之見必有過於孟子者然非愚之所及也夫不有所同何足為聖孟子亦嘗言之矣曰是則同曰其趨一也然畢竟有不同者在而兄或未之察也夫與其以聖人自名

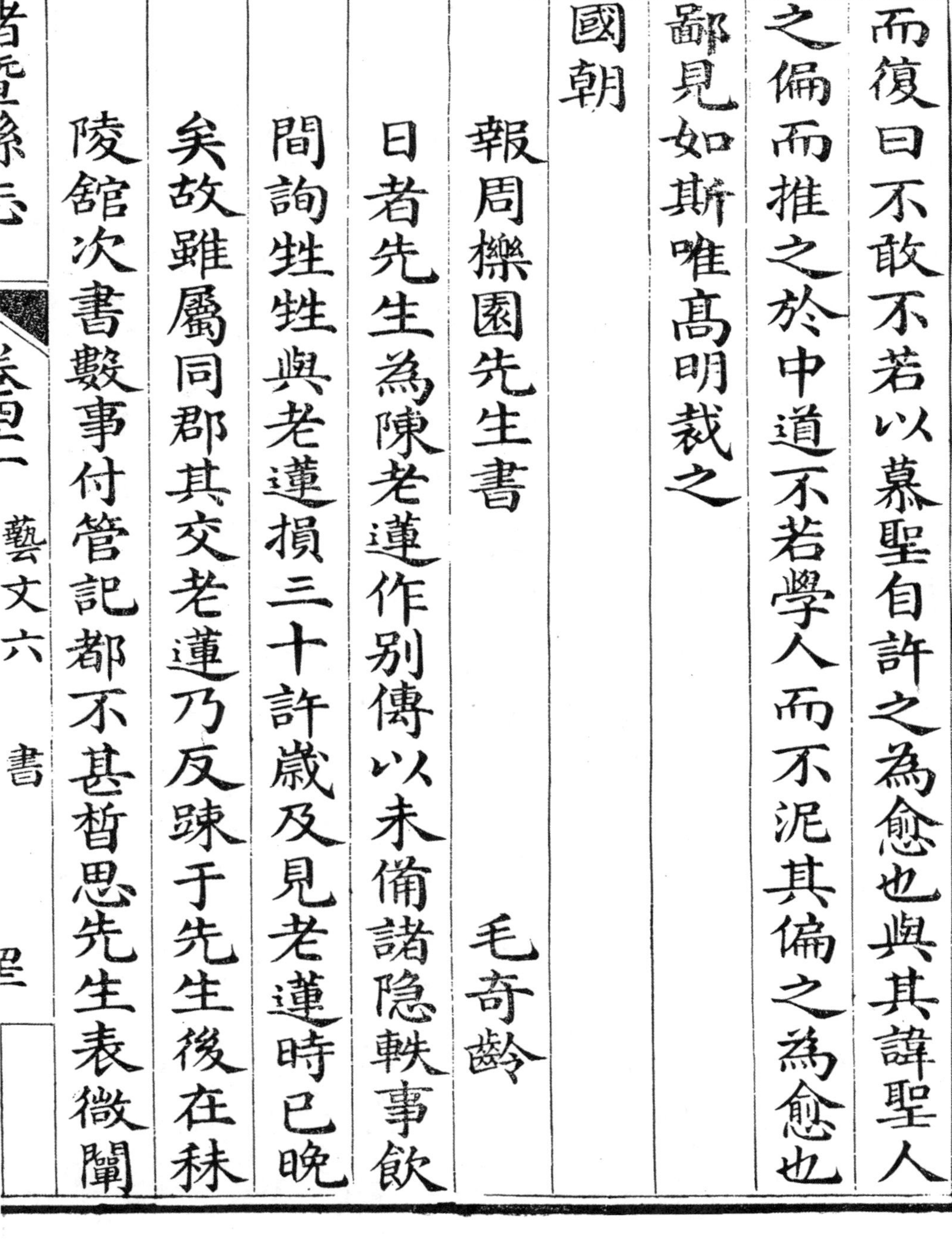

而復曰不敢不若以慕聖自許之為愈也與其諱聖人之偏而推之於中道不若學人而不泥其偏之為愈也鄙見如斯唯高明裁之

國朝

報周櫟園先生書　毛奇齡

日者先生為陳老蓮作別傳以未備諸隱軼事飲間詢甡甡與老蓮損三十許歲及見老蓮時已晚矣故雖屬同郡其交老蓮乃反踈于先生後在秣陵館次書數事付管記都不甚晳思先生表徵闡

軼汲汲然不遺餘力且必探捃其形實而後已恐其中未晳負先生意願有以正之退揀甡夙迭越詩亦有女氏乞畫蓮一絶句其云庚申三月岳墳前者正老蓮二十三歲時也老蓮總角為畫便馳驟天下特以好酒尤好為女子作畫故女妓每載酒邀作畫是詩實録也本詩桃花馬上董飛仙自剪生綃乞畫蓮好事日多還記得庚申三月岳墳前又一詩期以其時過㴋里而以年暮故畏死先期来其中云老遲五十二年人本詩蕭山想絶舊時親兼想湘湖雉尾蓴明歲有期今歲往老遲五十二年人老遲者以甲申後

更其名悔遲故稱老遲非老蓮之誤也其五十二年者觀其注庚寅歲也越二年遂殁然則老蓮以五十四死壬辰歲矣至其先人名與字向因不詳故不敢妄答逮至汝南署金長真使君老蓮友也問詢之然亦不知其先人名字且并不知其曾為方伯也適月餘老蓮季子赴京師道汝南特詣之飲問季子名無名作而曰先君子號還冲諱性學為萬歷丁丑進士分藩嶺南時同座者若干人皆相顧嘆息既罷有客語甡曰嗟乎老蓮書生耳畫

亦藝事然而出於扶桑入于柳穀疇不知之矣其先人身為方伯名不見知於郡邑聲不聞于通家子弟然則人貴有樹耳嚮使無可為稱道者雖富貴猶埃壒也又況乎賤貧而汎汎以游溘然而殁於無何之鄉藐焉真不足比數于人世父母不必以為子朋友不必以為友前不足與推後不足與挽貿貿然無所孤持而欲其重有聞于斯世此向者宣尼嘆執御子車嗟蔑稗也所謂樹椅桐不長不如樹榖畜鸞凰不生不如畜鶩也甡時聞此言

泫然而悲也若老蓮爲待詔則在南都後其先止得爲舍人耳以向時所答有牴牾故復及此甡頓首

補編

送駱藴良潮州太守序　　明　王守仁

昔韓退之爲潮州刺史，其詩文間亦有述潮之土風物產者，大抵謂潮爲瘴毒崎險之鄉，而南海帥孔戣又以潮州小禄薄，特給退之錢月五十千，周其闕乏，則潮蓋亦邊海一窮州耳。今之嶺南諸郡，以饒足稱，則必以潮爲首，舉甚至以爲雖江淮財賦之地，亦且有所不及。豈潮之土地當於古而今有所豐抑？退之貶謫之後，其言不無激於不平而有所過也。退之爲刑部侍郎，諫迎佛骨天子大怒欲置之死裴度崔羣輩為解始得貶潮州則潮在當時不得為美地亦略可見今之所稱則又可以身至而目擊固非出於妄傳特其地之不同於古則要為有自也余嘗謂牧守之治郡譬之農夫之治田農夫上田一歲不治則半收再歲不治則無食三歲不治則化為蕪莽而比於瓦礫苟盡樹藝之方而勤耕耨之節則下田之收與上等江淮故稱富庶當其兵荒之際凋殘廢瘠固宜有之乃今重熙累洽之日而其民往往有不堪之嘆豈非以其俗素習於奢逸而上之人又從

而重斂繁役之刻剥環四面而集則雖有良守牧亦一暴十寒其爲生也無幾矣潮地岸大海積無饒富之名其民貢賦之外皆得以各安地利業儉朴而又得守牧如退之李德裕陳堯佐之徒相望而撫摘梳摩之所以積有今日之盛寔始於此邇十餘年来富盛之聲既揚則其勢不能久而無動有司者又將顧而之爲則吾恐今日之潮復爲他時之江淮其甚可念也今年潮知府員缺諸暨駱公藴良以佐府經歴擢是任以往公嘗守安陸至今以富足號於時遂用是建重屏其地繼後循

其迹而治之者率多有聲聞及入經歷左府都督事兵府政清自府帥下逮幕屬軍吏敬禮畏戴不謀而同其於潮州也以其治安陸者治之而又獲夫上下之心如今日之在兵府將有為而無不從有革而無不聽政績之美又果足為後來者之所遵守則潮之富庶將終保於無窮而一郡人民為有福矣夫為天子延一郡之福功豈小乎哉推是以進他日所成其又可論公僚友李載陽輩請言導公行予素知公之心且稔其才自度無足為贈者為潮民慶之以酒而頌之以此言

藝文七

碑

陶朱公廟碑

宋 吴處厚

窮之與達繫乎命用之與舍繫乎時得之與喪在乎天去之與就在乎我四者古君子出處之大節而公皆兼而得之不亦智矣乎公之事業最詳於國語史記與吴越春秋當是之時越與吴相持幾三十年吴常勝越常敗吴辟則虎越辟則鼠吴辟則狼越辟則羊句踐之命在於夫差掌握中數矣公力與臯如許碗諸稽郢大夫

種諸臣間關險阻未嘗少變其節乃説句踐卑詞重幣頓顙屈膝籍其莞庫質其妻子爲吴奴及囚石室又説飲溲嘗惡以媚夫差而夫差不悟乃伐齊而赦越復貪與諸侯會於黄池及越焚姑蘇入其郛猶與晉公午爭長不以爲恤既而民疲歲饑禍稔數極公卒與越之君臣因其困乘其弊一舉而滅之故曰持盈者與天定傾者與人節事者與地此之謂乎君王之恥已雪霸國之業已成在他人則邑萬户禄萬鍾爲師尚父寵之終身固其宜也公獨不然以爲功名不可以多得富貴不可

以長保誓然輕舟飄然五湖投紳笏如柴柵棄妻孥如敝屣冥冥而飛泊泊而遊網不能絓繳不能弋烏喙雖長而不能啄屬鏤雖利而不能割存耶亡耶死風波耶葬魚鱉耶泛溟渤登蓬萊羽化而仙耶俱不可得而知也徒使越之人愛之不忘念之不足鑄金而禮其像環地而封其域與夫貪權冒寵市禍賈患而遂脂鼎鑊血刀鋸為魚為肉為葅為醢者豈同年而語哉余嘗按之圖經得公之廟于諸暨陶朱山下俗説公本諸暨人今淨觀院即其故宅也鄉曰陶朱之鄉巖曰范蠡之巖井

曰鵠夷之井皆以公而得名也年禩曼澗不可得詳廟
卑窄蕪壞不治屬歲荐饑民又乏饗余嘗至其下徘徊
觀覽惻然於懷者數四盖碑者悲也君子所以述往事
悲来者也因書以為吊烏詞曰

越山疊疊兮越水環環公有廟貌兮山水之間屋其三
架兮門鐍户闃庭蔓不治兮鞠草裒营豚蹄乏饗兮歲
歉民慳香火閒冷兮飢鵶冥還巧磨日月兮名揭邱山
遺像可挹兮高風莫攀我来愴古兮憤淚一潸秋色著
樹兮霜葉初殷青史傳信兮灼不可删千古萬古兮雲

瘞石頌

朱太守廟碑

宋　趙希鵠　邑人

諸暨為邑，左山右澤，地勢高下殊絶，故旱澇輒暴至。嘉熙庚子秋七月，積陰不開，霖雨大注，霹靂震霆，巨雹交作，民大駭。邑令尹祈於四墉，弗應；鄉耆老祈於社里，弗應。於是川流驟漲，四野瀰漫如澤谷，壞室廬，損苗稼，稚老蹙額曰：噫，年饑矣。適提點刑獄使者項公容孫行部至縣，召父老曰：古者能禦大灾、能捍大患，必有山川英靈之氣鍾為明神，而邑之神寧無是乎？僉曰：吾邑松山朱太守之神生而父母吾邦殁而血食鄉井盍禱焉翌日吏率其僚佐民會其保伍走祠下瓣香致敬拜伏未興濃雲忽收霽色如鏡洪波既息禾則盡起吏民大喜相與議曰何以報神賜遂以事上府府大帥蔡公範聞於朝天子下太常寺議廟號嘉熙四年九月三日勅賜文應廟秩於祀典命下之日閭里讙呼因鳩財以葺祠宇闢重門揭廟額仍刻石登載始末按班固漢史侯姓朱諱買臣會稽郡人或以為諸暨即其所居邑由布衣以策干漢武帝帝伐南越侯以丞相長史出為會稽守

守故鄉故於是邑宜有祠祠居山之巓今徙於麓紹興間左朝散大夫郭公亢新其棟宇驗梁亦舊題乃東漢陽嘉三年所建者舊傳唐末黃巢之變賊入縣境有見朱旗書松山神號者因遁去宋宣和甲辰妖人方臘嘯聚欲入境神見一嫗織巨屨賊怪問之嫗曰將以供官軍賊遽退慶元戊午延寇跳梁尉楊思中禱之得吉卜整衆擒賊賊望見神旗如曩時驚駭乃潰凡邑之旱蝗水災癘疫無禱不應于文學科舉之士占得失尤驗今禮官以文應定廟額蓋取史臣語内外以文相應之義

也廟成爰作迎享送神之歌歌曰陶峯聳兮髻而藍縈二水兮秋月環雲棟起兮欝松關侯兮歸来樂且閒肆維牲兮釃爲禮達馨香兮荐嘉吉侯不我吐兮心則喜歲歲春秋兮受多祉雲旗鶩兮蹌蹌玉虬駕兮飈之揚侯雖往兮終返故鄉欲雨則雨兮暘則暘淳祐甲辰二月初吉記

李先生祠堂碑　明　馮珏　邑人

古者鄉先生歿則祭於社師乎何祀曰古者事師左右無方其死也哭於寢心喪三年故祀之之禮典秩無文

大都視人情之厚薄而致其隆殺爲耳孔子殁門人廬墓三年復想其儀容欲以所似事之宋玉痛其師至假巫陽以招其魂於上下四方由是觀之則古人之所以尊禮愛慕于其師者無所不至於其食息寢處之所焄蒿悽愴以與神明交非過也宜也先師吉水恒齋諱永系出唐西平王後蚤以醇篤之姿碩大之學教授於太平之蕪湖弟子留之遂家焉天順末膺貢授諸暨訓導慨然以造就後進爲己任日坐鱣堂課諸生程業雖祁寒暑雨不少懈由是大小賢愚皆得有所成就暇日提

筆為文大篇舂容小篇典則膾炙人口字體遒勁片楮尺素人爭藏去為玩好遠近持縑素求詞翰者旁午先生酒酣遂伸紙濡墨落筆數千言口談字答若不經意而温文爾雅有似歲鍛月鍊者又性不喜言人過遇有一善輒稱道之不置同列有以不善相加者先生默受之不與校久之服先生為長者詛以成化巳丑寢疾三月捐館涖任五年有奇諸生哀奠如禮而閤邑大夫耆士皆惻然悲慟非平昔以道義相固結能如是哉諸子貴等輿櫬歸窆其鄉一時從遊於門有登進士者二鄉

貢者三歲貢者二十餘人率為時用嗚呼先生已矣儀型不可復覩矣昔先正解學士為劉先生作記謂法施於俊良俗成於長厚仁義漸摩多士有作雖與古人釋奠可也豈特祭于社而已哉珏等竊取斯義因請于邑大夫婺源潘侯珍掌教吉水蕭君承恭上元湯君景賢崇仁曾君英爰于官居之地為堂設主每於春秋之時設饌致奠因書其槩于石後之為師弟子者儻因而感發興起則于名教不無少補矣先生三子貴有文名不仕贊貢同舉甲辰進士贊由户兵二部曹郎陞陜西布

政司參政貢由户刑二部轉山東按察司副使皆著有功績競爽一時先生亦膺褒榮者至再矣人謂先生之德有以致之云

邑侯時公生祠碑　明　駱問禮

盖公之以文武威惠見知當道也突遷定海時方嚴海防以定海當要津借之為鎖鑰云遷不半歲而邑之父老子弟無不如赤子之慕父毋也競為祠而祀之索碑於不佞始宣何諸父老介諸生至予惟暨之東有我楓橋猶南之有宣何也爾思我公我獨不然而暇為爾謀

耶謝之既而通邑父老亦介諸生至予曰既曾謝宣何父老矣若通邑則舉為公事尤重昭盛大以垂不朽此係籍聖賢者之事山林枯槁其將奚為因謝之既而楓橋父老聚而詰曰公之惠在此鄉尤深汝不發一鄉之情使公英標如在汝獨不受公之惠耶而以不文辭耶予曰諾則嘗有所懲矣曩不見父老有所購而頌予朝琬琰而暮草莽予不惜草莽惜非人情爾父老曰非也如爾所言殆上下之以僞相與者爾公離暨久寵辱榮利無所施於我而吾民思之不能已此皆至情汝獨不

見漢劉一錢之廟至今不泯耶予首肯之既而會于邑城各申前議予曰一無知能塞多方責耶有何生者躍然曰我宣何先祠又早成爾固有言矣遂爲碑而繫之以詞使祀公者歌爲公諱偕行蘇之嘉定人以進士起家歷確山長興二縣始至我諸暨其廉敏公慎如絶包苴平獄訟慎徵發造士重農以及編保甲頒教諭置義倉練鄉兵固城垣之類莫不井井㴱㴱者皆其粗跡要其氣度風神能使遠近風行而雷動非有大過人者何以至此即言宣何三百年來無館穀地來往馳傳者止

民家祠宇公私不為便公剏建之不動聲色而統體一新民之思公固不止此而此其可舉祠當公館義倉之間共若干楹詞曰

猗與公兮今何方兮黼衣繡裳整容端範兮維海之邦猗與公兮昔何方兮神清氣揚體國庇民兮兹山之陽奪此予彼重疆場兮敢以為愴日吉時良羅牲溉兮歲以為常憶公沛澤兮何啻江海之汪洋豈此一飲一食而足報且償抑公勵操兮何啻凛烈之氷霜即此一飲一食而肯啐且嘗況公方翱翔兮法禁嚴廊遠表邇匡

享天禄而陳羶薌兮能顧此一方顧公之衣我食我撫而安我如父母之于赤子左提右將日無央兮有此一飲一食而能父母之少忘燈煌煌兮鐘鼓其鏜鼎䵻盄兮玉帛在筐風穆穆兮恍若公之有楚且赫振履而鳴璫公其来享與否兮胡川谷亦為之響應而垣宇欝然其有光風和景長雲霞爛兮若為之獻瑞而呈祥扶老携幼拜趨滿庭兮所願嗣公躅者皆公之臧兮錫福無疆

邑令謝公德政碑

明　陳性學

令之令遷而去則必羣士民而謁藏其冠履則又刱之豐碑以志德也則又像而祠之殷乎其不能已也居無何有斸其名蝕其址矣夫所私者之思固非千萬人之思且曹耦閒或以後先輕重相牙而今所斸之蝕之者又未必非鄉之謁而碑而像之者上之人固曰吾業已遷則必覬以為名而可藉手於當道下之人固曰是業已遷矣何愛于一日之逢而且得乘其膴以有利也以故今之為去後思者非諛則僞而余卒不能釋然于謝侯侯番禺人諱與思字見齊别號方壺以萬歷庚辰魁

南宮比授職得諸暨令時侯方弱冠典銓者相傳以暨巖邑將吏之侯曰擇官避難非臣節也其廼公諱元光者繇治縣循良晉州長為開諭方略則踧謝曰兒自能辦無所恩公為於是下車當括田之役狡黠者每受賕上下其手侯能于掌中歸除一卓指輒罪其訛者雖磽陿沈斥必親歷故竟役無尺寸爽而所過供億又無受纖毫其始視事時故益韜晦吏抱牘環席頭遞進侯輒不問署之居有頃復署如初署畢諸吏將退忽叱某某立楹下數之曰若所舞文法計得錢幾所云云因命卒

持下榜百其所歷數無不悉中吏詫以爲神邑故剽疾負盛氣少齟齬輒投鉅筩中人産爲破析然父老趨壁畫解之尋亦罷去故侯受訟非再造趣獄吏者一聽之邑尤好妄訟殺人侯下令凡里中殺人必與三老偕来訟乃爲理由是無復以是詭侯其窮竟亦未甞持成心惟不欲令吏胥肆神姦甞標數十牌於門有願置對解息者各持入門臬而不棖即版名次者欲以疾徐取貸無得也故事民屬郡請室者郡發健兒逮捕于鄉其憑社尤横恒徙家避之鳥散鼠竄搏掩無量侯白守相必

傳檄抵邑令致之毋爲民擾故有到縣廳米一升之謗乃月一征摧多寡惟其便至期始責獻程爲且懸金鼓于庚門隸役小有所需索令擊以聞民益稱便會文學使者按部得弟子員若干人當謁廟廬博士之不飭者箕斂羔雉不貲遂躬率投澤宮而恐其終獲臯博士尋葺紫陽書院舍之月給糲粱因偕諸弟子員操鉛槧手授蓺爲其澤宮右有長山據上游縣又居澤宮左堪輿家謂不利于長吏更縣門麗譙爲左顧以厭之其後邑中多故涖官者亦不利時有太學生某爲道始末侯亟

復其故曰苟利於民何惜長吏第奉職無狀為祟耳無徒咎茲樓也侯于髫時舉秀才曾一詣縣門隸拽之遂拂衣去曰吾知所以治矣故服官一意以摧姦保民為務諸縣役亡不人人自効求去其留者則亡不人人貿質衣裝者居恒非燕客不殺生冬月猶葛袴臂膝處俱刓其釋褐所綴袍靴襟露踵決不易也遇旱齋居步禱不入卧內為民有所興除則操牘達旦至往返數四必得報可後已其不善畀節以搆聲譽可知侯之積精委神知有民而已固不知衣服被于體膳啗嚥於口絶幃

巒之私脱誹譽斥沉之慮以質之於舜象之初而堅之于斂歷之後故侯之不以遷也以謫謫且矻矻且十餘年而謳思悲慕不衰夫侯故未嘗碑且像也惟去曁後三年士民僅立片石而須駱大夫記焉乃深山窮谷無一非碑且像也無一不蒸嘗謝侯也侯不強而效之民民亦不強而效之侯斯誠一之極也今劉侯諗聞民之思而謀以記之則記侯者非余不可余曩以疏論政府待罪嶺南於侯父子最習兹又數官閩習侯之治大田者其治大田復論謫以不忍于鄉薦紳卒中之故帝籓

木梲以歸前東圖書後負幞被居家拍浮斗酒讀離騷竟沉於南海之濱夫再謫以死死且十餘年而暨之謳思悲慕合於田之謳思悲慕無兩豈偶然者余不能枚舉義政大歸數事而結為大年者固有本也悲夫悲夫文能泣鬼神而或見詆於寐眯精能變天地而時為隣里小兒所惱實能飭廢起頹興化善俗而適得桎後悳文之彈治自古英雄往往而是雖然浙有暨閩有大田侯與之而俱敝也復何憾劉侯與侯邈不相及而汲汲乎張民之思劉侯之誠一於民其徵也夫劉侯諱某字

某別號某萬歷戊戌進士青陽人

前諸暨令劉公生祠碑 明 陶望齡

會稽負海受上游諸郡水釃為東西兩江西江烏傷浦陽水所出也道於諸全維浣浮于麻溪入於餘暨達於三江同於海其受巨其趨海遠寄徑過什倍于東方常為山蕭菑患勝國末築壩臨浦閉麻溪以遏浣水更疏磧堰納諸錢塘江然磧堰束兩涯流不得駛又潮汐持水去來大江漲怒時不可卒泄閒逆浣以入而故所捐寬閑地瀦水曰泌湖者民積盜田其中官遂鬻之殆盡

水盛時靡所休憩則横决敗圩於是西江之患獨中於諸暨矣暨之原田率高仰而並江沮洳曰湖田各治圩捍水大小七十有二所食民中分其邑歲潦每每害稼是暨人恒半餒也夫水害如剽賊然莫禦其來而利其速去故嚴壁繕完以待之無保奸無貰敵以驅之令寇來失便毋為巨創而已暨土斥遠其人媮富家率甌脫湖田治弗肯亟貧者力少弱廣植猗秄藝不謀歛幾𢌞早暵則擊鼓刲豕而賀逢年隄防敝惡日陊月削而江壖行水地顧聽民私防閼為小湖或樹桑柳築廬舍堘

塞要害與水爭尺寸篭梁罾步截江如櫛往往而是辟之瑕壁壘以延敵來追其去也又百方撓之此所謂保奸賫賊者也前諸暨令青陽劉公明恕而忠信沉謀而善斷攘菑招利正俗格奸七年之中靡事不舉暨富人役族姓夷於傭奴買婢至老死不婿父母喪停棺不葬或至敗櫬產女多不舉積習相恬莫可剗改公慨然懸榜訓誡若曰四獘弗更令即失職不得復對士民矣暨人感其誠俗為大變為政識體要計畫久遠事既晰即堅守而力行之謂暨疾苦無甚於水治水之法三曰屏

曰懷曰捍捍如守陴懷如受降屏如逐賊湖田畝之多者無甚大侶白塔于是大鳩其人以隄之度其廣皆可旋車也圩成建長以董之畫地以守之徛材以備不虞信罰以繩不率是以捍矣所盜田之據江瀆者廬舍蔬圃蔣茷竹樹之直水道者漁之截流罶笱必伐必撤若喉刺抉若腹瘕拔水之至者漾演滛裔而得所趨於是是以懷矣去邑七十里曰黄沙滙三十里曰蔣村滙江又折行迂五里許其徑三十丈公按視喜曰水直走視折旋倍速又以八十丈易十五里遥不啻千百矣蔣村

隣壤也遂以便宜夜發丁夫三千疏土三日徑穿河成而隣未及聞水益奔注若歸師之得縱盖湖之工於是乎訖爲方是時湖田連稔數歳稛載溢塗廪廥充滿民歌舞之公既擢去乃醵金即蔣村之湄奠棟礎爲公生祠有石麗牲諸生翁孫謀等以父老意屬予紀其績予聞名法家之言民心嬰兒也修禿治瘍先號而後笑夫孫叔史起西門豹名信臣名爲能吏咸用河渠陂堰之利垂稱後世然計其慮始省成驅傒民嬰横議殆廪乎其甚難已國以渠毁秦終亦利之毁近而利遠宜亦有

嗌口舌以逞者是役也民不告勞田穫滋富朝築社而暮端晃無秋毫之毀而有旦日之利功驗較白便若瞭然而隙公者亦稍有後言予甚惑焉以諗暨之父老曰君不聞北鄙之障敵者牆塹設矣而敵時闌入然不以一入敵故廢障不事其所保者大也故謹烽堠警屯戍因勢為守不聞樹空壁而委之行堤者亦然嚴窒微細伺望以時暇則坪之急則趨之而後隄防可長固也暨人之言曰一尺堤一夜雨以言防之難恃夫救早非一溉之力止潦非尺寸之功然當其要會固有一溉而興

苗尺寸而湮水者況巋然墉崇岡峙之基哉恒情多暗大較重纖末笱罧之利林壤之殖伐之則懵心撤之則動色若彈癱痤而啼號者耳公善政不勝載斯特其大者抑吾儕小人庶幾甘棠憩茇之思乎予聞而韙之爲稍錄水功梗槩鐫曉後世俾繼來者無忘嗣公之烈併著父老之說於後以明予與翁生輩非以言私公者也

公諱光復

墓碣 藝文八

故諸暨陳府君墓碣

明 宋濂

惟陳氏遠有世序其先居襄陽之宜城有諱璿者生磐
磐生斌斌生甸甸生宗國子助教旦始自宜城徙杭之
萬松嶺旦生懿字公實有文學一時名人如范元卿陸
務觀辛弃疾咸與之游論者謂其氣節度量有郭元振
之風官至承事郎知餘姚縣復自杭徙諸暨陶朱里懿
生樵樵生載又自陶朱里徙開元横山之西載生國子
監主簿瑞瑞生嶨嶨生清清生德興字克明從子洙嗜
學如不及克明資之使受經名師食或告絶躬事杵臼
市米以遺之卒成鉅儒克明娶曾氏生府君諱大倫字

彥理自幼岐嶷學易於洙既而更春秋年甫踰冠敷繹義例揮毫輒雲烟滿紙自度功名易如拾芥屢試藝場屋不能中繩尺恚曰吾文視舉進士者何遠今不與之並驅造物困予矣將何言於是棄絶益攻古文辭浦陽淵穎先生吴公萊以與學雄文知名當代府君從之講學下及秦漢以來諸文章大家章有其法句有其旨青燈夜懸或至達旦不寐府君之學大進遠近歆艷之交聘為家塾師留富春山中者最久富春右族多負氣善鬭府君周旋其間每以訟終凶為戒言辭涸愊無華閒

者皆心醉俗為丕變馮士顧將合族為義食不問耄倪一聽府君言府君量其可行者樹規約如干則防範甚密其家賴之狂士吴子中文而好訐歛怨於鄉羅山人集無賴男子縳致幽室將撲殺之府君徑趨山人家揚言曰爾曹欲殺吴子中耶子中無大罪豈可以嫌隙之細遽害之具耳目者恐不為也吾當白之於官山人聞之懼解縳與其徒俱來伏地謝罪府君諭遣之子中因得不死元季兵亂江浙行中書徵兵儲於皖皖之判官方沂實部其凡及押運吏入江為敵人所襲上官將致

辟於沂逮捕甚急沂潛往見府君泣訴其故抽刃欲自刎府君奪其刃藏沂山澤間且解之曰兵儲之失罪在押運吏判官何與爲尋獲免沂見府君跪而語曰生死肉骨之恩隕身不足以爲報府君張目大言曰方判官乃以市道交我乎沂不敢復言府君知時事不可爲遂絕意仕進時江南行御史臺移治會稽中丞吳鐸監察御史督烈圖王偲競欲挽府君於州縣文學掾府君力以疾辭且策西師旦夕必大至决不暇安居乃遁隣縣之東陽已而果然諸暨下高郵樂鳳來爲州與李參軍

希白謀迎還府君以事師之禮事之州兵為變鳳與希白皆被害府君又避入流子里流子里在州東長谷中府君當兩山夾澗作晚香亭三楹間日與賓客暢飲為樂酒酣府君捉筆咏詩脫帽高歌擊几案為節座人每為絕倒或氣候和適戴華陽巾服寬博布衣支筇行古石細路間遇泉石佳處游目思視意若與之相忘人問其故府君嘆曰吾生平無他嗜惟攻文成癖孳孳矻矻垂四十年昔之人如此者何限今皆安在哉每搔首自傷但得適意時竟與萬物齊冥當不計有明日也識者

服其曠達後三年以疾卒於家實吳元年十一月二十一日享年七十十二月十八日葬於其鄉呂塘之原府君娶樂氏生二女適傅某胡驥繼配張氏生一子協善古文辭能紹家學者孫男五可牧可蕘可漁可農可仕府君長身美鬚性坦夷吐言露肝膽雖髮已斑白手不釋卷天文地理老釋氏之書莫不覽其英華尤善寫竹樹蕭蕭有蒼勁之意寫已競取為清玩所著有春秋手鏡尚雅集各若干卷尚雅蓋府君之自號也府君歿其友張辰既狀其行復慟然謂人曰府君之才之美設用

於時當無適不宜奈何歛財操勢者銖黍不合度輒斥
而不取遂俾甘心邱壑老死而不悔甚可為當世有司
弔若府君者無榮無辱全其所有而歸於造化奚翅足
矣尚復何説哉協持狀來徵銘瀌雖素知府君未必有
加於辰之言也謹備識而為之銘銘曰
天之夢夢孰得而論賦才孔多乃卒堙淪偘偘夫君纓
緌之門風措孤騫所凝者神五彩成章隨氣吐吞其光
爛然可燭翳昏欝而弗施結為氤氳彼狂者生取尤於
人將扼殺之不翅孤豚奮蘗一呼兇徒褫魂有友阽危

逮者星奔將蹈白刃誰欲命存匿之山樊慰言複諄平脫其生矣不以恩少見事為已復有聞假使大用何物不春惜丁亂離戎馬紛紜鷃書雖上荷衣莫焚笑咏烟霞傲睨乾坤時命所拘有志弗伸七尺之墳呂塘之原昭懿廓潛太史有文

故錡西吳府君墓碣　宋濂

洪武二年冬十月二十有五日錡西府君以一疾不起聞壽年雖八十有八其州里之人更相弔哭以為義士亡矣吾屬將何所依賴十數里中聲嗚嗚不絕四年春

正月六日葬於孝義里戈溪之原其孫鐩以瀌知府君最深請張君辰件右功世取文刻碑文曰府君字長卿諱宗元號筠西其氏曰吳吳出泰伯苗裔初遷會稽之山陰唐大中間有諱翥者以學行聞門人私謚文簡先生先生遠孫少邽咸通初復遷諸暨開化鄉之峽上少邽九世孫泗宗崇寧中復由峽上遷孝義里世有顯人其詳具見譜圖記曾祖蘭祖元祐父護母斯氏府君馮出也孕二十四月而生幼發智如成人蚤喪父事母夫人甚恭黎明至寢所候起居躬進饍羞必待竟食乃退

母常戒之曰我有媵侍自足備給使勿勞苦我兒也府君頓首謝及母有疾府君皇皇不自寧夜參半泣禱上下神祇籲以身代久弗驗府君心益苦一夕母夢白衣人謂曰汝壽止於斯今以汝子之孝特延一紀疾果瘳忽都魯忽公宣慰浙東聞君之孝辟爲奏差受事僅數月嘆曰我母年已耄苟力田以爲養不翅足矣何以仕爲竟拂衣而歸日在親側視其顏色爲進退歷十二年母以高壽終府君號慟幾至隕絶服闋雖已久但語及之輒哽咽流涕如新喪見者憫之府君自念父母歿惟

教子孫毋析居乃可以繼先志聞浦陽鄭順卿家十世同爨特往謁焉順卿示以家範數千言府君如獲寶璐而歸力遵行之十有餘年家政蔚然可觀户庭之間穆如春風人無間言者和氣所感有犬病足其子啣食哺之犬得不死文人競爲歌詩美之府君益堅爲善之志製家教一篇誨飭剴切洪纖無不及而惠利鄰族之事居多名子孫示之曰天之畀于吾者厚矣脱有餘財可坐視顛連而弗之卹乎吾就地之日近故惓惓爲爾輩言之府君晚年耳益聰目益明健步如强年人及見元

孫之生士君子咸集府君危坐中堂一子康髮盡白帥諸孫曾雁鶩行以進次第舉觴為壽府君抱元孫置膝上銜杯盡歡蒼顔酡暈望之者謂為神仙中人繪史遂為髙元聚慶圖以傳後三年府君遘奇疾陽道閉澁不復能小遺醫者云病在陰氣絶藥不能及法當噏而通之其孫曰鉅者遽如醫言僅得汚血一勺終不治府君度疾不可為呼家人與訣以義居不分為屬其耿耿猶前志云府君娶陳錢二氏皆先卒繼楊氏後府君亦卒子男子二長庸先卒次即康子女子一適同里斯文孫

男四鐩銓鉞鉅孫女一花亭黄鏞其壻也曾孫男十源滉濤海汝濴治瀚渡淇曾孫女二在室元孫男橚梓桶植府君性恬冲與物無忤貌熙熙常如春未嘗少見憂戚之容頗嗜音樂自造短簫長可六七寸遇風日清美輒箕踞而吟之聲振林木而胸中之自信者一假是以泄之故當時之賢者多樂與之遊且惜其不沾一命之禄以展所藴終無以暴白於世然而生受備物之養殁則朞功緦麻千指就位而祭雖古之封君亦不過此尚奚憾哉濂也不敏頗嘗獲拜牀下與聞緒論及東出逃

難乃嘗授館致餼如忘年交府君今不可覩矣俯仰今古惡得無情乎於是掇其大者而製銘曰

有夫之贏如發行之真如家聞之贏如條教惟程孰得而京如影端於形孰得而傾如蟄如繩如彙如烝如將歷世而宏如

方處士墓碣　　明　申屠澂

鄉之世族有學有守有文宜出而處之士得一人為曰方與京年五十有五永樂二年歲行甲申正月十七日辰時疾遽不起士論惜之嗚呼悲夫是年十二月十有

五日葬於其鄉新亭山之原去家東四里而近明年春從弟坻紹介其子磷手奉其契家樓儒所撰事狀即花亭山中徵予文其墓上之石坻之言曰吾兄寒門之杞梓也世父知府公為群從親實父兄凡所以扶植門户輯睦宗枝兄之功居多先生所知也高壽未躋而奄至大耋何傷痛如之今豈復有斯人哉哀矜而賜之言是不死吾兄也其子幼冲敢代為請予既哭吊如儀乃接狀而書爲與京諱圻與京其字也世居越諸暨花山鄉白門里十九世祖唐元英先生干隱睦之白雲源次孫

教遷今所元大德間義士鎰財雄於鄉首建祠以祀先
生創義庄膳族人吉凶歲有常給有成式事著嘉禾顧
琛碑文開義學淑後進聘名儒勾章黄先生彦實天台
項先生可立浦江吳先生立夫迭典賓席若僉憲鄭公
深深弟博士濤承旨宋公濂起居注戴公良咸來受業
其他才俊不可縷數義聲藉甚人以義士呼而不字則
與京四世祖也詩書仁厚之澤至於今不墜稱禮法者
莫先焉逮與京父子起而纘承之其可謂善繼善述者
矣與京天資純實顔貌樸魯而心淵澄静幼從楊公恒

遊學教以格致之理操省之要用工既久渙然無疑所謹所學必求古聖賢心法而從事烏老釋之説靡不究其得失而旁通之蕭然樓全善有父道者也納交與京而忘其年每見質疑析難窮晝夜廢寢食弗明弗措也與京甫成童而遭外艱二季復早世兵後科徭日繁竭蹶支吾志不少折知府公時尚未仕實資助之於是合謀薙汙萊得田數頃以給公上爲生産志靡他也或諷之仕俛而不荅澹泊儉潔嗜而甘之自奉甚約而庋于祭祀宗親之窮匱者濟之不義者或以勢相凌未嘗角

錙銖是非而形於色鄉鄰忿爭從容片言人或悅服其誨人也諄諄不倦其不掩人善也雖童豎介寸之長亦必諮之所著書有道程道統六說七卷屬纊特命遷正寢誡礴曰我之二書時有未知者汝可于崖石間作室藏之以俟後人語不及他曾祖澤妣張氏祖懷妣俞氏考焯妣梁氏皆有潛德配傅氏生子二長礴次礁女一在室噫才難之嘆古今共之予於與京雖忝世契而中壽昏蹇契濶者十數載每誦其文輙加賛賞方圖促膝論心與京遽棄我而仙矣其書秘不示人終莫能窺其

涯涘以考其德之所成學之所就徒興望洋之嘆而已然亦可謂祇行礪操自信之深而不惑者歟儒全善父子也其言得於過庭當可傳信後世復有楊子雲則與京之書其盛傳矣予尚何言哉備著狀語而為之辭以泄抵等之哀而慰其思云爾辭曰

學以立己兮行以立人言以之昌兮德以之純教行於家兮施及宗姻懷寶不信兮素隱安論前今千載兮前交者神後今千載兮後垂者文其人雖已兮言斯永存來者知言兮尚考貞珉

墓誌銘　藝文九

文安縣開國男墓誌銘

宋　姚舜明

公諱彥字子實其先浦陽人五季亂由豫章遷越之剡自剡而諸暨孝義大父衛尉少卿諱振父正議大夫諱舜卿公自幼嶄然具頭角既長力學尚友度越流輩時左轄陸公佃以全經名家講道汶上公不遠千里師之熙寧丙辰舉進士調宣州宣城尉廉平愛民無纖芥頤望移常州宜興丞秋淹害稼州檄從事同公按視從事懼損漕計不敢告以寔公力蠲放者十八九而邑之彫

瘵獲甦再調興化録事參軍常與文衡同官以郡守子請公正色闢之俄丁内艱服除授監開封府尉氏縣稅改知處州麗水縣寬嚴相濟俱以循良稱入爲都水監丞行大官令出判陝西路德安軍時陶公節夫經知五路雅知公材剡章於朝充經制五路邊事陶移秦鳳遂授主管秦鳳路經畧安撫都總管司機宜文字凡籌畫大利病必咨議後行漕司督内地輸粟入邊轉致一斛率八十緡民不堪命公力丐奏罷陶初有難色公毅然不可奪已而命下如所請未幾被名審察除開封府司

刑漕事一歲三遷秩累官至大中大夫封文安縣開國男食邑三百户年六十掛冠歸公持身樂易重然諾居考妣憂廬墓者六年喜賙人之急拓祖父母仁壽莊田區處均給賴之者衆自退休雍容里閈凡二十餘載賓客過從賦詩見志一時恬退之適莫不尚之以建炎二年十一月廿八日卒神識不亂享年八十有一平時著述雅有典則有文集十卷行世元配張氏封令人繼配申屠氏封碩人子男五長克恭國學進士池州守次克寬通判衢州次師信潁州簽判次克敏閤門舍人次克

義宣義郎女二長適承事郎宗子博士臧言次適奉直
大夫通判廬州軍事慕容彥博孫男十二宗尹宗説宗
旦宗望宗孟宗鍔宗諒宗荀宗臣宗丙宗向宗誼諸孫
以十二月廿三日癸酉奉公喪於縣浦鄉南安嶺之原
合葬夫人之封門人曾峴狀公行述來請銘於予予與
公姻家也義不可辭銘曰
為士也莊為吏也良抗章遄歸眉壽而康蘭玉盈砌青
紫侍傍人得其偏公得其全知止好隨其根則然勒銘
幽室億萬斯年

方府君墓誌銘

明　宋濂

櫧縣有義士曰方府君鎰字子兼裔出元英處士干干自新定隱鑑湖其諸孫教遂徙櫧縣華山至府君十三世曾祖賀祖天與父垚卿宋季游太學以文鳴府君氣軒邁讀書志欲篤行不屑泥章句見列載籍以綴文題者唾去與兄鐵甚相友人或鼓簧言撼之久不能無動府君悟曰兄弟天屬也我何敢爾我何敢爾即造兄前且拜且泣金繒悉聽其所為弗問簞食豆羹非對案弗御間以論辯貽兄怒輒屏氣長跪伺怒霽方起歲大祲

人盎無斗儲大厲又頻行咸自度必死競操挺起爲盜府君憂見顔面晝斥故藏易粟東陽郡椎牛釃酒享壯者使巡耄弱之廬口賦以食病者親注善藥環數十里無譁賊捕掾恒倚爲聲援府君營腴田十二頃貯其歲入爲義莊凡宗屬孤惸貧窶者月有給嫁昏有助死喪有棺櫝及瘞薶之阡復設義塾一區中祀先聖先師旁挾六齋後敞正義堂招講師以六藝摩切諸生義聞烜萊士有不遠千里至者業成多至大官侍御史馮翼欲上其事府君謝曰此無甚高事假是以徼寵名非人行

也府君祭先甚謹牲牢必潔碩帥家人鴈鶩行進就位立不失尺寸升筵奠醴齊執事者薦籩豆脯醢興俯拜跪穆然無聲治家内外斬斬與人交不設城府客至執觶興曰請以是為君壽連日夜不厭客辭去亦不復強也天歷戊辰三月丙寅以疾終得壽若干娶富春張氏子四澤哭府君過哀疽發卒汶饒州路樂平州儒學教授澧泗泗有德有文者也孫四樉樗槦栻曾孫二焯協其年夏四月庚申瘞府君白門里鳳凰山下執紼者數千人皆出涕宗族耆長及五尺之童至今言及府君輒

哌哌泣天台項炯先生狀府君之行甚備泗持來謁余銘范希文有意振族貧不逮者二十年及為西帥登政府始有祿賜之入而終其志府君以布衣行之且建學爲豈非所謂豪特士哉庶幾可不朽者銘曰

士之有施欲奮而飛卒韜其英養之冲冲振之隆隆惟積乃成有廩之充有學之豐益昭厥聲我卹我宗寧匱我躬澤及孤惸阜比儼如衿佩鍔如左尺右繩百鳥紛紜西東成群孤鳳之鳴儋爵析圭族有瘠羸亦聞之腥矧克教之以樹其彛以牖其誠不震其淬誰廓其潛後

嗣曷程白門之陽有崔者岡尚勒斯銘

黄石田墓誌銘

明　錢德洪

嘉靖丙午予主教於紫山書院時門人黄璽酈琥應恩敬以學試孔文谷天允徐令履祥命来聘于姚璽與其弟璧瑋相隨問學靡懈將若有所聞者予嘉之問其所自對曰璽等獲事師門承父命也曰爾父誰氏酈琥曰石田先生氏予問如何對曰先生秉質天成不事學慮而行自程不事彫琢而器自形少年讀書聞一格言讜論必求諸心而程諸事雖綜核百事不以夸文義也事

於父兄而父兄悅處於鄉人而鄉人悅人人各得其情非所以崇鄉譽也剛毅嚴恪與人無假雖君子見之畏其嚴而不敢怠辭遜謙抑與人同過雖小人見之化於德而不敢欺賢愚皆得非所以媚世好也予聞之訝曰有是哉此古之聞人也請徵其實思敬曰先生有弟弱而愚父母恒憂之先生出私貲以腴其田業無後則以次子嗣之既早世妻嫁則公其田産而不之私其怡親志也每如此鄉人有以事敗者先生面折之其人愧悔思改則憐其志而輔翼之又從而褒揚之其取人之善

類如此府司李陳侯讓邑侯張行吾學師尹一仁首建紫山書院講明王氏致知之學當時方諱言學聞者莫不駭且詈先生獨不疑曰講學以措吾良知明吾所有也夫何疑乃身率子弟崇信師教今日通邑之雲集師門者皆先生倡於前也嘗云教子舉業以求其進豈專以科第為榮哉求其進思量其所入得其志使善其所由若徒以義文辭博記誦縱盡得其所之將何以繼其終乎於是璽也博學而不求聞於時其尚志有如此先生首讀論語即曰學習將以求心之悅樂毋藏慍爲已

矣若不見悦樂徒怏怏以尤人學何事哉予嘆曰古稱巖穴多奇士先生其人歟予徧遊天下見都會之士多浮山居之士多慜爲耳目無所牽得完其真也使先生而並列於師門如出壙之金火力一至即成足色矣今年八月壐趨天真見予而泣曰吾父違世十五年矣昔嘗獲知於門墻非得先生之文不幾以掩其幽予聞而惻然曰鄉之老成人何以範俗先生之行可以表世予爲爾銘按先生諱池字畜之號石田其世祖有諱汝楫者善教子五子登甲第宋高宗有御詩贊曰昔日燕山

賓今朝浣水黃先生即其裔也晚年鍾世業欲推明文公家禮延賓冠其少子璋立祭田開義塾鄉之子弟盡習三王之道以成其俗惜丁亥遭回祿不得盡酬其經畫而歿娶翁氏子五人長即璽入胄監授王府經歷孫文充文言仲子瑩孫文煥文燿文煒文烇文熷季子璧庠生孫文尚文光四子玠五子璋孫文瀾文德文清一女適璽泉朱格任增城縣幕孫女五長適東隅袁次適東隅陳餘尚幼先生生於宏治癸丑正月廿四日卯時卒於嘉靖壬子四月初三日丑時以丙寅九月十九日

塋開化鄉大門靈芝山之原銘曰

質以天成學以質明如金在壙纖滓莫攖有子繼志邑人思興賫志未就動垂法程靈芝掩土其輝自呈子孫千億林立雲礽達人奕世慰此幽冥

申屠先生墓誌銘

明　戴良

嗚呼是惟申屠先生之墓先生家於暨之陽距余居不二舍近而辱與為忘年交者餘二十載後余從祿四方歸而復求先生於暨上而先生死矣嗚呼悲夫先生諱某字某申屠其氏也大父某父某皆隱居而終先生夙

有異姿自成童時嶷嶷不與凡子齒然家政貧稍習吏事以自給未幾金華黃文献公為其州之判官一見即大奇之謂曰子何以吏為哉遂教之治經為舉子業習之數年自謂功名可覆手取不煩久苦一室中乃治裝出遊踰濤江而西宿留吳門客丹邱柯公九思所世之名人魁士鮮不與善而京兆杜公本武威余公闕臨川危公素永嘉李公孝光尤號為知已至是諸公交相引重一時聲譽藹然騰在人上及就試鄉闈其輩歛衽畏服皆曰莫先申屠生然屢舉不利僅中辛巳甲申副榜

以新例授徽州路歙縣儒學教諭改信之貴溪庠遷婺州路月泉書院山長所至扶善遏過得師道甚先生學負經濟慨然有志於當時頓戹於下位噤不得一施遂韜光斂耀與世相浮沉然人咸知其可用至正間師旅饑饉並臻遠近騷動方面大臣以不稱職罷去相望浙東肅政廉訪副使百家納公方獨署一道事思得高才之士爲己助或薦先生之才不在諸葛亮下即走幣以聘欲以參謀留幕府先生辭不就乃以五經師起之舍諸郡庠事無大小公悉諮之而後行乃增築城郭遏止

姦盜黠贓吏賑貧民浙東之政為天下第一者先生之助居多先生年且老行將堅卧空山為終老計而東南兵起鄉邑失寧蹙蹙靡所止居有間闋歸國之心焉已而疆土内附薦徙遠地先生益危言危行不少貶損而卒以徙死嗚呼悲夫先生學通春秋而深于左氏傳鄉之諸生執經考業者繼於門而所著春秋大義熟在人口然最喜為詩勾章棘句洒然有杜甫之餘音至于作字則清研宛容雖褚遂良薛稷復生殆不是過乎居議論風生品藻古今人物亹亹不能休座客聞之卒為之

奪氣而諧謔調笑卓詭不羈又一處以和且善飲酒賓客朋友游必劇醉雅歌投壺窮日夜不歇行褁雖屢空無所問也治家嚴而有禮伉儷相敬如賓課諸子以學家庭之間自爲師友其遇童僕有恩意故臨禍患無一離畔者娶東平吕氏河南道肅政廉訪使唐臣之孫女曲阜縣尹貞之女有賢行以憂致疾亡子男二人長濬次瀓皆能世其業女二人長適黄文獻公之孫某次適某生于某年月日卒於某年月日得年六十卒之日惟濬在左右即收焚之將函骨以歸然竟坐貶不克後三

載以例放還始負其骨葬于其鄉先塋之次原曰某原某年月日也于是濬等踵門泣拜曰先人所為游而有文者誰乎幸哀而賜之銘使死者知將不抑鬱於土中矣先生被遣時嘗托余經紀其家事已而家屬在遣中未能少承其所托豈意今日者遂銘其墓耶嗚呼悲夫

銘曰

才可大施而位不贏何志之忠卒與禍并唯其久閟以啟厥聲吁嗟先生

方大年墓誌銘　戴良

某年月日暨陽方君大年卒於金華之寓館既卒館人輿而致諸家閱五日始克大小斂成喪明年十二月乙夘葬於其鄉之高湖前事之月其子文燧舍杖哭拜使者以書来告曰先人不幸以死累夫子今將以日月告葬敢以墓銘之辭重為夫子累不肖嗣方居次不得跣以請余受書哭曰嗚呼吾尚忍銘吾友也耶又數日大年之弟楨来速銘且曰不得銘無以葬廼叙其族世名字及事始終而銘之大年諱禧字大年其先睦人也後遷越之暨陽大父鐵贈奉訓大夫同知紹興路事父洵

沅州路蒙古學正大年之宗素盛且好禮自其曾從祖嘗大開義塾聘明師儒以淑其家之子弟及四方之學徒于是吾邑淵穎先生吴公寔爲義塾師大年時未弱冠已能執經考義嶄然出諸生右諸生方業應舉書規利禄大年獨鄙而不習曰大丈夫不能爲相於朝堂佐天子致太平則當將三軍之士立功業于邊陲苟皆不得寧退而隱處抱吾才以没世誰能抑首促促習此俳優語以僥倖於萬一耶故其爲人慷慨有大志善謀議負膽略儼然戰國諸君子之遺風時東南稱兵連數歲

不解大年每偃卧一室計其勝負成敗百不失一二然所守以正不欲為苟出聘幣繼於門不顧也大年遇姻黨以恩接賓客以禮九族之親或愚待之不以愚而慢士大夫之賢雖失勢待之不以失勢踈一時人士聞大年之風者無不與之游大年輒刲羊貰酒詠調醉呼以為樂雖經時歷歲未嘗有所厚薄勤怠也於是近遠諸郡邑日入于亂大年心懷憂欝得唾血病者久之一旦出游金華舍余之近館余方與之登八咏樓誦沈約之詩俯仰溪山追逐風月以舒其志解其憂然未幾病作

吐血數升翼日又大作唾出數斗許遂卒大年兄弟四人長大年季曰梃曰楨曰棐皆以和協稱其妹適福建行中書平章闕僧配曰石氏生子男二長文炳早死次即請銘者有父風孫男一曰墜孫女一俱幼生於延祐四年丁巳歲七月十七日詎卒時得年四十六嗚呼余與大年俱淵穎門人有同門之好辱交既密且久有同志之樂術業同而出處同至于生之年又同則交友如大年者指不再屈矣禍患餘生方資大年以為助而大年乃托我以死銘以誄之固有所不忍者為銘曰

筐不可以持屋驊騮不可以服車橇不可以履川守正之士不可使從邪此大年之墓後百十載人將過之而咨嗟

故弋陽知縣鄭公墓誌銘　明　駱問禮

余齔時出遇肅衣冠端舉止善談論峩然於儔人之中者驚問曰誰耶或謂曰鄭南溟公也曰彼仙者耶或者哂且叱之余亦俯而笑既稍識字每至親族禮義之家顧壁宇几席多公翰墨又驚曰是峩然於衆人之中者耶或曰然曰若翁者吾鄉里幾多默不語有長老漫謂

曰公翰墨珍重海內獨吾鄉與余未之信自後稍知學問與其仲子友始識公之真而公亦謬器不以後生見薄每于衆中語余亦忘其尊且長也曰此與吾兒並驅中原者旣而公子不禄余沉滯十餘年始獲寸進公喜見於色且愀然曰豚兒在不使吾子獨步余亦悵然至京師每遇先達長者必問曰某公無恙即繼曰文翰猶昔否其曾過吾邑者不待余對輒曰此老強健若壯惜其以哭子喪聰矣或曰何曰其仲子足繼公而早世咸相與惜之然後始信公名之在世也公捐館余與屬纊

顧其家圖籍滿架曰是無傳望在季子以累吾子可乎暨今無慮十年言猶在耳愧無以答而令子克念公命交義若舊一日以館敝舍偕其伯氏謁余曰先人瘞幾年矣墓未有銘且先人知故凋落已盡非子孰能圖之余不能辭也按公姓鄭諱天鵬字子冲南溟其别號世居紹興府諸暨縣之泰南鄉自公考知州公始遷居吾里為楓橋鎮正德癸酉領鄉解七舉進士就弋陽令不滿考歸家甚貧常不能給衣食公不以介意日唯詩文自娱自少至老手不釋卷四方索公文翰者卷軸盈室

不欲强酬俟興到呼其子侄可意者申紙執硯一揮百幅故鄭氏子弟聰俊者翰墨多出人其得於公者深矣令弋陽時手書告示好事者往往竊去公不爲怪即復書之人兼服其量年八十餘尚能於燈下手書蠅頭細字嘗自言曰吾暨詩派楊鐵崖公得其華王竹齋公得其實華實並茂後必有人葢以自負云公平生少許可且强直不能下人視翁滎靖公暨余從父樕山公皆後輩同舉進士輙得第去曰吾不能屢爲鄉里後生作長解遂不欲仕人固勸之始就爲令卒以强直急歸家雖

貧好客夫人每為典質治具一日欲出索衣冠夫人曰已供客公不為意嗚呼世稱文人多窮君子謂非文能窮人盖窮而後工也公非其人與世俗丈夫得為吏胥皆能致有贏餘公世有祿位翛然成寒士然竊恠世有膴仕厚享而寂無稱于世者公一令耳先生長者多知慕其風采其所得于窮者多矣以貽後人古人有言雖所貽不同未為無所貽也公生成化甲午卒嘉靖丙辰年八十有二葬祔某祖在某山之岡高祖諱徵曾祖宏歷官懷慶府同知祖瑄父欽澧州知州母駱氏伯仲五

公居四故嘗自稱鄭季子娶駱氏繼金氏子男三秋陽娶駱氏元陽未娶卒少陽娶傅氏女二俱適名族孫男三自顯自靖自新所著有南溟存稿蓬萊亭草閩游倡和北行野操缶附鍾鳴炳燭正訛集刻皆公手書銘曰嗚呼文而介介故文且名而智者以為榮聞者可以興我識之塋以待後之英

故潁州別駕嘗軒鄭公墓誌銘　駱問禮

庠生鄭子遊暨其弟遷冠帶省祭將以隆慶六年之十二月某日塟其祖故潁州別駕公于擇樹山之陽以家

從父前野先生之狀索余銘蓋從父别駕公甥以親至不欲自銘而余雖亦鄭甥少遠且辱二昆素愛故來屬余不得辭也按狀公諱天駿字德良號嘗軒其先隨宋南渡世家暨之泰南鄉曾祖同知諱宏字仲徵初判饒州府後陞同知懷慶俱有惠政祖諱琮字叔瑞號博古授八品散官始徙居今大部鄉爲楓橋鎮爲有後遷者故人稱舊鄭云考諱和字節之號半閒雄偉傑出崇禮好施授義官母駱氏公生時有神駒之兆故諱有取爾師事山陰别駕陶公天佑及同邑鄉進士陳公洙年十

六補邑附學生隨補廩膳生循例入為太學生嘉靖壬午選授直隸鳳陽府潁州判官治行無缺以不能謟事長官落職公狀貌魁梧識量宏遠平生不妄言笑不輕交與不輕入城市不輕謁有司整容端度雖紛拏中無少急遽方半閒公捐館時庶弟天球尚在懷抱公奉母撫弟矢志成立始博古公之來徙也於市西半閒公徙市中公曰是囂且隘非以善吾後也復徙今宅當烏帶山之陰寬廣閒靜人謂是舉也有孟母之意爲後天球卒無嗣搆釁者及公幾至不免幸而獲白先業刪削人

爲公惜而公處之怡如不數年業亦復舊嘗對人曰吾
動心忍性得此爲多云卒嘉靖辛亥正月十四日遡其
生成化辛卯二月二十日年八十有一娶宅步陳氏端
靜貞一姑安其孝公安其順次錢塘縣姚氏相助惟謹
皆先公卒葬時已爲公壙今將合瘞公參用堪輿説另
爲壙視舊少右且前丈許即吉也子男一元娶駱氏繼
趙氏一貫娶毛氏俞氏陳氏一本娶吴氏褚氏皆姚出
女適故太學生陳裒陳夫人出也孫男逵早卒娭娶樓
氏逄娶趙氏一貫子遷娶王氏廸早卒一本子一元無

嗣以逖繼曾孫男之輔之華之士之遺之玉之閏之圭

銘曰

發之深而得以厚練之熟而施未究祿則不豐而享其壽睠此崇岡惟鬱惟茂

㒳江壽公墓誌銘　駱問禮

明故直隸太平府通判壽公諱成學字子行別號㒳江父春峯公諱集母王氏繼母陳氏裔出宋駙馬大尉囦者隨駕南渡居今紹興府諸暨縣之同山自南嶽提典諱士澤者始遷今木陳迨十世而有春峯公讀書好禮

樞機周密教子表俗一邑咸稱為長者而公克繼其志補儒學弟子員入國子監發應天府壬子科解舉進士連不得志就選得前職不二年以忤當道改山西布政司理問三年陞大寧都司經歷奮然曰是足行吾志耶謝之歸後十六年而卒為萬曆丁亥十二月二日距其生正德乙亥十月二十六日年七十有三夫人朱氏後公三月卒為戊子三月十九日而生則與公同歲蓋某月某日年七十有四云諸子以甲午之十二月十八日始合塟於蔣家山公所自擇也方公之捐館也不佞走

哭且弔諸子即以誌請後屢申前請久未克應及將葬仲子秉彝復以狀來促嗚呼公之誌非予而誰哉壽氏英俊日起步青雲雄藝苑者濟濟繩繩而破荒濬源實由於公平生直易忠實積學贍才而卒不獲竟其志夫人出儒家懿行斤斤曾憶與公過彭城登歌風之臺徜徉留城而返弔范增之墓也忽沉鬱感慨曰丈夫不能佐帝王成大業如張孺子寧至悻悻作枉死鬼耶舉酒酹曰奉爾巨觥使北面四皓予愕然曰若薄前傑耶曰我非薄其人薄其不能擇主耳及挽舟入閘河淹於歸

莊仲淺而登醉白之樓也復舉手曰丈夫遊於鄒魯舊邦不能上探前修而徒以揮灑自雄卒至淪落樓何爲者予復愕然曰若薄仙才耶曰非薄其才薄其不檢耳予於是恍然自失公平生言不出口對之卒卒而論議忽如此豈偶然而已者及他日放舟南下過呂梁之洪登莊生之古廟時日將落風塵蒼莽緬懷丈人蹈水之說若有若無予固慨然而公亦俛首若有所思者予曰將有所刺乎公怡然曰此幻世也彼幻談吾幻遊之何所羨亦何所刺耶此自壯年語以今視之果能酬其言

而遂其志否也方公之就選也予亦釋褐公勉之曰大夫得志何不可為我漫就耳行且從赤松子游寧能碌碌使人視為末品耶予不然之後予過寧國而公適布政於其地杯酒相勞予曰寧記曩時醉中語耶公曰弗復言為張孺子不成為李謫仙不成幻世幻游渾在夢中徒使得意者鄙我公弗哂行看浣江泌浦有幻客公能朝夕訪我耶燦然而別後竟踐其言而予亦蹭蹬謝事相與皁皁無足稱數然每握手未嘗不勤勤懇懇道故說今慨愴終日而今不能矣嗟乎嗟乎公官不稱其

才用不盡其志即舉其治行之一二誰與之顧其胷中之磊磊而未洩者予雖言之忍親知者未必以為然也然則舍予誰能誌公而予亦安能拾夫塵瑣之末節以道公盛哉因發其隱而大者如此而係之銘時葬公之月朔也公子六長秉仁婦陳氏趙氏次即秉彝國子生楊氏次秉德早世袁氏秉正王氏秉公李氏秉秀儒學生王氏孫十有七人曾孫十有一人銘曰

士之遊世詎不在遇哉當其遇也以不龜手之藥而可以封侯當其不遇則抱荆璞而不免於見尤公荆璞耶

不龜手藥耶而終於洴澼絖抱玉而藏人且不諳其言之光而孰知其志之藏嗚呼後人毋以予言為狂

行狀 藝文十

明故進士東里先生趙公行狀　明　胡澄

洪武壬戌冬十月諸全趙良能與弟良顯遣伻譔幣稽顙致辭於澄曰孤家自渡江而籍於暨已十世矣前元繼統未敢有仕者也先君諱仁字仁原生於大德壬寅八月三日藏晦七十年而筮仕於皇朝陳情乞老又十年於兹矣不幸於是月十一日見背屬纊時命孤曰噫

胡清伯與我同經兩同校藝且同冰陸之勞交與既深必能知我也我死當以狀請孫不敢違敬以狀請嗚呼公其先我殁耶天其不使國家之有耆舊耶公少澄二歲我將屬銘于公乃屬狀於我耶顧我匪名人義不當以朽拙辭公之先涿郡人宋藝祖之十五世孫也建炎中有諱伯和者率其子師粗扈駕至越而遷於暨傳二世與璿遷今之福泉山璿之子諱孟臨即公之高祖父也曾祖父諱由塈祖父諱學尊父諱順溢皆以仁厚起家五世同居長幼凡若干人庭無間言順溢配山陰吳

孺人生德與公也公幼聰慧年十三通經書大旨暨長讀濂洛諸書手不釋卷每有契悟則默坐點頭作文以理爲主不求甚工常歎六朝文體險怪益事平順常語門生陳式曰聖人之心寄在六經然亦不可泥文字而求聖人之心珠藏於匵匵固非珠也又曰詩賦可以策才而不可以觀德文章可以正藝而不可以盡道君子爲己之學在求諸實行而已公之學術其務內有如此者天性孝友父母飲食必躬進巾帣厠牏必親澣以事出而晚歸雖已寢必立俟覺而後定之在庭闈間未嘗

疾言遽色至正癸巳父母相繼以壽考終傚古道行事寢苫將五年不越閾人或餽以葷則拜賜而不食聘以幣則拜賜而不受州伯覃懷王公政學政江陰包公英聞而賢之時加慰問己亥張寇作亂縱火焚掠舉家避難於蕭山兄與從兄鼎俱被擄公之室駱孺人最賢慧息憊不能食公謂孺人曰賊性貪暴欲人何為不過質此以脅錢耳孺人曰貧無以為計盍以妾之簪珥往贖之公遣人齎遺於兄且諭以感動之語兄乃泣謂賊曰鼎有老母倚門待哺願以我金贖鼎死賊果義而兩釋

之兄嫂竟死於被難之地公扶櫬歸葬如喪考妣撫遺孤愛而能勞然公之生也頃丁叔世兵燹相尋故蓄積不裕歲時月旦惟以魚菜與客對飯而不嬿於齒舍南有老梅一樹枝榦樛盤隆冬放花雪月交映清香襲人下結小齋左帶浣江寒水漣漪清氣可挹因扁曰水西梅屋坐卧其中而唫咏之積梅之詩至百律號歲寒集觀其一氣以通天地塞孤名不讓古今清未許俗人知受用調鬻直待子青時則其涵養之深抱負之大概可見矣與里人層性友善性舉進士因勸公出不應蓋公

迺神宗之後不肯仕元故也洎我皇上御極求賢輔治悉心推訪經明行修名實相副之士洪武四年辛亥七月浙江行中書省劄付府縣正官以禮敦請應試擢用維時知縣田公賦知府唐公亞中素聞公賢薦名於省公始出而校於有司中式予與有名焉又偕計上京會試復中式行將廷對即上疏以衰老辭予釋褐後亦以眘瞶告休公歸而隐于朱湖之東自稱東里子嘗致書於一二同志曰莫景侵尋更復何事將寄興於湖山瀦峙中枇風抹月以殁吾齒女能從吾遊乎作賓松亭於

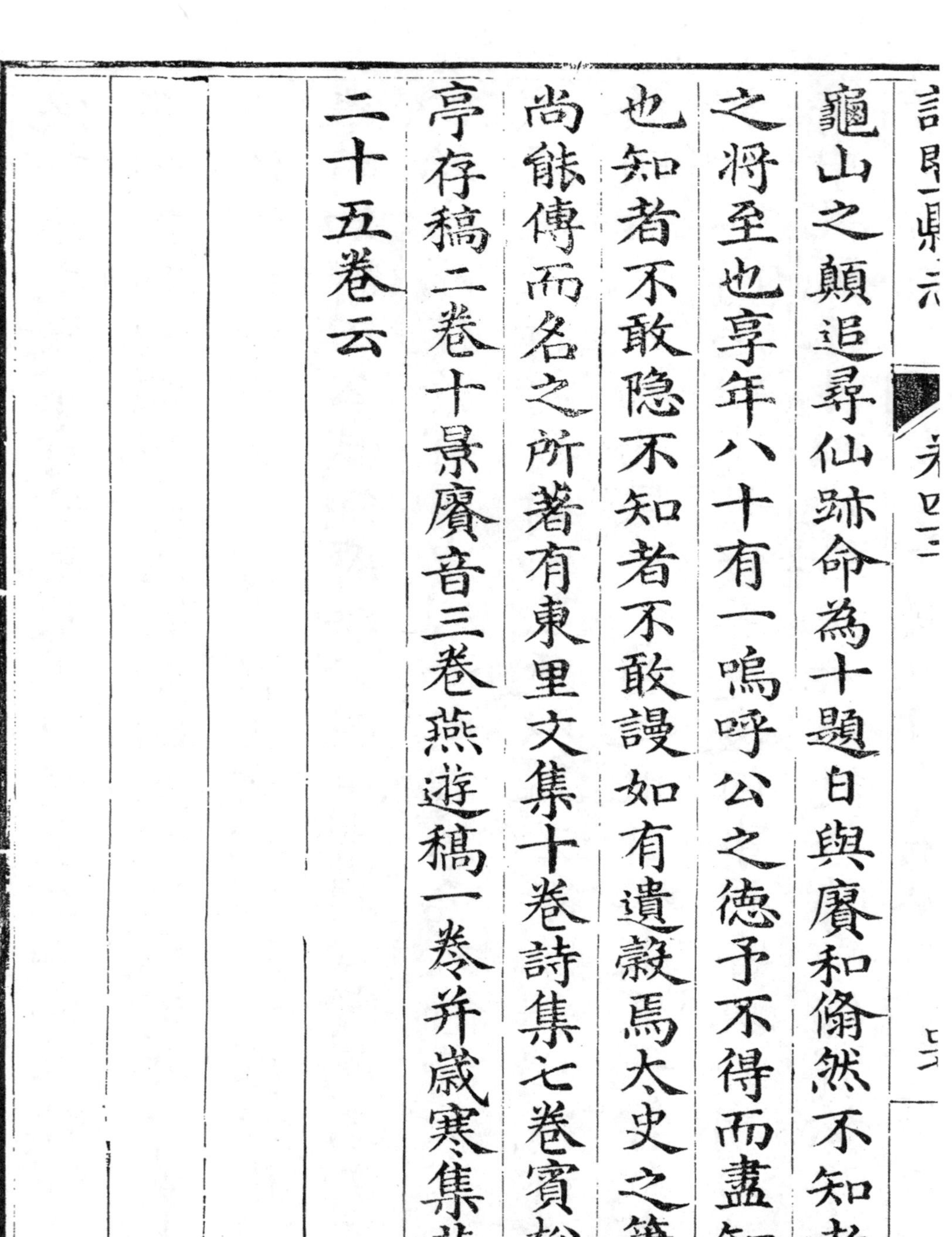

龜山之顛追尋仙跡命爲十題自與賡和翛然不知老之將至也享年八十有一嗚呼公之德予不得而盡知也知者不敢隱不知者不敢謾如有遺毅焉太史之筆尚能傳而名之所著有東里文集十卷詩集七卷賓松亭存稿二卷十景賡音三卷燕遊稿一卷并歲寒集共二十五卷云

傳 藝文十一

鐵笛道人自傳

元 楊維禎

鐵笛道人者會稽人祖關西出也初號梅花道人會稽有鐵崖山其高百丈上有緑萼梅花數百植層樓出梅花積書數萬卷是道人所居也泰定間以春秋經學擢進士第仕赤城令轉錢清海鹽皆不信其素志輒棄官將妻子遊天目山放于宛陵毘陵間雪中雲間山水最清遠又自九龍山涉太湖南泝大小雷之澤訪縹緲七

十峯東抵海登小金山脫烏巾冠鐵葉冠服褐毛寬博手持鐵笛一枝自稱鐵笛道人鐵笛得洞庭湖中冶人緱氏子嘗掘地得古莫耶無所用鎔為鐵葉筒之長二尺有九寸竅其九進於道人道人吹之竅皆應律奇聲絶人世江上老漁狎道人時時唱清江欸乃道人為作迴波引和之仍自歌曰小江秋大江秋美人不来生遠愁吹笛海西流又歌曰東飛烏西飛烏美人手弄雙明珠九見烏生雛城中貴富人聞道人名多載酒道人所幸聞笛道人為一弄畢便卧遣客去即客不去卧吹笛

自如也嘗對客云笛有君山古弄海可卷蛟龍可呼非鈞天大人不發也晚年同年夫有以遺佚白于上用元纁物色道人于五湖之閒道人終不一起道人性疎豁與人交無疑二雖病凶危坐不披文則吴扎翰或理音樂素不善奕畫謂奕損閒心畫為人役見即屏去至名山川必登高遐眺想見古人風節曠邁非常人所能測也與永嘉李孝光茅山張伯雨錫山倪鎮昆易顧瑛為詩文友碧桃叟釋臻知歸叟釋現清容叟釋信為方外友及其文有驚世者有三史統論五千言太平綱目二

十策歷代史鉞二百卷詩有瓊臺曲洞庭襍吟五十卷藏于鐵崖山云

贊曰有美人號冠鐵葉之卷卷服兔褐之蹮蹮雷浦之濱兮鐵崖之顛翕陰呼陽兮履坤戴乾萬竅不作兮全籟于天其漆園之傲吏兮緱山之遊仙也耶

白鹿生小傳

明　宗濂

白鹿生者諸暨人也風神峻爽翹然欲超群其外族曰方氏建塾聘賢傅館四方游學士生往受諸經領其元旨稍事文墨輒峻潔如淵珠衆譁曰生賦資絶倫非積

功所可及盍遜其一席地聲光流婺越間煜煜能動人
競要遮作州閭師數弗應浦陽江上有鄭氏一宗累三
十室同寀而饍戒子姓執贄致辭生躍然曰是或可爲
也即日上道臯比中居以倡道爲己責與諸生言必稱
曰昔之人曰昔之人日摩月切操行有可觀歷十春秋
自以精明不逮前時退居白鹿山戴樓冠被羊皮裘帶
經耕烟雨間暇則吟風弄月傲睨萬象若不知古今之
殊軌有識者莫能窺其際高郵欒鳳来爲州牧獨造門
拜曰鳳聞先生賢言行無悖古先哲人願爲州學子師

生牢讓不起鳳不得已令閭右子弟即其家問道州政有闕失鳳必遺書諮訪生白以利病裨助恒多後若干載殿中侍御史唐鐸出守越欲辟起之生力辭如前鐸不敢強生性醇篤無銖髮矯偽與人語出肺肝相示恥為覆藏事乖名義峻言斥之弗少恕家無儋石儲臨財甚介山氓誤坐法當死生憫其蠢愚謀諸鄉鄙活之氓輟烏犍為謝生拒之頓顙於地潸然隕涕生曰東作方興非牛何以畊俟三冬可爾至期氓復來請生反覆譬曉之乃已州人士求連生族祝生持其成暨委禽致餼

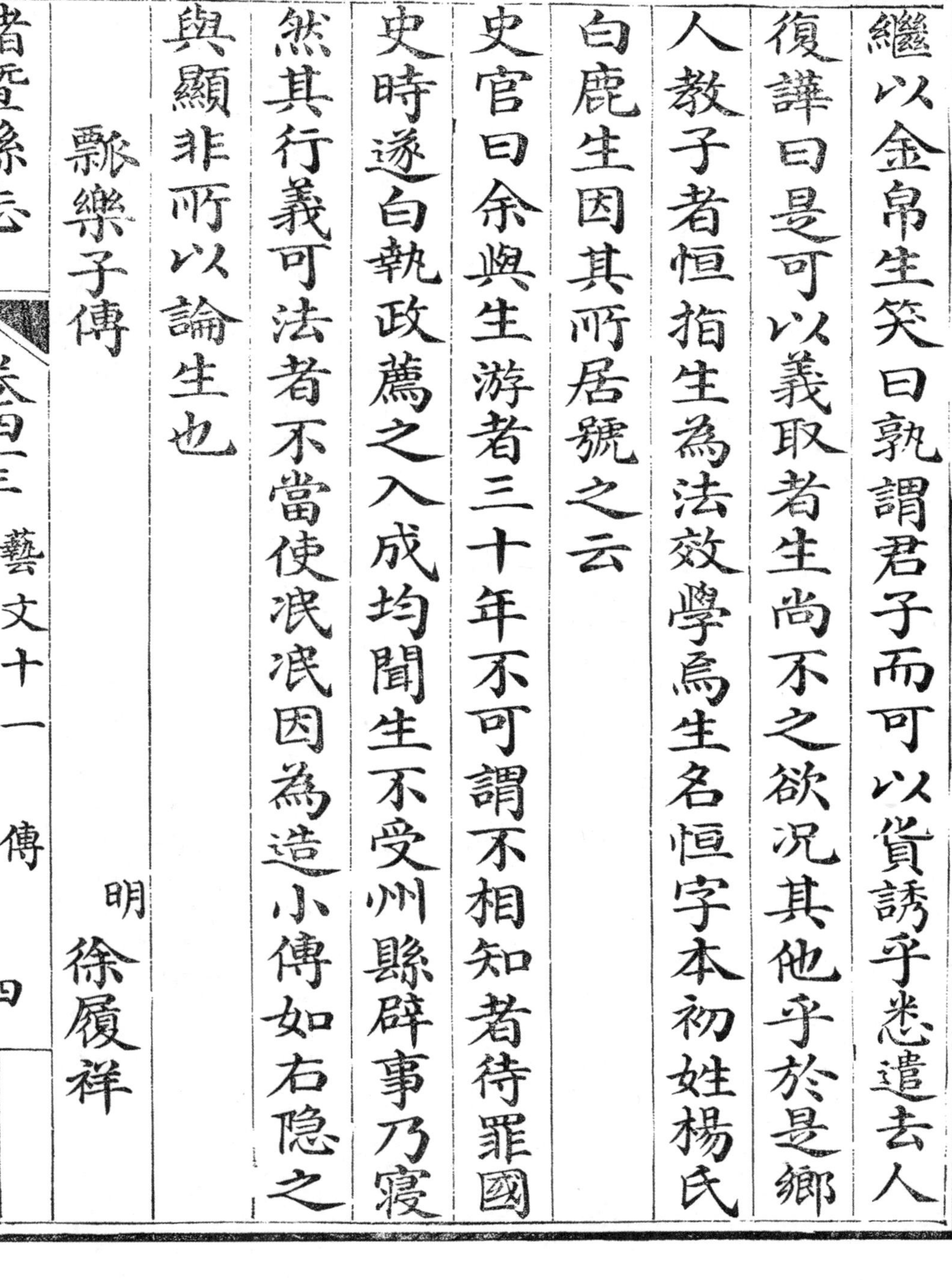

繼以金帛生笑曰孰謂君子而可以貨誘乎悉遣去人復譁曰是可以義取者生尚不之欲况其他乎於是鄉人教子者恒指生爲法效學爲生名恒字本初姓楊氏白鹿生因其所居號之云

史官曰余與生游者三十年不可謂不相知者待罪國史時遂白執政薦之入成均聞生不受州縣辟事乃寢然其行義可法者不當使泯泯因爲造小傳如右隱之與顯非所以論生也

鄖樂子傳

明　徐履祥

公姓郭氏諱日孜字敏夫自號瓢樂子與楊鐵崖同事泉溪陳先生幼時著瑚璉木鐸二器論泉溪先生大奇之平生詩文千餘篇王均福爲序及見天下将亂慨然發憤思效用於世挾策北游燕京道遇王元章傾盖良久悵然掉頭南望並車而歸賦行路難以寄意其詞曰太行高高插霄漢龍虎蟠蟠壯遊觀老夫一睹白日晏驅車東歸窘幽闇但望羲和杖策催夜旦祥光一點扶桑爛老死磻溪復何嘆未幾天下大亂元章貽之以墨梅題句曰烈烈北風吹倒人江南無地不沙塵清高獨

有老梅樹照水開花個個新鮮樂子次其韻曰花飛萬點撲遊人莫道江梅不染塵除是隔籬松竹色受風多處亦清新明兵取諸暨州之次年庚子張士誠以邑人錢舜文築塡三江大其水以抗王師壬寅守將謝再興以城叛將歸張氏遂以兵脅知州欒鳳使草降書不從殺之鮮樂子以詩哭之并寓書以說參政胡大海曰蕞爾下邑湖山參半苟天不弔霪雨及之則七十二湖泛然同白以故長民者恒以斯患未弭是懼今兩國耦雄皆欲啟封於下邑邑人錢舜文將徼大利乃自絶於首

邛建兹壑鄰之策鑿山取石埧截三江窒塞我尾閭浪濤我郊野魚鱉我黔黎而使若水之鄉復加水厄其助天為虐亦已甚矣若終埧之不特民命不堪即執事亦未紓於難也為執事計莫若大決水道以洩壅塞則物阜土宜居民得所先成吾仁而後聽予奪于天孜雖老敢不備畚鍤以從執事苟不獲命民亦從此逝矣執事其圖之參政大悦遂以兵開道決之丙午夏六月卧龍山崩瓢樂子賦詩以記之曰山崩泣百靈造物若無情地老從維缺天荒信柱傾烟霞神禹穴江海越王城未

識誰為主沉吟自不平洪武初以父老薦舉起為諸暨儒學訓導與同事劉以韶陳宗亮方克明聯句史公堤一時膾炙人口壬子丁母艱禮部下符府縣舉以孝廉徵至京公以表辭詔許終制服闋判府臨縣起之任題墨竹詩以贈宗弟如櫟曰三徑清幽興未闌檄書催我上長安好將墨竹留吾弟他日歸来共歲寒治裝畢告行於東郭舊館人餞之瓢樂子持觴笑曰久矣夫余之不與麯生交也遂痛飲大醉而卒嘉靖乙巳知諸暨縣姑蘇徐古石錄其行述疏請崇祀鄉賢詔許可

謹按謝再興叛在癸卯非壬寅參政爲胡德濟非大海其事詳載武備辨見義行中本傳第玩郭公說胡參政書詞痛陳七十二湖受害不及縣城則己亥灌城庚子垻江似屬兩事不妨存以相參通鑑於卧龍山裂下書大明兵取湖杭紹嘉等路詩意蓋致望於明祖也

國朝

楊維禎傳　朱彝尊

楊維禎字廉夫家鐵厓山下父宏築層樓俾讀書其上里人謂曰書樓楊泰定四年以春秋登進士第除天台縣尹元進士授縣尹蓋自維禎始改錢清場鹽司令久不調偕道士張雨縱游西湖至正

初修遼金宋三史史成正統迄無定論維禎著三史統論謂元之大一統在乎宋不在遼與金統宜接宋不宜接遼歐陽元見之曰百年公論定於此矣遷江西儒學提舉道梗不行避地富春山徙錢塘張士誠聞其名招之不往報以書曰閣下乘亂起兵奬王室淮吳之人萬口一辭以閣下所為有不可及者四兵不嗜殺一也聞善言則拜二也儉於自奉三也厚給吏祿姦貪必誅四也此東南豪傑望閣下之足與有為也雖然為閣下將帥者有

生之心無死之志矣爲閤下守令者有奉上之道
無恤下之政矣爲閤下宗族姻黨者無制祿之法
有姦位之權矣假倖以爲忠托詐以爲直飾貪虐
以爲廉最可畏者動民力以摇邦本用吏術以括
田租銓放私人不承制出納國廪不上輸受降人
不疑任忠臣而復貳六者有一足以喪邦閤下不
可不省也夫當可爲之時有可乘之勢迄無成效
其故何與爲閤下計者少而自謀者多也維禎老
且病爵禄不以干閤下幸采其言小可以爲錢鏐

大可以為晉重耳齊小白否則身犯六畏不有內變必有外禍始憶維禎言嗚呼晚矣士誠得書不能用亦不罪也繼忤丞相違識帖木爾乃徙松江周游山水復斷劍鍊為笛冠鐵葉冠衣兎褐吹之作迴波引遂號鐵笛老人或自呼老鐵亦曰抱遺老人又曰東維子其為詩奡兀自喜不蹈襲前人性不嗜飲頗溺於音樂行輒以歌妓隨好汲引人物嘗曰吾門能詩者南北逾百人求若山陰張憲吴下袁華輩不能十人又曰吾求詩于東南永嘉

李孝光錢塘張雨天台丁復項炯毘陵吳恭倪瓚可謂有本者矣近復得永嘉張天英鄭東姑蘇陳謙郭翼而吳興又得郯韶也洪武三年編纂禮樂書别徵儒士修元史帝遣翰林院侍讀學士詹同奉幣詣其門名之辭不赴明年有詔敦促賜安車詣闕廷留四月禮書條目畢史統亦定遂以白衣乞骸骨帝許之仍給安車還抵家而卒維禎從松江與錢塘錢惟善里人陸居仁相倡和惟善字思復至正元年省試羅剎江賦時鎖院三千人獨惟

善据枚乘七發辨錢塘江爲曲江由是得名號曲江居士官副提舉張士誠據吳遂不仕居仁字宅之中泰定三年鄉試隱居教授自號雲松野褐兩人既歿知府事林公慶舁其棺與維楨同葬于山之東麓人目爲三高士墓

王冕傳　朱彝尊

王冕字元章諸暨田家子也父命牧牛冕放牛隴上潛入塾聽村童誦書暮亡其牛父怒撻之他日依僧寺夜坐佛膝映長明燈讀書安陽韓性異而

致之遂從性學通春秋嘗一試進士舉不第焚所
為文讀古兵法恒著高簷帽衣綠蓑衣躡長齒屐
擊木劍或騎牛行市中人或疾其狂同里王艮特
愛重之為拜其母艮為江浙檢校冕往謁履敝不
完足指踐地艮遺之草履一兩諷使就吏祿冕笑
不言置其履而去歸迎其母至會稽駕以白牛車
冕被古冠服隨車後鄉里小兒皆訕笑冕不顧也
所居倚土壁庋釜執爨養母教授弟子以為常高
郵申屠駉任紹興理官過錢塘問交於王艮艮曰

里有王元章者其志行不求於俗君欲與語非就見不可駉至即遣吏自通晃曰吾不識申屠君謝不見駉乃造其廬執禮甚恭晃始見之居歲餘投書謝駉東游吴浮江上潛嶽遂北至燕泰不華薦以館職晃曰公愚人哉不十年此中狐兎游矣何以禄爲翰林學士危素晃不識也居鐘樓街晃知之一日素騎過晃晃揖之坐不問名姓忽曰公非住鐘樓街者邪曰然晃更不與語素出或問客爲誰笑曰此必危太僕也吾嘗誦其文有詭氣今觀

其人舉上亦然冕善詩通篆籀始用花乳石刻私印尤長畫梅以臙脂作没骨體燕京貴人爭求畫乃以一幅張壁間題詩其上語含諷刺人欲執之冕覺乃亟歸謂友曰黄河北流天下且大亂矣携妻孥隐會稽之九里山號煮石山農命其居曰竹齋題其舟曰浮萍軒自放鑑湖之曲太祖既取婺州遣胡大海攻紹興屯兵九里山居人奔竄冕不為動兵執之與俱見大海大海延問策冕曰越人秉義不可以犯若為義誰敢不服若為非義誰則

非敵太祖聞其名授以諮議叅軍而冕死矣
朱彝尊曰當元之季多逸民冕其一也自宋文憲
傳出世皆以叅軍目之冕亦何嘗一日參軍事哉
讀徐顯裨史集傳冕蓋不降其志以死者也因别
為傳上之史館冀編纂者擇焉

陳老蓮别傳

毛奇齡

洪綬好畫蓮自稱老蓮數歲見李公麟畫孔門弟
子勒本指其誤處十四歲懸其畫市中立致金錢
初法傳染時錢塘藍瑛工寫生蓮請瑛法傳染已

而輕瑛瑛亦自以不逮蓮終其身不寫生曰此天授也蓮游於酒人所致金錢隨手盡尤喜爲窶儒畫窶儒藉蓮畫給空豪家索之千緡勿得也嘗爲諸生督學使索之亦勿得顧生平好婦人非婦人在坐不飲夕寢非婦人不得寐有携婦人乞畫輙應去崇禎末愍皇帝命供奉不拜尋以兵罷監國中待詔

清師下浙東大將軍撫軍固山從圍城中搜得蓮大喜急令畫不畫刃廹之不畫以酒與婦人誘之畫久

之請彙所為畫署名且有粉本渲染已大飲夜抱畫寢及伺之遯矣朝鮮兀良哈日本撒馬兒罕烏思藏購蓮畫重其直海内傳模為生者數千家甬東袁鵾貧為洋船典簿記藏蓮畫兩幅截竹中将歸貽日本主主大喜重與宴酬以囊珠亦傳模筆也蓮嘗模周長史畫至再三猶不欲已人指所模畫謂之曰此畫已過周而猶嘸嘸何也曰此所以不及者也吾畫易見好則能事未盡也長史本至能而若無能此難能也吾試以為文言之今夫為

文者非持論即摭事耳以議屬文以文屬事雖備經營亦安容有作者之意存其中耶自作家者出而作法秩然每一文至必唧毫吮墨一若有作者之意先於行間舍夫論與事而就我之法曰如是則當如是則不當而文亡矣故夫畫氣韵兼力渢渢容容周秦之文也勾綽捉勒隨境塹錯漢魏文也驅遣於法度之中釘前燕後陵轢矜軼摶裂頓斫作氣淌前八家也故畫有入神家有名家有當家有作家有匠者家吾惟不離乎作家以負此嘸

也其論如此運畫以天勝然各有法骨法法吴生用筆法鄭法士墨法荆浩䟦渲傅染法管仲姬古皇聖賢孔門弟子法公麟觀音䟦筆法吴生細公麟七佛法衛協烏瑟摩法范瓊諸天羅漢菩薩神馗鬼魒法張驃騎道經變相法公麟衣冠士法閻右相士女法周長史昉嬰法勾龍爽倭墮結法長史髾髯長史衣帶盤薄法吴生金壁宫臺林泉湍峙長陂豐卉法大小李將軍雲山法浩水法董羽溜水法河陽郭熙几幛尊卣餅罍什器戎衣穹廬

畨馬駱駝羊犬法趙承旨馬承旨小馬法承旨之子竹石窠木法趙大年鉤勒竹法劉涇墨竹管仲姬折枝桃牡丹梅水仙草花法黃檢校錢選鳥睛花鬚濆點漆凸厚法宣和螽蟬蛺蝶蠐螬螗螂蟋蟀法宣和亦襍法崔徐黃父子鵪鶉鳩女法閻助教士安雀法雀兒黃蓮法於蓮於青年以蓮稱莆羸法毋延之

董无休曰章侯博古牌為新安黃子立摩刻其人能手也章侯死後子立晝見章侯至遂命妻子辦衣斂曰陳公畫地獄變相成呼我摹刻此姜綺園為予言者然則蓮畫之貴豈獨人間耶

藝文十二

贊

國朝

越人三不朽圖贊　張岱

楊鐵崖維禎字廉夫元朝進士晚居泖湖嘗曰吾未七十休官在九峯三泖間二十餘年風日晴好駕春水宅蕩漾於湖光鳥翠望之呼鐵龍仙伯未知香山老人有此無也太祖名見戴方巾問為何巾曰四方平定巾上喜其名命以式頒行天下贊曰

三泖湖九峯山七客寮春水船江上風月古佛神仙小海生有贈言詩曰二十四考中書令二百六字太師銜不如八字神仙福風月湖山一担擔

王元章冕隱居九里山種梅千樹名其廬曰梅花書屋明太祖聘至軍前一夕亡去不知所之

贊曰

元章隱居九里山麓種梅千株寒香入骨梅子熟時挂錢盈屋日食數乂木奴果腹每遇雪天世界白玉我去欲仙乘鸞駕鹿及見高皇如對樵牧一

旦云亡蜺遺松鞠

蔣武勇貴代父爲燕山衛卒以靖難功世衛指揮征戎王阿台封定西伯征木麓川大捷晉侯與世券貴起家行伍與士卒同甘苦故能所向成功卒致大位贊曰

行伍出身衽金浴鐵鏖戰多年向無不捷執銳披堅衝風冒雪馬上安身刀頭飲血立致通侯是真豪傑不倚氷山能自建節勝彼汪閹仰仗雙鉞

姚長子王氏傭也嘉靖間倭倖至越被縛以藤

貫手俾為鄉導過柯嶺忖曰此去化人壇四面皆水斷前後兩橋則死地矣囑鄉人急斷前橋倭過斷後橋無去路寸磔姚長倭陷此悉禽土人收瘞其骨贊曰

敗倭橫殺衝州撞府其狡如猿其暴如虎傭為紀信乃能誆楚引入死地身虀醢俎百三十人殲同羊羖露布報功悉歸軍伍首功如傭淹沒不數効死疆埸聞之氣阻

駱纘亭問禮官拜禮科給事中遇事敢言不避

權貴生平佩服朱文公里廟不祀文昌而以紫陽配武曲治家嚴肅自製家禮深合古制宗黨遵依奕世不改贊曰

嶽降暨陽名馳楓陛佩服考亭受知海瑞蒞職端嚴立身剛毅自制婚儀不用鼓吹更肅家規不畜聲伎人稱爲朱紫陽之功臣不愧爲海忠介之高弟

傅中皇日炯庠生甲申北變日惟痛飲以解牢騷自誓必死以養母屬族人奉栽亟走别母母

曰忠孝不兩全勉之遂慷慨賦詩沉江以死次日猶見其危坐江心挺然不沒贊曰

鄭岍南作心史商彭咸沉江許勉子死忠母為滂母生祭文山友為炎午慷慨從容以歸視死斯人也能痛飲酒而熟讀離騷是真名士

陳章侯洪綬為人不羈自幼攻於書畫筆多異致超出古人名重一時求其畫者或圖山水一角或畫人物半身每多不完倣之古人惟郭恕先庶幾似之贊曰

趹宕章佚聰明桀傲字畫出入掀翻窠套術動王公四裔名噪髩少心存自為寫照咄咄書空摩倣思肖乃曰浪得虛名竊鬼見誚

說　藝文十三

黄育字說

宋　黄庭堅

會稽黄渥與庭堅皆出於婺州之黄田七世以上失其譜以年相望與渥相近也故復以昆弟合宗渥之言曰異時與我同昭穆者皆以今隸字形同類為名唯渥求之得今願改曰育敢以字請庭堅曰古者生以字尊名

歿以誄易名易名之實有宗也有勸也其治在後人尊名之義有宗也有勸也其治當其身今曰懋達以配育名則宜夫草木之茂疊疊以勸四時及其日至而立於成功之會非深根固蒂得其養故耶彼達於道者不可以窮故獨立於萬物之表而無終始以今不出閭巷之智望之相去遠矣然而孟子以為聖人與我同類者何耶今舉一粒之種則曰是與太倉同類人之聞之也見而爭慮清氣平則聞命矣蓋長育以達其才故也穀之有苗也達於粢盛水之有源也達於海君子之聞道也

達於天地之大蓋明道者必明於權銖兩低昂與道翱翔稱天下以此不以萬物易已由是觀之病於夏畦曾子難之未同而言仲由不知君子以直養氣而已氣者萬物受命而效刑名者也懋達乎勉之在邦必達在家必達

族叔字汝誠說

明　駱問禮

吾叔氏為博士弟子員名意客字之曰汝誠舊矣而復自顏其讀書之室曰正菴蓋有取於大學之義云一旦問其說於族子問禮禮愕然曰字之有說非古也而有

之蓋緣其取義之深且遠有未易明者爾若所謂誠與正則三尺童子如覩日月也而何以說為雖然於古則無說於今則亦不可不辨自近世大儒為致良知之說以為格致誠正非有二義世之學者一以生知自任謂學惟在誠而讀書窮理反為天理之蔽相率而入於禪以為能一貫得大學本旨不知誠正固不可緩然講之不明而見之未至其視不誠者間豈能寸楊氏誠於為我墨氏誠於兼愛卒不得為正也使其見道之審豈至以一偏自是孔門之徒由死於悝求聚於季詎曰不誠

而竟不得其所寧非於物尚有未格於知尚有未至之明驗與而世儒方日嘵嘵然則叔氏之誠將謂學惟在是而專致其力耶抑將謂自脩雖以爲首而致知之功卒不可誣必務所以先之者耶昔韓文公原道而不及格致與孟子論天下國家而惟本於身同義説者猶非之乃斷斷然謂誠正之先更無别事而欲以竄大學之旨也其然乎哉叔氏端謹篤實良可謂得誠正之義者而好古博物即博士弟子業有專攻不以奪其所志自天文地理以至小説稗官世所視爲外技者莫不求精

其說而尤不恥下問於字說且以及禮可見其槩其所謂正菴者雖花石爛然而圖史充棟非淺淺乎趨時尚者其以為問良有獨見然與顧格物致知要有本末先後乃足以屈世儒之說而有補於誠正叔氏固以嚌其味矣萬歷丁丑仲夏望日避暑於紫薇山莊謹述

箴 藝文十四

全有堂箴　明 宋濂

全有堂者何監察御史黄君鄰讀書之室也缺者全之反其謂之全者何無毫毛之不備也無者有之對其謂

之有者何心中本具不假外求也其謂全有者何天德
也天德之著也如鑑之明也萬理森然隨物而應之也
既曰全有或乃斲之喪之以至弗完者何人偽之滋也
人偽之滋非學不足克之也克之者何整爾甲礪爾戈
力戰而勝之也是故生而能全之謂聖人修而復全之
謂賢人棄而不知求全之謂愚人三者之不同奈何敬
與怠之謂也黄君欲全其所有非敬將何以全之黄君
以政學聞於時復遑遑自治不止其殆知求全者與為
之箴曰

緊天扃顯性靈萬象森森炯以貞愚不縮智不羸毫末咸具天人并君子乾乾守以誠其有乃全百體寧

銘　藝文十五

雲泉銘　元　韓性

水冠五行一生六成曰雲曰泉同體異名在蒙之貞在屯之悔其流之殊卦有内外山下之泉其流涓涓果行育德君子則爲潤下者質騰上者氣在上經綸雖屯必濟繇下達上雲泉之機我作斯銘以顯其微

聯徽堂銘有序　明　黄鄰

勾夫馮邦彦氏以孝友聞於鄉客以聯徽名其堂者盖取喻琴節也文人韻士既賦而侈之矣予乃易之以銘曰

琴有徽弗章弗施曷操縵而比親有枝弗培弗滋曷奕葉而輝節既宣載鼓載希本既植以愉以怡斯有稱夫厥居叶基

辭藝文十六

東湖先生方君招魂辭　　明　宋濂

至正元年春東湖先生年過九十貌加癯而神益腴一

旦合賢士大夫於庭先生被古冠衣出肅賓升堂已復揖賓咸東向坐顧外孫楊恒執豆籩乃從容舉觶而揚言曰老夫耄矣其去人間世不遠矣私自念陰陽之運相摩相盪而人實藉是以成形有生者必有死聚者必終散嘗昧昧思之上自頭顱齒髮下自肩髀腰膂不知何者為可藉何者為可恒乃欲長生坐閱世而不死乎予每讀古書見所謂豪傑之士不可勝數或提三尺之劍擁百萬兵喑啞叱咤而江水為之湧起或掉三寸舌高軒結駟游騁於諸侯之間亦足以懾強而下敵若

而人其才畧雄矣其精魄勁矣吾將求而與之游則已蕩爲飄氛而無致詰矣嗚呼世之人凡以有涯之身與無涯敵者皆可悲也是以榮啟期林類之徒有見乎此或被索鼓琴或行畦拾穗雖至老死不以戚戚少嬰其心予竊慕之嘗聞古有虞殯之章蓋群歌以輓櫬於塗與其施於死後之鬼孰若予親見之賢士大夫若不予棄宜賦詩以輓予予當秉安車而出使善音者道予而歌予且擊輪爲節以應之是未必遽減於秦淮海也賢士大夫若從予言願舉此觶爲賢士大夫壽衆皆曰然

先生既行觶已又舉觶言曰賢士大夫固輓我矣予又聞古之人有遭讒放逐者或閔其魂魄離散而不復還作辭以招之其人初未嘗死也予雖無放逐之憂而其精神皆已斅竭筋骨皆已羆𠈝顧未死耳幸未死有能辭以招我庶幾翩然自適與夫既死而有靈亦御雲龍而一下聽之又未必不囅然而笑也此非屬我景濂而誰為願舉此觶為吾景濂壽濂又曰然於是賢士大夫執觶以酢先生且各譔歌詩一章以進濂因製為招魂辭云先生名冡字德載姓方氏越之暨陽人其行大畧

見於延陵吳公所著碑銘辭曰

魂兮既徠毋遠征些上下八極皆矇冥些華山如雲倚空青些下有芝房炳明靈些白閭綺疏紫檀扃些銅龍承樞吐赤瑛些繡帷高褰燿輜軿些綠虵衛轂若流星些淳熬熊膰溢鼎鉶些狼臅凝膏如玉晶些九霞元冠五綵緌些麟衫麗裘光熒熒些珩璜合節鏘瓏玲些離灑巢和一齊鳴些沂[illegible]飄鬵發繁聲些趙舞激風肖霓旌些秦歌嫚廻近懸瓔些室中百具無一不精些中天化居能及此清寧些魂兮歸徠不越故庭些

聯徽堂辭并序

明　黄　隣

勾夫馮邦彦氏得友愛之道或者喻其居若琴之有徽魏郡曹君子學因以聯徽名其堂觚翰之士文之者衆矣予復爲辭以貽之冀人聞其絃歌之義或有所興焉者是亦哀世之志也辭曰

君援兮素琴不以雅兮則南叶吟絃既緪兮徽節聲之比兮賓悦無我之心若兄弟兮相好况無施兮不報内敢敢兮茹和外魚魚兮禦暴彼獨行踽踽悵葛藟兮河涘

客其跣兮厚漓肆爲蜮兮爲鬼我縱言兮君聵其耳兮弗聞奈何君爲之兮受福孔多

文　藝文十七

諸暨勸農文　　元　黄溍

古之有民社者必以農事爲先拊循勸率具有其法我朝參稽故典郡邑守令悉以勸農入銜事莫重焉比以受任之初延登耆年詢以風土咸謂是州地産素薄兼之襟山帶湖旱澇相半仍歲凶歉民多阻饑夫不知盡其在人而一切聽之於天烏乎可也昔魏文侯使李悝

盡地力以方百里之地為田六百畝理田勤則歲增粟百八十萬石不勤則歲減粟百八十萬石勤與否之利害相遠如此然則欲盡地力者亦在乎盡人力而已誠能率爾子弟竭其四肢以從事於南畝將見富歲之入益增蓄積既多縱有旱澇可無乏食之慮矧今聖仁在上茂育群品至和之應必有豐年獎勵而成就之固長民者之責也茲以東作方興躬秉耒耜為爾農勸其尚勉之毋以為具文而藐藐其聽也

五洩山水志

明　宋濂

五洩山在婺杭越三州境上北距富春南據句乘東接浦陽其山水最號奇峭齊謝元卿常以采藥深入其中而宗刁景純吳處厚亦頗遊焉自西坑嶺入過遇龍橋北行二十步始入西潭前横一溪水甚寒履之如氷由溪而前經小潭傍有嶕石突起類大甕斜覆乃捫石而登一失足輒墮又行二里所地稍平曠坐石四瞰峯巒環列獻狀其紋縈縈然類神工鬼斧所雕刻者山多猴遊人或恐之撤石亂下如雨又前行半里所泉自石竇

中出瀏瀏作聲若琴若笙竽泉西流滙為小窪瑩澈泓澄毫髮不隐儵魚數尾洋洋往来如行琉璃瓶中見人至潛去窪左大樹離立極怪偉倒影入水中如畫又前行五十步大石閡道相傳有岩角肖鷹喙胷夜大雷雨喙崩下聲聞二十里又行三十步榛篠成林翠光浮映衣袂成碧色山蟲崖𡼖奔造後先瞬目失所在至此則氣象陰幽絶不類人世如升蓬嶠坐水晶宫生平烟火氣消盡又自山腰緣葛而前竹籜覆地積厚動足輒仆又過十步許抵小潭小潭上曰西潭流水傾沫成白纛

濶可七八尺冉冉下注滑而無聲兩傍石崖峭立苔蝕蘚障時有水珠毿毿滴下歲旱鄉民禱龍於此遇禱水或湧取蜥蜴入瓶盂中持以歸多驗自遇龍橋至此約可六七里皆蛇盤磬折路行若竆又復軒豁其中勝致難得具記或言潭上有石河從石河至三臺塔人跡罕至莫詳也尋故路而出斜迤而東過香爐峯峯峭拔上有石類香爐故名香爐北有峯圓而童名鉢盂峯或云肖東甌鴈蕩又名鴈蕩峯遵鴈蕩而南時有白雲覆於谷者名白雲峯屹如人立者名玉女峯嶄嶄勢欲柱天

者名天柱峯其他諸峯星聯肺附登名圖籍者盖七十有二爲復從崖東折度略彴趨三學士院院唐靈默禪師道場師常降龍於此遺跡尚存由院北深入又百餘步至東潭潭上飛瀑可二十丈怒暴倒擊崖竅中若運萬斛雪從天擲下白光閃閃奪人目睛至潭底輙復逆上有聲如輥雷人笑語咫尺不能辨猶間甕中聲居人云每天風一號四山林木震撼欲折黑雲下罩杳不知昏晚歲旱禱龍者甚多驗如西潭復北折而西泝潭之源登響鐵嶺度紫閬山村人多舍篁葦間有平臯數百

畝可耕溉傍沿石河又行一里所地名石鼓足頓之鼕鼕然越十步至第一潭潭如井晚之正黑投以小石鏘若佩環又越十餘步至第二潭圓如錡釜面廣而底敞大水驅亂石聚其内迫湍復洩去潭下石壁百餘尺險不可置足從其右懸藤墜下至第三潭潭甚深以線縋之下不見底其形方狹而長天向陰常有雲氣從中起起有蛟龍潛其下人恒以幽悄為病第四潭感不敢往或有以綯圍腰繫巨杙俯崖而瞰潭左右皆楓木其形大槩如第二潭而廣袤倍之側有晉劉龍子墓相傳龍

子常釣於潭得驪珠吞之化龍飛去後人為壘石作塚或曰龍子之母葬爲世遠不可辨又其下至第五潭即東潭因其水五級故名之為五洩云噫造物之委形山水者其奇峭有是哉至正丁亥春記

錄藝文十九

入越錄　宋　呂祖謙

淳熙元年八月二十八日自金華與潘叔度為會稽之游此下節過義烏東陽浦江永康四縣巡檢寨婺越界為五里邵家灣觀五指山其巔石如駢拇然近視不若遠

望飯民家舍後水竹可步逢驅羊行賈者數百蹄散漫川谷風毛沙肋頓有汧隴秋色五里涉楓江土俗諺云第一楊子江第二錢塘江第三楓江蓋甚言其水波惡實小溪耳聞春夏頗湍悍今僅至脛而已南岸有覆斗山山形正方若斗覆五里興樂槿花夾道室廬籬落皆整五里界牌隴平坡淺草隱隱起伏環山城立真監牧地也五里牌頭市道分為兩北道出漁浦度浙江入杭東道入越輪蹄擔負東視北不能十一市傍丰子巖巖旁獅子山首昂背偃略類狻猊五里寒熱阪五里宿硯

石村凡行六十五里婁惕逆旅墻壁横斜多市儈牓帖大要皆尤人語斯其所以為市道與悚然久之九月一日晨霧上横隴東嶂出日金暈吞吐少焉全壁徑升晃耀不可正視升數尺韜於雲絢采光麗因蔽益奇非浮翳所能揜露稻風葉皆鮮鮮有生意五里里湖五里蔡家塢五里桐木嶺五里諸暨縣入縣北門人烟猶蕭踈縣方築社南垣兩松樛枝小異里許至市自縣治前東折度下橋橋屋半圮矣並大溪行流甚壯其源一自東陽一自浦江一自孝義至街亭合流逕縣城又逕蕭山

浮橋入浙江縣東陶朱山頗雄自入新界已驀然見之出縣東門山益遠川原益曠田萊多荒蓋沮洳不宜稼而然五里放生橋道左女貞新葉生黄緑間錯如行閩粵荔枝林五里馬秀才店店旁小室隨事蒔花草馬久罷𤇾矣三里雙橋昄二里烏石其南入剡百里而近十五里苦李橋溪磧頗清淺木陰扶疎百餘步入山徑五里至新店灣復得平地五里栗橋登栗嶺五里冷水望東嶺神祠縹渺雲間下坂稻畦遶垂黄際山數十里平鋪如拭洋洋乎富哉豐年之象道中所未見也五里宿楓

橋鎮前歲析諸暨之十鄉即鎮爲義安縣今年五月廢凡行七十里薄暮小雨二日辨色發楓橋陰風薄寒十里乾溪溪橋櫸柳數百株有十圍者過橋繞山足行十里古博嶺嶺左右皆叢篠五里洪口有别徑入明自楓橋而上義竹佳樹相望近洪口曲折循小溪水聲濺濺風物漸佳十里含暉橋亭天章寺路口也此下節

跋藝文二十

高元聚慶圖跋　元　錢宰

毛琬自句無來歸謂予曰琬舊與句無之老人吴長卿

氏林泉間相識此行嘗造之值其元孫璛晬日高堂開燕琬得觀其家慶爲老人年幾九十燕坐堂上厖眉皓首若綺夏然諸子亦皆垂白方下堂作嬰兒戲其孫曾咸叙列於左右拱視無譁惟一姆劍小兒立老人側老人顧兒撫其頂兒亦以手掀老人鬚毋顧堂下綵舞躍躍姆抱欲下與之戲爲蓋其元孫璛也坐客之好事者繪爲圖命曰高元聚慶請題其後以傳盛事余惟人之克享上壽子孫衆多家殷盛而人康強亦天下之至慶也非好德樂善何能致之世之人能享子若孫之奉矣

鮮及見其曾孫也況元孫乎能承父若祖之訓矣鮮逮事其曾祖也況高祖乎今吳氏五世之慶萃于一門身享壽康家用完羨垂白之子與諸孫曾元嬉戲膝下慈嚴愛敬雍睦於一堂之上予未識吳氏聞瑰言若是其亦樂善好德之驗與易曰積善之家必有餘慶後吳氏者勉爲

折臂生跋　　元　申屠澂

三折肱者醫之良疾解腕者士之壯也失小而存大爲宗之行義免於盲塞翁之子免於跛禍也而福存爲雖

然生之失非肱也亦非腕也其殆所謂福手者乎古人以手足喻兄弟而生中年喪其兄失手之兆見於此矣是造物者之不全其枝也於生何尤焉

跋倪夫人遺事後　　明　戴良

蓋自分田制祿之法久不如古而士農工賈之家遂至兼并無藝貧富不均厭飽粱肉者有之操瓢爲溝中瘠者有之于斯之時有能以其所餘惠鄉邦之不及者蓋亦天理人心之所發豈必有爲而爲之哉迨其後也天恒報之以福俾其子孫之享有豐盛至於累世而不替

者是固理勢之宜然而非若人之所計也已暨陽之西鄙有倪夫人者故宋進士諱永年母也亦既家富於財遂教其子孫當以惠及鄉邦爲心歲有羨餘必使縮其時直什之二而平糶之以爲常一有不遵其教即欷歔就寢竟日夕不食子孫肉袒謝罪改之乃已已而倪氏卒以忠厚相傳迨今五世之遠二百年之久而其家之豐盛固自若也或者以爲此皆夫人種德之報而不知夫人于此曷嘗有一毫計望之心哉雖然向使夫人之教其子孫者一不能以若是吾見德惠之罔施而侵虐

之是恣雖欲求其五世二百年之豐盛又可得乎夫人之所以爲子孫計者其亦慮之審矣然亦竊怪夫夫人之在當時不過居處閨門之内勤勞饋食之間非有詩書之漸染師友之薰陶而其處心積慮之際乃能忠厚之如是則世之以大丈夫名者果皆夫人若哉彼其聞夫人之事其亦少愧矣夫人之四世孫慶子姻也因出余觀光氏所録遺事以相示故輒書而歸之

梅花百詠跋

明　駱問禮

溪園遺稿梅花百詠益齋中峯上人所酬馮學士韻也

歷百餘歲幾絕響而我前野公復賡之其賡詠之意自叙詳矣嗟夫讀是集也不能無感焉夫祖宗之裕其孫子也貽之以德義功烈文章聲名與夫美田宅珍奇綺麗凡可以修盛大而誇喬木者無所不至爲子孫者於其聲名之赫田宅之美珍奇綺麗之富則莫不攘臂爭竊愈久不懈至於德義功烈則漫不思紹若文章則雖德業之士亦視爲餘事而不暇及焉豈不以德業者文章之根本德業未至則文章未可僞爲然與我溪園公垂裕後昆德義文章照人耳目梅花之詠春林之一葉

耳是集也奕其義而傳其盛其詞旨之堂室與夫根本之陵阜固有非小子之所得而知者然回視夫襲虛名富田宅炫奇麗而自謂克紹夫前烈者相去之遠近則又不待智者而可辨矣以考德業又豈遠乎然則讀是集也信可興矣

國朝

題陳章侯畫寄林鐵崖　周亮工

章侯與予交二十年十五年前只在都門為予作歸去圖一幅予索之舌敝頪秃弗應也庚寅北上

與此君晤於湖上其堅不落筆如昔明年予復入閩再晤於定香橋君欣然曰此予為子作畫時矣急命絹素或拈黃葉菜佐紹興深黑釀或命蕭數青倚檻歌然不數聲輒令止或以一手爬頭垢或以雙指搔脚爪或瞪目不語或手持不律口戲頑童率無半刻定靜自定香橋移予寓自予寓移湖干移道觀移舫移昭慶迫祖予津亭獨携筆墨凡十又一日計為予作大小横直幅四十有二其急急為予落筆之意客疑之予亦疑之豈意予入閩

後君遂作古人哉予感君之意即所得夥未敢以一幅貽人乙未難作諸强有力劫以勢予弗為動即有作據舷狡獪者予亦以石家行酒美人視之丙申春予復入閩以此卷自隨念予負辠大讞者必欲殺予媢人湯燖逼人七尺軀尚非我有况此卷哉又念付託非人負我良友因以寄鐵崖子予友自章侯外惟一鐵崖而鐵崖獨未交章侯予藉此為兩家驛騎章侯固可以無憾于地下予亦可免輕棄良友筆墨之辠矣

再題陳章侯畫與林鐵崖　周亮工

丙申以此卷寄鐵公時公方備瓊海兵戊戌予復自閩赴廷尉質抵西曹不十日而公亦中讒逮至頌繫之地相去數武唾咳皆聞獨不能交語耳當時意吾兩人旦夕且死即徼天幸而貽此卷與藏此卷者漏其一得不死然已不能並活此卷歸他人勿論矣使貽者不得脫藏者獨存何以把此耶庚子公既蒙

恩南還辛丑予寃亦雪是年秋值公明聖湖出此相視

裝潢有加舊觀頓反觀故人手跡皆爲予抱痛予把此卷蓋不禁潸然淚數行下也嗟夫鐵公當時意我兩人即萬幸一脱耳豈意貽者藏者不隻兎乃得並活復從荷香桂影茗椀爐香閒從容展視如是耶嗟夫鐵公東崖先生所謂日影之悲山陽之痛予兩人幸免矣第韋侯不免作人琴之感予對此滋戚今日韋侯第四兒鹿頭涉江過慰一衣帶水便是老遲埋骨處鐵公固因此卷以交韋侯者未免有情亦復誰能遣此

題老蓮畫與王竹菴　周亮工

予與竹菴性情嗜好無不同數年以来交遊亦無少異所異者予長竹菴十有八歲予得交老蓮竹菴不及見老蓮耳竹菴將返里予出老蓮此幅相贈擦琴人酷肖老蓮𫆀是此老自圖其貌竹菴收展之餘應彷彿與老蓮遇也老蓮生平以不登二華爲憾竹菴雲間立馬時其懸此幅於蓮萼峰下使此老一慰生平

陳老蓮詩跋　毛奇齡

古有畫詩無題畫詩顔真卿贈張志和詩五首志和依其詩作人物舟楫烟波鳥魚以答之唐人謂李十郎詩畫人爭為畫是也元後多題畫者沈隐居另有題畫詩為一集老蓮畫多不題間有題者付之去亦無稿本姜綺季老蓮老友也與晨夕處遇有題輒記之久得若干首彚為一卷老蓮見之喜而為之序自予遊越詩付此稿來今二十年矣老蓮歿二十二年綺季與予各出游亦不減十四五年友人有請刻老蓮詩者仍付之去世但知老

蓮畫不知其詩顧陸雖無詩亦傳況有詩乎惜予與老蓮交晚見老蓮五年而老蓮死乃不及為詩令老蓮畫之如志和也

題西子傳後　沈椿齡

越之有夷光藉藉人口雖輿臺馬走多能道之及覈其實蹟大率荒略難考而蕭暨兩邑之人呶呶交爭紛如聚訟各不相下十道志曰句踐索美女以獻吳王得施於諸暨苧蘿山後漢書注引越絕云餘暨西子之所出此其柄也夫春秋至今二千

年矣秦火既燔典冊零落其言越事者莫過於吳越春秋越絶書然皆漢人僞作實出龍門之後十道圖經亦撰自唐人其所紀載即曰確鑿有據然已如雲礽說高曾事在影響離合之間竟欲據其一言為千古鐵案是亦過矣民靡子遺以文害義血流漂杵不如無書善乎子輿氏之論也苧蘿之山兩邑並存曰浣紗石曰西施坊曰西施灘具在暨也曰紅粉石曰苧蘿鄉曰西施廟具在蕭也蕭之人曰施蓋嘗示靈異於鄉矣暨之人曰右軍且

題識其石矣此又一柄也夫靈異之說不足辨浣紗二字遂足據耶無論非右軍書也借曰右軍東晉去春秋幾何時而乃知此石必爲施𧟌紗之所而題識之耶嘗考會稽若耶溪旁亦有石曰西子浣紗處猶𦔳會稽之人不與二邑爭此施也設據此而爭之二邑又烏得而禁之哉揔之越地在春秋時無疆域之分西施美麗之名著於國中人多艷之一山一石皆欲影附其名以爲美談古蹟中如此類者甚多必欲區而別之此則其所生長也

彼不過其涉歷也亦何所據而云然耶然則將無所屬乎曰此不足辨也夫夷光一女子其行事不概見世所重者色耳非如聖賢足為里閭之光也非有功烈足動後人之感也越之於吳仇也施則既吳之人矣姑蘇之臺館娃之宮其寵幸為何如而乃扁舟遠引五湖共泛使此事誠確亦有媿于金谷墮樓人矣必欲爭之亦何為也哉余讀蔣氏西子傳因為辨之如此

古者太史重採風之典輶車所至雖衢謠巷議不

遺爲十五國風實列國藝文之權輿也宋書袁說友官蜀時輯漢以下蜀人詩文釐為五十卷目曰成都文類楊升菴全蜀藝文志實本之詩文之關於山川風俗也重矣暨雖一邑名人之投贈勝蹟之詠歌求之别集亦多散見乃駱志既不列藝文篇目所附見者寥寥章志所登亦不盈一卷缺略簡陋之譏或不能免今志採之家集考之舊聞凡有關於其地其人者薈萃登之較之舊志已覺斐然可觀所憾山陬僻壤儲藏之家盖寡見聞所及

闕遺正多博綜搜輯尚不能不俟之異時耳　沈椿齡識

諸暨縣志卷四十四

志餘

志既成矣拉襍而收之遴擇而出之其無所附着者概之曰其餘事以誕而轉奇語涉纖而彌韻吉光片羽一一皆安石碎金可珍也相如賦子虛昌黎傳毛穎其流皆出自莊周寓言而王充論衡蔡邕且以資談柄詩有之雖有絲麻無棄菅蒯雖有姬姜無棄蕉萃志志餘

〔楊升菴集〕世傳西施隨范蠡去不見所出只因杜牧

西子下姑蘇一舸逐鴟夷之句而附會也予竊疑之未有可證以析其是非一日讀墨子曰吳起之裂其功也西施之沉其美也喜曰此吳亡之後西施亦死於水不從范蠡去之一證墨子去吳越之世甚近所書得其真然猶恐牧之別有見後檢修文御覽見引吳越春秋逸篇云吳亡後越浮西施於江令隨鴟夷以終乃笑曰此事正與墨子合杜牧未詳審一時趁筆之過也盖吳既滅即沉西施於江浮沉也反言爾隨鴟夷者子胥之譖死西施

有力爲胥死盛以鴟夷今沉西施所以報子胥之忠故云隨鴟夷以終范蠡去越亦號鴟夷子杜牧遂以子胥之鴟夷爲范蠡之鴟夷乃影撰此事以墮後人於疑網也

謹按西溪叢語吴越春秋云吴亡而西子被殺杜牧子詩西子下姑蘇一舸逐鴟夷後人遂云范蠡將西子去嘗疑之別無所考陸廣微吴地記越絕書曰西施亡吴國後復歸范蠡同泛五湖而去今越絕無此條盖非全書也

文德翼西子浮沉辨　西子一沉一浮沉者沉浮者浮奈何作他人書鄞耶五代小兒列王軒傳幷載郭

素無有解者人人思為太宰周秦溪中一片石石笑人哉軒同軒也王差也一入閭門粉黛無色無與並軒也郭東郭也東西素也晨夕相數貴方悟希刻畫不免唐突也戲譚夢囈幾欲癡殺也又見錄李商隱詩莫將越客千絲網網得西施別贈人必指海中西施舌也蓮花香安能如白小當園蔬哉古人待西子寬今人待西子嚴寬則可浮可沉嚴則一沉必不浮一浮必不沉故杜牧浮之西子不死李商隱沉之西子亦不死今人一沉一浮皆

死西子矣雖然西子寧沉不浮也苧蘿山月浣紗溪風折受多年何能老大作飼犉事

謹按王軒郭素事載雲溪友議乃五代時范攄所撰其言甚屬不經今志於此其議有三一去之一闢之一解之去之者謂前明續亭先生邑志載之陽和先生郡志亦載之皆不合今宜削而去之必不使存其說也然吾暨邑志之王軒郭素可去其能盡去五代以來天下所流傳之雲溪友議一書耶是亦可以不必去矣闢之者如王會新編云西施何曾返越苧蘿何曾有墓西子亦不應有此謠詞此欲為西子洗冤而嚴為之闢也解之者如文燈巖所云王為夫差軒為同軒此欲為西子解嘲而曲為之解也然古來如許亶之遇飛瓊裴航之遇雲英鄭交甫之遇江妃劉晨阮肇之遇仙女詩人習用不以為怪洛神宓妃也湘妃娥皇女英也巫山之女赤帝女姚姬也有娀之佚女契母簡狄

也而屈原用以作騷宋玉曹植用以作賦不聞以荒唐相訾若是者何也鏡中本無花水中本無月也而何獨于西子而疑之闢之者近于固解之者近於鑿是亦可以不必闢不必解矣雖然此亦非志中必不可去者姑去之而亦闢之亦解之附錄於此

又按隆慶駱志載李商隱詩莫將越客千絲網網得西施別贈人讀文燈巖辨爲之豁然朱長孺于李義山詩集尚嫌未經注明也元遺山云詩家總愛西崑好只恨無人作鄭箋于斯猶信又義山詩有亦若暨羅女句注云暨羅女西子也方輿勝覽苧蘿山在諸暨縣南五里此則苧蘿一徵

輟耕錄河豚腹中之脺曰西施乳夫西施一美婦也豈乳亦異於人耶顧千載而下乃使人道之不置如此則夫差之亡國非偶然矣

謹按後人多將西施作美字用西施乳亦言乎其乳之美也觧此益信網得西施之不為西子可知

毛西河蕭山縣志刊誤　自吳人梁伯龍作浣紗曲子以施屬諸暨云本之十道圖經諸小乗而以訛傳訛遂至天下之人皆不知施在蕭山吾謂施斷屬蕭不屬諸考後漢書郡國志於會稽郡餘暨縣下云越絶書曰蕭山西施之所出其云越絶書者非今本越絶此正春秋時人如子貢范蠡輩所作而其書既亡散見其語句於他書者與今本越絶作於東漢袁康吳平者大異

謹按毛西河必以西施屬蕭其所依據者只後漢書注越絶曰西施之所出一語已耳考後漢書注為唐章懷太子賢與劉訥言革希元等作十道志為唐梁載言撰均之唐人也載在十道志不可信而出自後漢書注頋遂足信耶即西河越絶書書後自矜獨得以為其末篇明云句踐以来至于更始之元五百餘年又記吳地傳云句踐徙瑯琊到建武二十八年凡五百六十七年則斷在東漢之初至此書為今本越絶所不載西河亦自知不足取信於人因曲為之説曰非今本越絶此正春秋時人如子貢范蠡輩所作獨不思後漢書注於餘曁云越絶曰西施之所出亦即於諸曁云越絶曰興平二年分立吳寧縣豈有子貢范蠡輩所作而紀興平二年事者耶紀興平二年事又得謂子貢范蠡輩所作耶抑豈同一越絶同一後漢書注所引顧且謂此越絶乃子貢范蠡輩所作彼越絶則三國以後所為耶此即以子之矛陷子之盾而得失較然矣西河又以蕭山苧蘿村祀西施為土穀

神胥現夢於縣令又現夢於學使皆欲據之以為西施生蕭之證此直所謂宗徵諸鬼夫何辨

者舊續聞　史記秦始皇至錢唐臨浙江水波惡乃西從狹中渡所謂狹中者即今富陽縣絶江而東取紫霄宮路是也江流至此極狹去岸纔一二百步水波委蛇始皇正從此渡取暨陽界至會稽山今暨陽縣外有始皇祠宇乃經從之處徐廣注史記直以為在餘杭非江流之所經也

晉書紀瞻傳　瞻除會稽内史時有詐作大將軍府符收諸暨令令已受拘瞻覺其詐便破檻出之訊問

使者果伏詐妄

晉書周顗傳亮嘗謂顗曰諸人咸以君方樂廣顗曰何乃刻畫無鹽唐突西施也

此習見語人多不知出處錄之

晉書山濤傳濤子簡簡子遐字彥林為餘姚令以峻法坐免後為東陽太守為政嚴猛郡境肅然

大觀堂集古山遐浦記余祖居高公湖多洲渚山遐浦其一也郡志云山遐浦在高公湖捕魚最多今里人佃為漁埠水淺易涸而俗呼為山下埠舊蹟

且湮没不傳矣余特表而出之以存先賢之遺躅

按遐爲巨源猶子嵴令暨有惠政此浦公所開也

嗟乎郇雨召棠古今同感而父老流傳直呼令君

之名亦足見先民之樸即以山下易之未必非羊

棗之意矣

南齊書屠氏女傳忽聞空中有聲云汝至性可重山

神欲相驅使汝可爲人治病必得大富女謂是魅

魅弗敢從遂得病積時鄰舍人有中溪蜮毒者女

試治之自覺病便差遂以巫道爲人治疾無不愈

家産日益

南齊書沈文學傳永明四年御史中丞徐孝嗣奏曰諸暨縣爲刼所破令凌琚之不經極戰委城奔走不知所在已見武備此徐孝嗣奏語也

南齊書張融傳永明八年竟陵張欣時爲諸暨令坐罪當死欣時父興世宗世討南譙王義宣官軍欲殺融父暢興世以袍覆暢而坐之以此得免興世卒融著高履負土成墳至是融啟竟陵王子良乞

代欣時𥁞子良答曰此乃是長史美事恐朝有常典不得如長史所懷

梁書賀瑒傳字國寶會稽山陰人伯父瑒步兵校尉爲世碩儒瑒幼瑒授其經業一聞便通義理瑒異之曰此兒當以明經致貴瑒卒後瑒家貧常往還諸暨販粟以自給閑則習業尤精三禮初瑒於鄉里聚徒教授至是又依瑒焉普通中出都高祖聞其學召見文德殿與語悅之謂僕射徐勉曰瑒殊有世業前後居職凡郊廟諸儀多所創定每見髙

祖與語常移晷刻故省中爲之語曰上殿不下有賀雅琛容止都雅故時人呼之遷散騎常侍參儀禮如故琛所撰三禮講疏五經滯義及諸儀法凡百餘篇

錄此可備暨乘寓賢一則

宋元通鑑靖康二年金人根括金銀不足殺提舉官梅執禮陳知質程振安扶四人胡唐老胡舜陟姚舜明王坦各杖數百乃下令再括

謹按姚太師武功多矣值此且奈之何哉

大觀堂集諸暨邑乘補遺記　宋王氏一族科名最盛而易代以後蕩析無遺求其故居遺塚併不可得數年前寶林寺僧耕地偶得古碑一通題有王荆公之墓僧駭以詢余余曰此必誤認耳吾邑曾無王姓封荆公者安得有此既而考府志暨學博士王厚之係介甫猶子從金陵徙家暨陽遂世居爲後之科名鼎盛者皆其後裔則王氏雖無荆公而寔荆公之同派也前此塚碑非因南北各天半山父子已爲若敖之鬼而瘞主以祀之與獨是南宋

距今不及六百年而以海内名族本里先賢曾無一子姓在者即其室廬邱隴之所在未嘗有樵叟牧豎能指點其處而區區發露於衲子犁鋤之下詎不深可痛哉

曝書亭集會稽山禹廟窆石題字跋　圖經禹葬於會稽取石為窆石本無字迨漢永建元年五月始有題字刻於石此王厚之復齋碑録定以為漢殆不誣矣

曝書亭集跋蘭亭殘石拓本　禊帖肥瘦攸殊王順伯

主肥尤延之主瘦黄魯直取肥不剩肉瘦不露骨

曝書亭集宋拓鐘鼎款識跋宋紹興中秦檜當國其子熺伯陽居賜第十九年日治書畫碑刻是冊殆其所集秦氏既敗冊歸王厚之每款鈐以復齋珍玩厚之私印且為釋文疏其藏弆之所

霏雪錄近世析字言吉凶者無如張乘槎按字畫以成卦余一日坐乘槎肆中有二童持一字來占曰是為吏緣同曹訟之當送刑部笞四十即回二童相視默然既而曰皆如先生言予欲訴政司求决

可乎乘槎曰此行不可逾旦矧欲已耶予謂答四十未可知童曰律當然耳乘槎曰今夕非附軍器船即官艖船也童曰果官艖船乘槎姓張氏名其字德元乘槎其號云紹興府志方技傳張德元不知何許人至正間嘗為諸暨州吏目避亂居山陰有奇術善觀字知吉凶生一子名之曰槐忽謂友人曰是兒必殀槐字木傍鬼非死兆耶未幾果殀其友病以豐字示之德元曰死矣明日訃至或問其故德元曰豐字山墓所也兩丰封樹也豆祭器

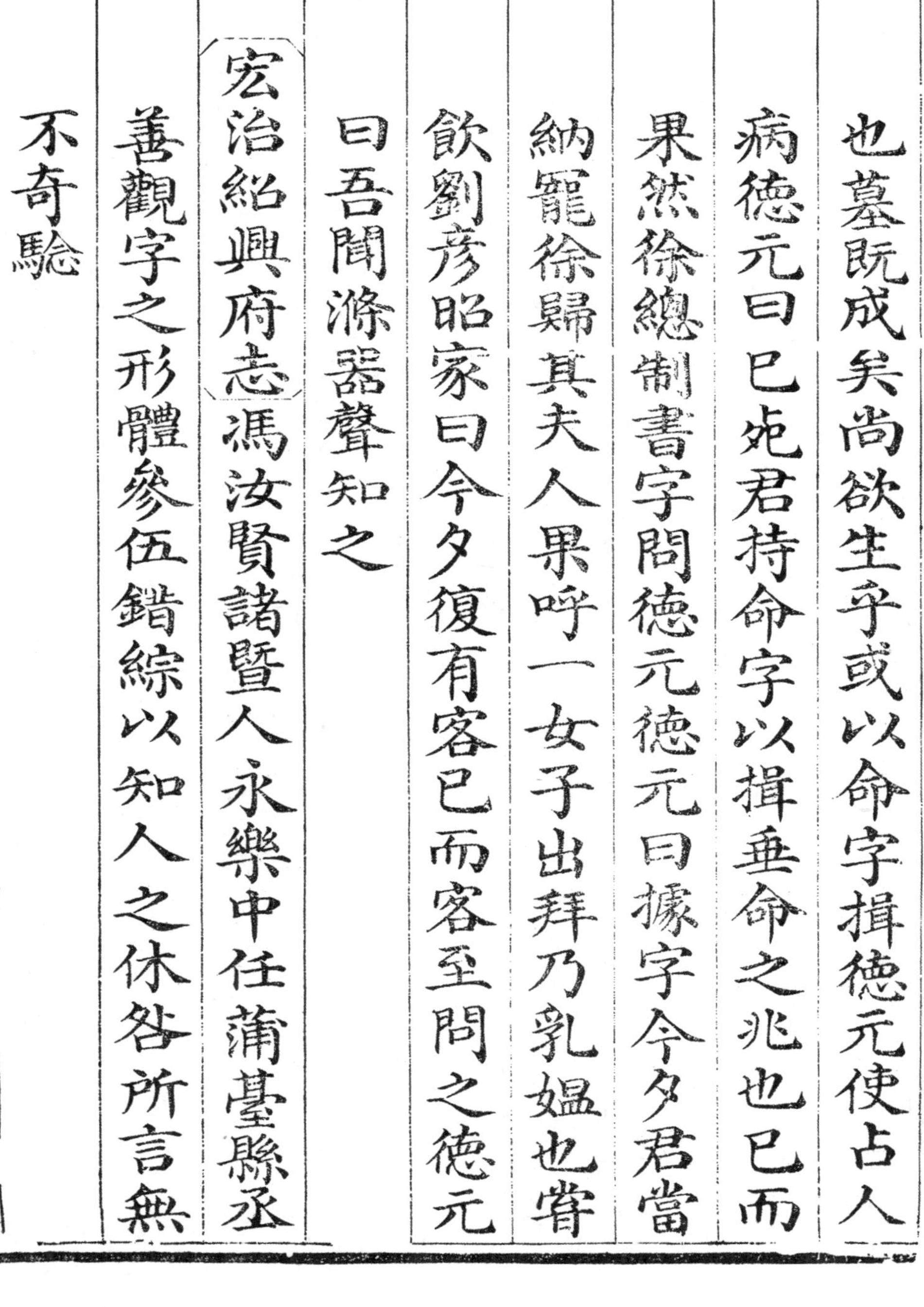

也墓既成矣尚欲生乎或以命字揖德元使占人病德元曰已矣君持命字以揖垂命之兆也已而果然徐總制書字問德元德元曰據字今夕君當納寵徐歸其夫人果呼一女子出拜乃乳媪也嘗飲劉彥昭家曰今夕復有客已而客至問之德元曰吾聞滌器聲知之

宏治紹興府志　馮汝賢諸暨人永樂中任蒲臺縣丞善觀字之形體參伍錯綜以知人之休咎所言無不奇驗

〔紹興府志方技傳〕石逵字良仁，宋尚書公弼之後。洪武中以薦辟至京師，會諸侯王有疾，近臣或言逵善醫，詔視之，有效，自是遂以醫顯，後爲御醫院使，戴元禮甚推重之。

右數條可列方技，以志中無此一門，故録于此。

〔元詩選〕王艮字止善，弱冠遊錢唐，與浦城楊仲宏、鄜州劉師魯友善，論詩務取法古人之雄渾而脱去近世萎薾之習，間挾其所爲文登諸大老之門，最爲牟隆山、胡汲仲、穆仲、趙子昂、鄧善之所賞識，拂

衣歸田後家食者五年扁所居曰止止齋仍自號鷃游子以見志

〔曝書亭集江村銷夏錄序〕鄭康成曰易詩書禮樂春秋策皆尺二寸孝經謙半之論語八寸策者三分居一又謙焉服虔傳春秋稱古文篆書一簡八字而說書者謂每行一十三字括蒼鮑氏以之定正武成諸暨胡氏以之定正洪範謹按胡氏胡一中也

〔續羊棗集〕我邑楊維禎元進士也官至江西儒學提

舉阻兵隱於松江見太祖高皇帝於當塗太祖異其冠服對曰四方平定巾海晏河清服也太祖喜遂頒行之令各州縣里長老人所戴及大夫士所服細褶衣是也省文稱海清云太祖復問曰汝事張士誠否曰非其君不事欲授以官曰古七十而致仕臣年七十三歲何敢冒昧太祖曰聞汝能詩曰學作耳請題御書鍾山二字詩進太祖大喜曰詩值千金姑賜五百因曰有薦汝者宋濂今任翰林院可往見之對曰惜其人學不甚博明日以語

瀌曰臣學信不及維禎詩曰鍾山兀立楚江西謂江在其西耳玉柱曾經御筆題雲護金陵龍虎壯月明珠樹鳳凰棲雄吞古甸三秦小峻入層霄五嶽低顧效華封歌聖壽萬年王氣與天齊一本作鍾山兀立映關西

〔輟耕錄〕楊鐵崖耽好聲色每於筵間見歌兒舞女有纏足纖小者則脫其鞋載盞以行酒謂之金蓮杯予竊恠其可厭後讀張邦基墨莊漫錄載王深輔道雙鳧詩云時時行地羅裙掩雙手更擎春瀲灩傍人都道不須辭儘做十分能幾點春柔淺醮葡

萄暖和笑勸人教引淌洛塵忽浥不勝嬌剗蹈金蓮行款款觀此詩則老子之踈狂有自来矣

【萬一樓外集】竹齋王先生冕邑之高士曽孫女適駱永貞命子梓其詩集行於世

【元詩選】王冕工於畫梅以臙脂作沒骨體燕京貴人爭求畫乃以一幅張壁間題詩其上曰踈花箇箇團冰玉羌篴吹他不下来或以為刺時欲執之冕覺亟歸九里山自號煮石山農命其居曰竹齋題其舟曰浮萍軒

曝書亭集題楊補之墨梅朱三十五梅詞橫枝清瘦只如無但空裡疎花數點梅花有魂二語揖之此惟逃禪楊叟能寫出若煮石山農興酣落筆便與少陵亂插繁花照晴昊句相似

曝書亭集衍齋印譜跋漢官私印俱用撥蠟鑄其後象犀硨磲瑪瑙取材愈廣至王元章始易以花乳石於是青田稷下里羊求休所産皆入礱琢矣

紹興府志名宦傳戚祖象字世傳婺州人師事王元章違於義命杜門不出

續羊棗集　烏帽青鞋白鹿裘山中甲子自春秋呼童㸃檢門前柳莫使飛花過石頭此王葵軒公題淵明圖詩也公為我暨第一流人品今其子孫頗徵訪其詩文不可得得此一首而已又五言一絶河裏有個椿鷺鸞飛来歇青天無片雲丟下一團雪此外不可復得惜哉

續羊棗集　翁滎靖公黄鶴樓詩湖海數間黄鶴樓轉蓬遲暮乍来遊已無丹訣留仙閣但見蒼烟送客愁吴苑日斜芳草遍楚墟雲散大江流乾坤㓂狗

終歸盡徒倚狂歌何所求比崔灝及李白鳳凰臺詩其感慨則同而風致瀟洒過之客謂之曰送客愁不如送客舟公曰然當改之不知愁字正用崔詩若舟字便無味以此見公之度量其不欲明所長以抑人如此

萬一樓集簡朱金庭側聞往事汪清湖公納釆於翁榮靖公人有言汪之貧者翁公曰吾正取其貧耳

續羊棗集從兄舜傳作詩頗有警策絶句如登山曰鎮日登山興未闌數峯猶似霧中看漫遊不在窮

巔頂只此歸途已自難盆菊曰子立西風瘦倚臺只緣無地託根荄金錢錯落身增重自有將絲取竹来燈花曰世情應不到燈花纔放相將喜慶家愧我年来愁避燕偶然開到尚疑差皆其一時漫筆

陳繼儒白日樵真稿還冲先生詩格高邁置之初唐大家中莫能辨也一傳而有飲冰再傳而有韋侯諸孫古之至人得意者其氣有餘能布氣以與人況先生父子祖孫乎然非賢子孫寶此則殘煤斷

楮已付酒家鴟或剪作韈材誰能展卷若新見一斛明珠乎

漁洋詩話陳洪綬以畫得名亦能詩有憶舊絕句云豐本集作楓溪梅雨山樓醉竺本集作竹塢茶香佛火本集作屋眠清本集作得福不知今日憶本集作想神宗皇帝太平年

西河詩話老友徐仲山以七夕死徐昭華以禁日哭父擬木蘭詞寄予讀之不覺泪下時汪東川司城在坐曰聲調哀苦體致愴惻有女如此即以當木蘭何過焉其詩曰戚戚復戚戚天孫罷機織只道

天邊歡會期不道人間别離日人間别離眞可憐天邊歡會知何年悽悽登我堂不聞烏鵲喧但聞老母痛哭聲連連愀愀入我房不見巵菓陳但見蛛絲蟲網相勾牽前年當此日天河正瀰瀰分將五色縷聯作百年巵去年當此日天柱方傾頹桂陽城北乘羊去緱氏山頭跨鶴歸況復今年當此日百歲堂前喪靈匹欲曬麻衣兩泪懸但啟書樓寸腸磔天河有時挽天星有時轉惟有乘槎一去人萬古千秋不復返穿針徒望眼不使泪眼親九

華空昭地不昭下泉人黄姑此夕依然度惟有嚴
親不知處木蘭空自夜停機願代爺行竟無路戚
戚復戚戚作此七夕詞欲知此日中心苦視此河
流無盡期昭華多哭父詩皆有登青来閣撿父遺
帙七律中四句青葱出甩根俱豁碧柳當窻影漸
疎捲榻已無新注帖開箱惟有舊藏書又一首後
四句山長似向空欄斷月隙還隨小楀圓有女愧
無班氏筆遺書萬卷續何年

〔西河詩話〕予寓大善寺吴尼御符為天童晓公付法

以掃塔過謁予謂女僧不當與酬酢遣門人徐昭華報之瀕行尼出摺扇乞詩不得已書一律去不信綫觀世幡然去普陀傳衣真是錦剪髮尚如螺貝葉箱中薄蓮花水面多阿潘方學道相待洛橋波次日越中女士合餞於國門見摺扇齊聲索昭華和詩蓋借此相難也昭華連和二首其一前身本靈照開口即彌陀乞食施山鳥裝香在海螺鄉程雲外近别思晚來多試看千江月徐徐出綠波其二幾欲還慈室無緣款踐陀毫分眉際彩掌合

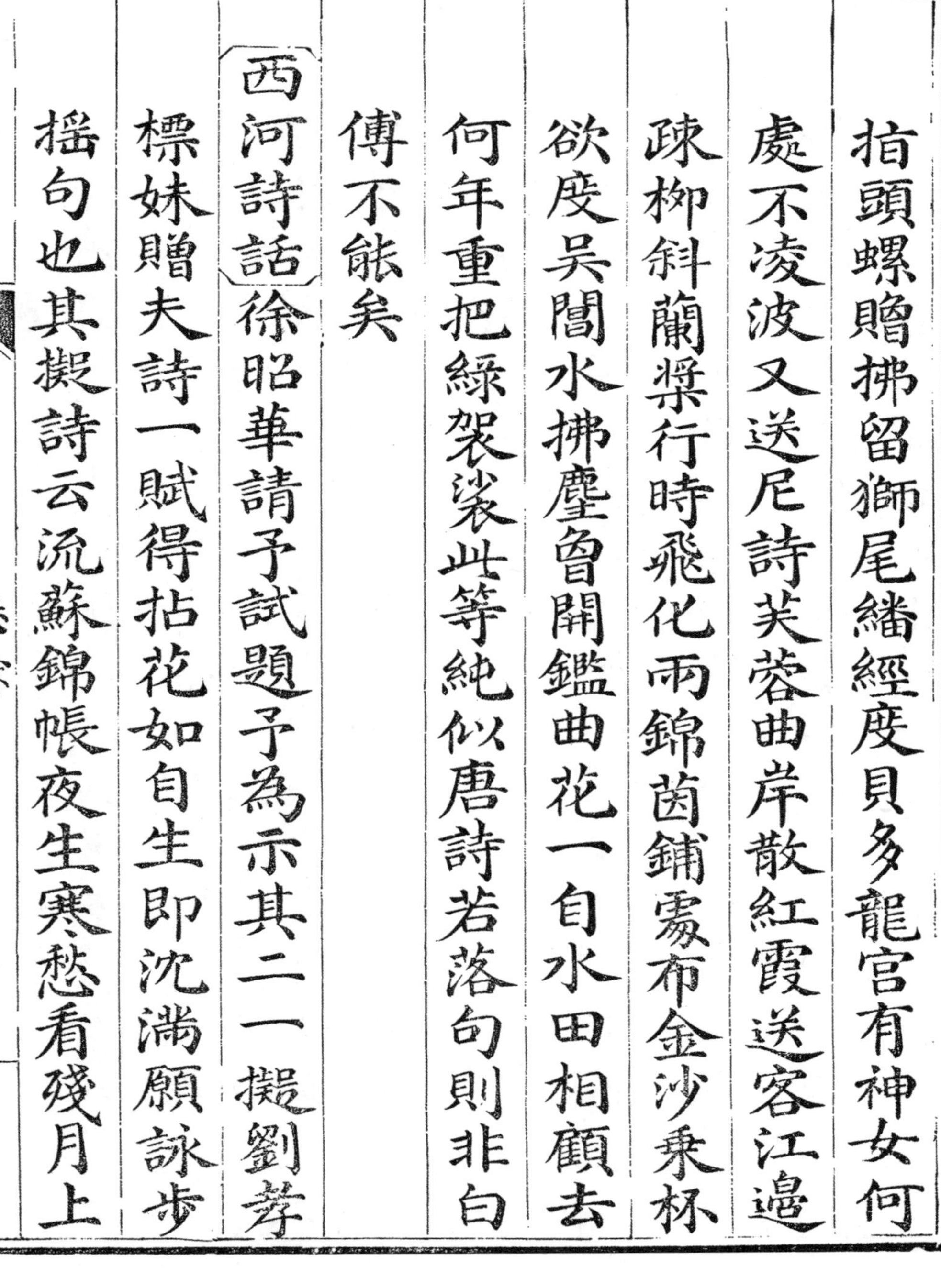

指頭螺贈拂留獅尾繙經度貝多龍宮有神女何處不凌波又送尼詩芙蓉曲岸散紅霞送客江邊踈柳斜蘭槳行時飛化雨錦茵鋪霧布金沙秉杯欲度吳閶水拂麈曾開鑑曲花一自水田相顧去何年重把綠袈裟此等純似唐詩若落句則非白傳不能矣

西河詩話徐昭華請予試題予為示其二一擬劉孝標妹贈夫詩一賦得拈花如自生即沉滿願詠步搖句也其擬詩云流蘇錦帳夜生寒愁看殘月上

闌干漏聲應有盡雙泪何時乾又云芙蓉花發滿池紅黛烟香散度簾櫳畫眉人去遠腸斷春風中其賦得詩云明珠照翠鈿羨玉映紅粧步移摇彩色風回散寶光蛛絲髻上繞蝶影鬢邊翔誰道金玉色皆疑桃李香

西河詩話徐仲山既命昭華師予時雲間張錫懌有詩云弟子如蘇蕙先生類馬融予邑任辰旦詩云誰知詠絮堂前女猶是扶風帳裏人張遠詩云甲門傾國富文華曾向毛萇授五車皆指其事

鐵厓集媵何氏馨志　楊氏家主婦曰理其媵曰何氏
馨馨善女紅服室勞靡有厭倦頗嫺於容主婦過
猜至於嫉詈積而至於箠榜苦楚不能勝然而服
勤主婦益不怨父母家欲奪其去者數矣而馨誓
歿不忍去遂終老主婦家年六十而卒予讀詩至
江沱之媵不獲於嫡愈勤而愈不敢怨若將終身
焉者實得於先王之澤之深也吾不謂於馨乎見
之嗚呼子必待父慈而後孝臣必待君仁而後忠
其爲孝忠也薄矣觀馨之事可以得忠孝之道矣

此列女之餘也

陳洪綬無窮師塔銘 無竆師者姓駱氏諸暨人其俗好鬭師獨出家楊侯廟結茅虎豹之羣日則塞户禮蓮華經夜則出經行峻嶺間獸跡錯履魅嘯呼名不爲止弟子諫之則正色曰必使此等衆生聞佛名號業消皈依收爲眷屬師先不識一字禮經後見諸經論如舊記者有僧問之曰和尚定生西方師曰子以我修蓮宗耶法無分别故我無揀擇子之西方當去極樂世界我之西方只在劍樹刀

山世間豈有爲僧者手輪百八便證無上等覺之理不下山者三十年將化之前二日無疾而卧謂弟子曰期至矣請其遺教笑而無言固請之第曰我見如来白毫光冉冉来矣即脱然逝其弟子名如鴻者即本山起塔請洪綬作銘銘曰心外無獸眷屬有鬼檀越頗多佛法有幾西方東方如是如是撒手無言棒喝在耳頭枕青山脚蹈緑水子有慈父父有肖子必我作銘蓮子居士

馮夢祖紀幻空幻空姓王氏暨陽人娶婦窘廹無計

聽婦適人歷年所適之夫亡無倚來歸懮爲曰出由我貧非汝罪也當養汝月餘其婦念舊就寢拱揖以辭呼云尊嫂今非我婦男女有別何可瀆也令處故榻婦矩披緇直埠新菴年九十餘而圓寂叢筍曰情發乎性流則難制遇物而移即士夫亦不免焉況舊姻也而新特乎幻空一庸俗人耳獨能以理制之倘所謂色即是空者耶

老蓮非妄諛人者誠如所云吾暨一高僧矣蒼源所紀幻空行徑亦奇故并錄之此仙釋之餘也

舊志序文

諸暨自秦漢以來代為縣而今為州上下千有餘歲而志書無述其登附於郡乘者十不能一二蓋由其悉近而畧遠也以故吾州世家之原本前哲之言行與夫山川户口風俗物產之類舉無得而徵焉而庸非曠典與予生也晚慨然有志於是書暇日因本前史舊志參以人之家乘傳記身親求訪質諸老成而采擇焉為圖四篇書十二卷為目若干名之曰諸暨志首之以郡國源委推本始也次之以名號因革著同異也星野天文之

次舍也故次之山川地理之封疆也故又次之書風俗城社以知氣習之善良保障之阨塞書户口賦稅土產以見民物之滋耗徵斂之重輕學校館傳倉務營院橋梁坊市以考廢興古迹祠廟亭榭寺觀以備遊覽臨民典學則令長僚佐校官之位名門閥人材則有儒士進士宦達孝義遺逸之差等其或地名里號歷世傳疑而莫定於一者則參互考訂各為之案斷而書於下方至于動植之物見郡志者則不重出他如冢墓第宅方技釋道亦皆序書而復有衆目之紀遺以會其終内而州

人可傳之言辭外而四方有關之製作則各因其人其事而附之餘無所附者則存諸紀遺越十餘年而成書亦非一日之積矣竊嘗聞之古者圖自爲圖志自爲志是故成周之制掌天下之圖者職方氏而土訓之官道方志以詔王焉掌邦國四方之志者小史外史而講誦之官道方志以詔王焉凡皆達於朝廷而關於政令者也其爲事亦重矣且吾州之入板圖也已八十餘年於茲故家大老日以淪謝文獻殆無足徵吾是以不能忘情噫於此而爲書欲以補千古之曠典誠可謂不量力

惡能保其無遺軼哉他日幸而國家之政令史氏之采訪鄉邦之精粗有益於分毫則雖負不韙之誚亦何辭焉大方君子矜其志而廣其不足則又予之所望也至正十七年歲在丁酉秋八月丁巳邑人黄鄰序

是書實遵永樂間部使者博采郡志時成式沿革次第條目燦然具載顧予哀謝其如何哉前乎元至正丁酉鄉達南郭黄公鄰網羅蒐采後乎是者郡志繕書預有聞焉南郭編集鋟梓未就天不憖遺竟成曠典郡志呈進副墨傳之人每汲汲焉徧覽未然也斯世斯民稽古

證今翻刋演繹用心其可不然乎成周之制有圖焉有
志焉邦國之圖正疆域辨土宜由乎職方氏掌之邦國
有志奠世讀禮法小史外史掌之小大相維施舍有辨
切關民風政令焉洪惟皇明握乾符經緯人文廣四海
之輿圖基萬世太平之鴻業薄海内外曰圖曰志嘉與
共之恩化川融丕哉休烈編次之要不難於論譔而難
於紀實實不徒紀必也事有依據言有精魄傳世久而
為不誣管窺蠡測滄海之有遺珠索米而作佳傳不韙
之誚其未免爲來者幸而正之傳之續簡云景泰四年

歲次癸酉長至日邑人駱象賢則民書

此志乃駱處士象賢屏黄氏鄉之舊而修之者也凡建置沿革風俗人物以及山川道里之類若詳也而板刻日就脱落且多舛錯觀者亦難矣瑩也承乏是邑竊有感焉而才謭政繁未暇及此邇奉廵視大中丞許公提學僉憲盛公檄兩浙文獻盖將推舉縉紳耆宿博通今古者會而修之其稽古尚賢之意至矣愚敢因乃徵而補其闕畧視昔若有加焉若夫删繁就簡因名核實而嚴筆削以成一邑不刊之典尚有俟於後之君子而此

其權輿也哉正德庚辰歲陽月下浣吉大庾彭瑩跋

志者何志跡也志跡者何象事行也事行有象不過物焉而志道畢矣黄與駱則既志諸暨矣曷爲修之病二氏也二氏不曰志其跡乎曷爲病之乃若其意則可嘉也已是故删其可闕者録其不可闕者則吾之録者半彼之存者半取其存者而修飾爲則僅有存者矣積歲而論定積時而志成志成而跡著是故天道明而效法肇爲地利列而報反興爲人紀昭而賢不肖别爲故曰事行有象不過物爲而志道畢矣兩崖朱廷立書

予自為暨縣念夫志者治理之譜也輙取縣所存新舊二志覽之舊者辭支新者事脫殊非推行之闕要乃敢命意刪叙為文五篇凡八卷更乙巳春夏二仲始畢稿捐俸而刻之與修者縣學諸生駱騏黄璽酈琥郭從蒙壽成學黄璧張思德應思敬姚德中云長洲徐履祥子旋謹識

今天下郡縣皆有志盖彷彿周官小史外史之所掌云古者列國皆有史周之封建五等為國一千八百有奇其小者殆不及今時一下縣之地而史官之職不乏爲

顧今所可攷見者晉之乘楚之檮杌魯之春秋而已乘與檮杌僅存其名于孟氏之書而春秋獨傳與日月同其光明則以經孔氏之所筆削而已余獨感于今之為郡縣志者於疆里原隰户口賦役物産風俗之大關於民生者大都畧具梗槩中間可以因革損益有裨政理者一切漫忽不講其興舉是志之意自縣大夫出也則類列功閥表循良或不當乎實自鄉大夫出也則類取門第叙交親或至非其有宜詳者反畧而宜斥者頗獨存種種而是令人開卷輒欲罷去即是言志雖不作可

也諸暨爲越中名邑邑故有志而纘亭先生取而更定之中間不無所因而其博攷廣詢劑量酌斟要之斷以己意者爲多至於事關民生所當因革損益有裨政理者竊本遡源建標樹準每篇尤拳拳深致意焉蓋不獨邑之人緣是可以融暢顛末考鏡利病即良有司擧而措之利民厚俗此其彀鵠矣至於列傳所載崇古昔而須論定重節義而畧貴盛殆斷斷乎行古之道非近世之所謂志者云云而已萬歷元年夏至日錢塘周詩謹序

郡邑之有志何昉乎周官小史外史之職所從來久矣吾越郡志自張陽和孫月峯兩先生修纂後踰八十餘年闕焉不備今我漢陽張公禹木先生来守是邦無利不興無廢不舉一日集薦紳士庶於庭喟然曰郡志豈可勿修乎文獻之隆替閭閻之利病錢穀之豐歉河渠之淤通八十年間民風士俗自爲一古今所有宜因宜益宜革宜損古洵備哉夫天道十年而一變今且數變矣豈因顧無可革者乎損顧無可益者乎官茲土者實有責焉

於是下令屬邑暨當以次奉行今年仲秋公行部至暨問有能董暨之志者廣文張君書秉乃以家夫子對夫子聞之正襟危坐進事而詔之曰志從士心取義豈以吾久有此心耶抑暨志絶筆於前壬辰吾誕於是歲所見所聞所傳聞歷年久詳且確耶雖然吾老矣而其勉爲之夫一人之耳目有限一邑之軼事無窮然其大要不外遵古正俗表賢恤民興利除弊數者而其間生聚敎訓培養補救之方全在涖事之一侯一事善惟侯之賜一事

不善亦惟侯之施明萬歷迄

今上康熙爲侯二十有二人或以寬或以猛或以明作或以因循不敢謂人非卓魯民無樂利也顧欲講求八十年所見所聞所傳聞補裰舊志不但勢有未逮且茫乎無所從事焉而亦知今之志非昔比乎昔之暨富今之暨貧昔之暨僻一偶今之暨衝四達且昔則人情淳而今斯漓士風樸而今斯囂物力易而今斯艱所取乎志者志此也若徒侈其山川人物之勝以資騷人墨客吟咏嘯傲何貴焉

孔子作春秋其義則竊取之今觀前志所載咸有條緒因之而已後八十年所未志者將志富而不志貧耶志僻而不志衝耶人情淳士風樸物力易則志而漓與囂與艱則勿志耶據事直書因文衍義可矣事唯而退敬同書乘及文學楊子浣刪繁訂訛循名責實閱五月日而書成幸不辱太守之命書乘起拜且謝曰荷尊大人教實多雖然愚父子得附公紀姓氏於簡末垂諸久遠皆公賜也若公者於功德言三不朽真無歉也已邑人章平事

謹序

諸暨縣志 [illegible]

後序

今志凡三十餘萬言分門二十有三卷四十有四校舊所載頗爲文省事增策亦加多至十之七焉刻既成竊傚吕氏序意史公自序而一攄巔末篇終茫茫良有以也夫志猶史也不有人禍則有天刑雖昌黎文公猶且

恐懼不敢爲而柳柳州與之書
則以爲當爲而不爲此大惑也
孫樵論昌黎順宗實錄尚不能
當班堅然世無子長子雲又得
謂漢以来可無史耶邑志自南
郭黄氏始而溪園駱氏繼之彭
公瑩朱公廷立徐公履祥皆踵
修之即今家有其書惟纘亭先

生駱志無黨先生章志而已黃志以前未嘗無志宋胡三省注通鑑引之顧已不辯爲誰氏之書可慨也自章志而後百年於茲議修者意且有人禍天刑之説閡乎其中其然豈其然乎然而修之誠不易易大抵遠者稽之載籍折衷爲可近者採之輿

論取信為可余於是不勝大懼亦復何敢多讓閒於讀古之餘摘其有關於暨者手錄之或鴉塗或蠅凍日引月長裒然成集會　北垞沈侯蒞暨政推三異才擅三長爰舉斯志而毅然修之因以簪筆見屬時則有同志者吳衮五廷景周進思殿忠宣

觀瀾湧毛鼎奐棟袁晉揚洵孫夏佐襄相與上下其議論而訂正之一切公需及剞劂之費皆六家任之閱期月稿成遂以復諸　侯而裁定之以上諸各憲皆報可乃付鍥是役也始終其事相與有成者吾友程宅三位酈向滎欣書畫則石鎮南梁

經紀出納則袁顒若舜年嗚呼
曁固桑梓地也生其後者忍使
百年之間文殘獻闕咎將誰歸
況有　賢侯爲之主張是綱維
是更得同志者相與或推之或
輓之責將誰諉余於此蓋誠激
於中不知其他人乎聽之天乎
聽之維乾隆三十五年歲在上

章攝提貞於孟陬始開舘於今
三年殺青斯竟樓卜瀍西濵氏
書